Das Neue Testament berichtet in vielen Geschichten von heilenden Begegnungen zwischen Jesus und kranken Menschen. Der Lahme zum Beispiel lernt nicht nur wieder zu gehen, seine körperliche Gesundung ist zugleich auch ein äußerlich sichtbares Zeichen einer geistigen Ganz-Werdung. Aus dem Blickwinkel des Theologen und Psychologen deutet der Autor biblische Heilungsgeschichten und Gleichnisse als symbolische Darstellung einer inneren Entwicklung, deren Ziel die Entfaltung psychischer Einheit ist. So lassen sich alle Figuren dieser Erzählungen auch als eigene Seelenanteile verstehen, mit denen jeder Mensch sich auseinandersetzen muß, um sein Selbst zu finden. Genaue Textanalysen, die Darstellung psychologischer Gesetzmäßigkeiten und die Erläuterung von Schlüsselbegriffen ermöglichen dem Leser eine neue Sicht auf den »Therapeuten Jesus« und seine »Patienten«.

Hans Deidenbach, 1933 geboren, studierte Philosophie, Theologie und Psychologie. Er absolvierte Zusatzausbildungen in Verhaltens- und Psychotherapie, arbeitete als Pastoraltheologe und Pädagoge und sammelte Erfahrungen mit verschiedenen Formen von Meditation und Kontemplation. Er ist als Psychotherapeut und in der Weiterbildung tätig und publiziert darüber hinaus wissenschaftliche Arbeiten. 1990 erschien im Fischer Taschenbuch Verlag sein Buch »Zur Psychologie der Bergpredigt«

Hans Deidenbach

Begegnung und Heilung

Psychologie und Pädagogik in biblischen Geschichten

Fischer Taschenbuch Verlag

Geist und Psyche
Herausgegeben von Willi Köhler
Begründet von Nina Kindler 1964

Originalausgabe
Veröffentlicht im Fischer Taschenbuch Verlag GmbH,
Frankfurt am Main, Juni 1998

© 1998 Fischer Taschenbuch Verlag GmbH, Frankfurt am Main
Alle Rechte vorbehalten
Gesamtherstellung: Clausen & Bosse, Leck
Printed in Germany
ISBN 3-596-13421-8

Inhalt

Vorwort

Als mich der Autor bat, ein Vorwort zu diesem Buch zu schreiben, kannten wir uns bereits seit mehreren Jahren durch ein Symposium zum Menschenbild in der Medizin und zur Patient-Arzt-Beziehung in unterschiedlichen Kulturen.

Durch die intensive Beschäftigung mit der traditionellen tibetischen Heilkunde, in der Unwissenheit, Begehren und Haß als primäre Krankheitsursachen angesehen werden und die von der Philosophie und Psychologie des tibetischen Buddhismus nicht zu trennen ist, standen für mich salutogenetische Überlegungen ebenso wie die Bildekräfte des Ich im Zentrum meiner Reflexionen. Der Autor wiederum näherte sich dem Verständnis unserer Themen hermeneutisch transzendierend aus der Tradition des Christentums. Das für mich Faszinierende waren die gemeinsame Sprache und das Verständnis, die wir aus völlig unterschiedlichen kulturellen Wurzeln finden konnten. Die individuelle Bedeutung des Buches für den Leser und seine innere Entwicklungsmöglichkeit veranlassen mich auch zu diesem individuellen Beginn meines Vorworts.

Heilen und Helfen bedürfen der Begegnung von Menschen und vollziehen sich in Interaktion. Mediziner, Psychologen und Therapeuten haben in den vergangenen Jahren viel darüber diskutiert, wie diese Begegnung zu erfolgen und was sie zu berücksichtigen hat. Dabei bezeichnet es Thure von Uexküll[1] als eine der wichtigsten Einsichten für den Arzt, daß er in einer Wirklichkeit lebt, die nicht die Wirklichkeit des Patienten ist. Es sei notwendig, den Dualismus der Medizin für kranke Körper ohne Seelen und kranke Seelen ohne Körper zu überwinden. Zu der Auflösung dieses Dualismus leistet das Buch von Hans Deidenbach einen wesentlichen Beitrag. Von Uexküll analysiert eine Beziehung als etwas, das von dem Arzt zu einem Objekt, dem Patienten, geht und von dort kognitiv rückgekoppelt wird. Die Rückantwort, die der Arzt bekommt, informiert ihn darüber, ob sein Modell, mit dem er arbeitet, richtig oder falsch ist. Das trifft jedoch nicht nur für die Patient-Arzt-Beziehung zu, sondern für jede menschliche Begegnung, auch die partnerschaftliche. Damit wird deutlich, daß jeder mit dafür verantwortlich ist, welche Entwicklungsmöglichkeiten er seinem Gegenüber, seinem Patienten, seinem Partner, einräumt: Das, was er entwickeln und entfalten kann, hängt auch davon ab, ob wir in der Lage sind, sein »Ganz-Sein« zu sehen. Dabei wird unter Ganzheit die Einheit oder das Gleichgewicht verstanden, die durch das Wechselspiel von Polaritäten im Menschen entstehen können und die der Dynamik komplexer Regelsysteme unterworfen sind. (Polaritäten ergänzen sich, während sich Gegensätze ausschließen.) Das, was wir sehen, bezeichnen wir als Wirklichkeit. Und unsere Sichtweise wiederum hängt davon ab, wie wir gelernt haben zu sehen.

Was können wir in unserer Sichtweise tun, wenn sie in vielerlei Hinsicht so wichtig ist? Gehen wir davon aus, daß innere und äußere gesundheitserhaltende, -schützende und -wiederherstellende Ressourcen nicht einfach da sind, sondern das Produkt eines individuellen Lernprozesses darstellen, dann ist es an uns, zu entdecken, was uns »ganz« macht, heilt. Dazu müssen wir bereit sein, zu erkennen, welche Wege wir dabei gehen können. Hierzu gibt das vorliegende Buch von Hans Deidenbach verschiedene Hilfen. Die Verbindung der Körperlichkeit, unserem erdigen Anteil, zu Weltanschauung und Religion, unserem metaphysischen Pol, kann uns die geistige Gemeinschaft in uns und zu unseren Mitmenschen wahrnehmen lassen. Neutestamentliche Heilungsgeschichten und ihre Deutungen leiten im Verständnis einer »transzendenzoffenen Wissenschaft« den Leser zu Theorie und Praxis psychotherapeutischen Handelns an. Obwohl ein Frageschema zu verschiedenen Aspekten ein analytisches Vorgehen vermuten lassen könnte, vermitteln die Ausführungen der einzelnen Kapitel eine umfassende, ganzheitliche Sicht, die sich an Überlegungen zur Sinn- und Zielorientierung des Daseins ausrichten.

Hervorzuheben ist das Bemühen um Klarheit angesichts der Mehrdeutigkeit griechischer und lateinischer Begriffe in den ältesten erhaltenen Textversionen der Evangelien. Der Autor deutet die Schlüsselbegriffe in ihren emotionalen Ausdrucksmöglichkeiten und überträgt sie auf verständliche Weise. Wege und ihre Innen-Ansicht, wie »Das Reich Gottes ist inwendig in euch«, führen über zu praktischen Übungen in Verbindung mit dem Atem und bilden damit eine wichtige Brücke zum transkulturellen Verständnis auch asiatischer Philosophie und Psychologie. Dort wird z. B. in einem Text des Theravada-Buddhismus, im Satipatthana-Sutta aus dem ersten vorchristlichen Jahrhundert, in 20 Übungen zur Achtsamkeit gegenüber dem Körper, den Gefühlen und dem Geist angeleitet (Thich Nhat Hanh[2]). Danach kann Heilung erst dann als ganzheitlich bezeichnet werden, wenn sie nicht nur den Körper berücksichtigt, sondern den Umgang mit Gefühlen sowie Denkabläufen einbezieht, und damit ein vertieftes Verständnis für Denken, Kommunizieren und Handeln voraussetzt.

Die Arbeit mit sich selbst, reflektierte Veränderung oder besser gesagt Entwicklung ist damit intendiert: Der Weg ist das Ziel. In der abendländischen Literatur ruft Gotthold Ephraim Lessing zu Toleranz und Mitgefühl auf. In »Nathan der Weise« läßt er Nathan bei der Suche nach dem »echten« Ring der drei Brüder sprechen:

Hat von Euch jeder seinen Ring von seinem Vater:
So glaube jeder sicher seinen Ring
Den echten. (…) Wohlan!
Es eifre jeder seiner unbestochnen
Von Vorurteilen freien Liebe nach!

Auch damit erfolgt der Hinweis auf die innere Wirklichkeit eines Menschen, die in ihm angelegten Fähigkeiten zu erkennen und sie in zwischenmenschlich verantwortungsvoller Weise, in vorurteilsfreier Liebe zu entwickeln und einzusetzen.

Als ganzheitlich können Heilbegegnungen bezeichnet werden, wenn sie von einer Sinn- und Zielorientierung im Leben der Beteiligten ausgehen, wie dies in traditionellen asiatischen Medizinsystemen die Regel war. Auf der Grundlage der vier Evangelien der christlichen Religion erschließt der Autor mit seinen Analysen und der hermeneutischen Methode für Menschen unseres Kulturkreises die Auseinandersetzung mit Fragen des Seins. Sein Frageschema zielt dabei nicht auf eine analytische Sicht, sondern kann helfen, die Vielfalt in der Einheit zu erkennen. Die anspruchsvollen Ausführungen, mit zahlreichen literarischen Hinweisen zum vertiefenden Studium einladend, leiten systematisch dazu an, mit Hilfe der Psychologie und Pädagogik bei Begegnung und Heilen interaktive ebenso wie individuelle Fähigkeiten durch Reflexion weiterzuentwickeln. Der Autor hat bereits in seinem Werk »Zur Psychologie der Bergpredigt« eine von Zeit und Kultur, Alter und Geschlecht unabhängige Gültigkeit psychologischer Gesetzmäßigkeiten dargestellt. In seinem vorliegenden Werk konzentrieren sich seine Überlegungen und Ausführungen nun auf den Prozeß des Heilens in der Begegnung von Menschen. Sie sind für alle in medizinischen, psychologischen und sozialen Berufen verantwortlich Tätigen eine wichtige praktische Unterstützung, weil sie Orientierungshilfen zu ethischen Fragen anbieten und bei der Umsetzung lebenspraktischer Beratungen und Therapien helfen.

Frankfurt am Main, im November 1996
Prof. Dr. med. Klaus Jork

Einleitung

Heilung geschieht dialogisch in und durch vielfältige Formen von **Begegnung** (Martin Buber 1954):
– in der Begegnung von Mensch zu Mensch: in den Heilbegegnungen zwischen dem Therapeuten Jesus oder seinen Jüngern mit den Kranken;
– in der Begegnung zwischen dem Absoluten und dem Menschen, sei dieses Absolute nun als personaler Gott oder als überpersönliche Gottheit, als dem Menschen immanent, z. B. als sein ›Selbst‹ (Kap. 49, im Unterschied zu seinem Ego), oder ihn transzendierend gedacht;
– in der Begegnung polarer Schichten in *einem* Menschen: hier geht es z. B. um die Bewußtwerdung und das Akzeptieren von intrapsychischen Seelenanteilen, um ›anima‹ und ›animus‹ (Kap. 27) im Jungschen Sinne, um die Auseinandersetzung mit dem ›Guten‹ und dem ›Bösen‹, um ›Licht‹ und ›Schatten‹, und um deren Aufhebung im Sinne einer Synthese oder einer ›coincidentia oppositorum‹ (Nikolaus von Kues) von einem höheren Standpunkt aus.

Im ersten Teil ›Heilungsgeschichten‹ (Kap. 1–7) stehen folgende Fragestellungen im Vordergrund:
– Lassen sich in neutestamentlichen Heilungsgeschichten paradigmatisch psychologische und psychotherapeutische Gesetzmäßigkeiten – Strategien des Heilungsprozesses – entdecken, die rational, zum Beispiel nach psychosomatischen Modellen, verstehbar sind?
– Welche therapierelevanten Beziehungen zwischen den Geheilten und dem Therapeuten lassen sich in diesen Geschichten herauskristallisieren?
– Ist die Struktur neutestamentlicher Texte von deren kulturellem Kontext abstrahierbar, so daß Beziehungen und Gesetzmäßigkeiten auf unsere heutige Situation übertragbar sind?
– Wenn ja: welche grundsätzlichen und praktischen Hinweise können die so gewonnenen Erkenntnisse zur Bereicherung heutiger Problemstellungen und Strategien in klinischer Psychologie und Psychotherapie geben?

In den Abschnitten II–IV »Gleichnisse« (Kap. 8–15), »Ereignisse«

(Kap. 16–19) und »Wege« (Kap. 20–26) geht es um analoge Fragestellungen unter dem Gesichtspunkt ihrer Anwendbarkeit im Bereich der pädagogischen Psychologie (Selbsthilfe, Erziehung, Erwachsenenbildung). Abschnitt V »Be-Deutungen« (Kap. 27–53) deutet Begriffe und beschreibt ›Voraus-Setzungen‹, die den Kapiteln 1–26 zugrunde liegen; außerdem bringt er Beispiele aus den Schriften anderer Kulturen und Religionen sowie anderer Autoren. Auffallend sind Parallelen zu ägyptischen (vgl. Görg, Keel, Kolta) und buddhistischen Texten und zu griechischen Mythen (vgl. H. Rahner).

Wer so fragt, kann zunächst überlegen, von welchen bewußten oder nicht bewußten Postulaten (Tart, S. 99 ff.), die alternative Gedankengänge von vornherein blockieren können, seine ›Über-Zeugungen‹ geleitet werden, um dann von einigen liebgewordenen Denkgewohnheiten zumindest vorübergehend einmal abzurücken, zum Beispiel:

– der einzig fachgerechte Umgang mit biblischen Texten sei eine historisch-kritische Sicht;

– nur die auf die damaligen Hörer und / oder Leser abzielende Verkündigungsabsicht, nicht aber (auch) die bewußte und unbewußte individuelle und kollektive Psychologie der biblischen Endredaktoren und ihrer Quellen hätte Inhalt und literarische Gestalt dessen, was uns heute als das Neue Testament vorliegt, eingefärbt;

– für die Redaktoren der neutestamentlichen Schriften sei die schriftliche und mündliche hebräische Tradition der *einzig* wichtige Hintergrund ihres Wahrnehmens, Denkens und Fühlens, ihrer Empfindung von Wirklichkeit und damit der Interpretation jesuanischer Quellen gewesen.

Diese Überlegungen beziehen eine methodologische Fragestellung ein: Welches ist »der grundlegende Weg, auf welche Weise wir die Welt wahrnehmen?« (van Lamoen, S. 9). Daraus folgt, daß es nicht sinnvoll ist, biblische Texte ausschließlich im Kontext des eigenen Codes (Kap. 53) zu deuten, denn dies wäre eine arge Verkürzung der Möglichkeiten. »Jahrhundertelang verstanden die Juden die Bibel nicht nur in ihrer eigenen Tradition, sondern sie standen dabei in beträchtlichem Ausmaß unter dem Einfluß der Ideen anderer Kulturen, mit denen ihre Gelehrten in Berührung kamen. So verstand Philo das Alte Testament im Geiste Platos, Maimonides im Geiste des Aristoteles und Hermann Cohen im Geiste Kants« (Fromm, S. 9). Den Schriften des Neuen Testaments erging es nicht anders. Auch sie wurden im Kontext der jeweiligen geistigen Strömungen interpretiert. So ist es wohl legitim, in diesem Buch griechische und lateinische Texte in Anlehnung an aristotelisch-thomasische Philosophie zu befragen, z. B. mit Hilfe der vier Ursachen-Ebenen und unterschiedlicher Aspekte / Relationen (Kap. F 2). Dabei soll versucht werden, ›den Kern freizulegen, ohne die Haut zu verletzen‹.

Es geht nicht darum, Theologie in Psychologie aufzulösen. »Die Psychologie kann das Verständnis des Religiösen auf unersetzliche Weise fördern, wenn sie dieses Ziel als interdisziplinäre Aufgabe anerkennt und sich auf ihre eigene Kompetenz besinnt und beschränkt. Aufgrund ihrer Fragestellungen und Untersuchungsmethoden ist die Psychologie imstande, die subjektiven – psychosozialen und intrapsychischen – Bedingungen faktischen religiösen Erlebens, Denkens und Verhaltens zu erforschen, während die Philosophie und Theologie unter den Gesichtspunkten und mit den Mitteln ihrer Reflexion über dessen objektiven, intentionalen Inhalt und Anspruch kritisch-normativ nachzudenken hat« (Grom, S. 14).

Eine methodische oder ideologisch begründete Aussparung religiöser Fragestellungen in der Psychotherapie tut nicht nur dem Patienten Unrecht, weil sie womöglich wesentliche Inhalte seiner Sozialisation diagnostisch unberücksichtigt läßt; sie verzichtet, wie in diesem Buch anhand neutestamentlicher Heilungsgeschichten gezeigt wird, auch auf fruchtbare therapeutische Möglichkeiten. »Wenn geistige und seelische Eigenheiten in der Forschung und der klinischen Praxis weitgehend ausgeklammert bleiben, stellt dies nicht nur die Wissenschaftlichkeit von Verfahren in Frage, es verhindert die Nutzung bedeutender therapeutischer Möglichkeiten« (Hirshberg, S. 364). Reinhard Tausch ist ähnlicher Meinung (PsH Juli 91, S. 37; vgl. Kap. 51). Eine ›objektive‹ Wissenschaft gibt es nur in Grenzen; die Fragestellung geht in die Ergebnisse einer wissenschaftlichen Untersuchung mit ein. So gehen in die vorliegenden Deutungen meine über vierzigjährigen Erfahrungen in Philosophie, Theologie, Seelsorge, Unterricht und Erziehung einerseits, Psychologie, Psychotherapie und Weiterbildung andererseits mit ein, ja sie werden – gleichsam wie ein Koordinatensystem über eine Landkarte gelegt werden kann – *bewußt* in die Interpretation miteinbezogen. ›Richtig‹ ist in diesem Zusammenhang die Idee, die jemand auf sich beziehen und zu seinem, anderer Menschen und der Mitwelt Nutzen anwenden kann.

Wenn diese Arbeit auch in erster Linie von klinisch-psychologischen und psychotherapeutischen Fragestellungen geleitet wird, so wird doch schon aus der Tatsache, daß Psychotherapie – aus dem Griechischen übersetzt – ›Seelsorge‹ heißt, ihr Bezug zur Religion deutlich (Kap. 46); die Berufe des Priesters und des Arztes waren ursprünglich identisch und haben sich erst recht spät ausdifferenziert. Die Evangelien betonen den Heilungsauftrag (Mt. 10,8; vgl. Lk. 9,2; Lk. 10,9; Mk. 16, 17–18). Außerchristliche Meditations- und Gebetsformen und damit auch Heilungspraktiken weisen durchaus Parallelen zu christlichen Verfahrensweisen auf, so zum Beispiel Meditationspraktiken indischer Yogis, die Gebetsmethode des »dhikr« der Derwische von Buchara im Sufismus und das Nembutsu des Amida-Buddhismus mit der orthodox-kirchlichen Herzensmeditation (Kap. 24); das Buch ›Aufrichtige Erzählungen eines russischen Pilgers‹ erfreut sich der Hochschätzung durch Hindus (Jungclaussen 1996, S. 9 f.). So können einzelne Gedanken dieser Arbeit vielleicht auch zum interreligiösen und transkulturellen Dialog beitragen.

Die Deutung der Heilungserzählungen in Teil 1 ist wie folgt aufgebaut:

1. **Text** der deutschen Einheitsübersetzung.

2. **Textvergleich**: Deutung wichtiger Stellen anhand des griechischen und lateinischen Textes, seiner Varianten (kritischer Apparat) und mittels Vergleichen mit anderen Stellen der Hebräischen Bibel (›Altes Testament‹), des Neuen Testaments und neutestamentlicher Apokryphen.

3. **Hintergrund**: Dieser Abschnitt versucht, Bilder aufzuschlüsseln, die den damaligen Hörern bzw. Lesern vertraut, uns jedoch schon wegen des zeitlichen und kulturellen Abstands weithin unverständlich sind.

4. **Struktur**: Hier geht es um wesentliche Komponenten des Heilungsvorgangs, um die Beziehung zwischen Patient / Patientin und Therapeut, um psychologische / psychotherapeutische Gesetzmäßigkeiten, logische Beziehungen (Implikation, Äquivalenzbeziehung …), die Ursachen-Ebene (Wirk-, Ziel-, Material- und Formal-Ursache) und um logische Ebenen (aristotelische und / oder paradoxe Logik?).

5. **Subjekt-Ebene**: Dieser Abschnitt fragt ergänzend: Geht es in dieser Heilungsgeschichte nur, unabhängig von ›historischen‹ Gegebenheiten, um *andere* Personen oder auch um Anteile meiner *eigenen* Seele? Handelt es sich nur um die Beschreibung eines äußeren oder

auch eines inneren, *subjektiven* Sachverhalts? Im Vordergrund steht eine finale Sichtweise, die über eine aus der Biographie einer Person ableitbare und verstehbare kausale Interpretation hinaus a) nach dem *Sinn* einer Erkrankung fragt, und die b) auch nach unserem Bezug zum bewußten und (uns) nicht bewußten Universum, nach unserer *transzendenten*, die vierdimensionale raum-zeitliche Wahrnehmung überschreitenden Dimension, fragt, mag man diese nun Gott, Vater[3], Christus, Allah, Tao oder wie auch immer nennen (Kap. 41). Insofern kann hier von transpersonaler Psychologie gesprochen werden (Tart; Walsh). Als ein Leitmotiv dieses Absatzes ließe sich der bekannte Satz von Karl Rahner anführen: »Der Fromme von morgen wird ein ›Mystiker‹ sein, der etwas ›erfahren‹ hat, oder er wird nicht mehr sein« (zitiert in Böhme/Sudbrack, S. 7).

6. Fazit: Hier wird in erster Linie nach der Quintessenz aus den Punkten 1 bis 5 für Theorie und Praxis heutigen psychotherapeutischen Handelns gefragt.

Diese sechs Schritte sprechen vor allem unseren Intellekt an. Dies erscheint mir wichtig, da unsere Prägung durch den westlich-wissenschaftlichen Code (Kap. 53) *auch* ein Zugewinn ist. Die Deutung von Gleichnissen und anderen neutestamentlichen Texten in den Teilen II und III jedoch folgt meist anderen Codes, da diese literarischen Gattungen eine tiefere, seelisch-gemüthafte Ebene ansprechen, auf der (auch) andere Regeln herrschen. Daher ist die strenge Systematik von Teil I hier unangebracht. Schon im Matthäusevangelium (Mt. 13,2.10–11) wird zwischen den Jüngern und den (Volks-)Scharen unterschieden: Ersteren »ist es gegeben, die Geheimnisse des Himmelreiches [die psychologischen Gesetzmäßigkeiten] zu erkennen«, zu den letzteren redet Jesus »in Gleichnissen«. Matthäus begründet dies mit den »verhärteten Herzen« der Menge: Eine direkte Konfrontation mit dem Problem würde unter diesen Voraussetzungen nur Widerstände hervorrufen, eine alte Erfahrung auch in der Psychotherapie. Daher werden in allen Kulturen und Religionen Märchen, Geschichten und Gleichnisse erzählt. Sie sprechen das Problem auf der ›rechten Hirnhälfte‹ an und überlassen die ›Auseinandersetzung‹ mit ihm weithin der Phantasie des Hörers, wirken aber nicht minder effektiv.

Nicht nur auf Grund meiner Erfahrungen in der Therapie, sondern auch, weil ich empirische bzw. experimentelle Befunde zur Kenntnis nehme und zudem weiß, daß die weithin zu beobachtende

»Transzendenzverschlossenheit als unausgesprochene Prämisse heutiger Wissenschaft« mindestens ebenso sehr eine Glaubenssache ist, d. h., auf letztlich nicht mehr rational begründbaren ›Voraus-Setzungen‹ beruht wie eine »transzendenzoffene Wissenschaft« (Emde 1995; Nickel 1993 und 1994), plädiere ich für letztere. Es gibt experimentelle Studien, die die Wirksamkeit spiritueller Faktoren mit einbeziehen (Kap. 21; vgl. auch J. Gleditsch 1993, W. Schuler 1993).

I. Heilungsgeschichten

1. Energie und Glaube: Mk. 5,24–34;
par. Mt. 9,20–22;Lk. 8,43–48

(24b) Viele Menschen folgten ihm und drängten sich um ihn. (25) Darunter war eine Frau, die schon 12 Jahre an Blutungen litt. (26) Sie war von vielen Ärzten behandelt worden und hatte dabei sehr zu leiden; ihr ganzes Vermögen hatte sie ausgegeben, aber es hatte ihr nichts genutzt, sondern ihr Zustand war immer schlimmer geworden. (27) Sie hatte von Jesus gehört. Nun drängte sie sich in der Menge von hinten an ihn heran und berührte sein Gewand. (28) Denn sie sagte sich: Wenn ich auch nur sein Gewand berühre, werde ich geheilt. (29) Sofort hörte die Blutung auf, und sie spürte deutlich, daß sie von ihrem Leiden geheilt war. (30) Im selben Augenblick fühlte Jesus, daß eine Kraft von ihm ausströmte, und er wandte sich in dem Gedränge um und fragte: Wer hat mein Gewand berührt? (31) Seine Jünger sagten zu ihm: Du siehst doch, wie sich die Leute um dich drängen, und da fragst du: Wer hat mich berührt? (32) Er blickte umher, um zu sehen, wer es getan hatte. (33) Da kam die Frau, zitternd vor Furcht, weil sie wußte, was mit ihr geschehen war; sie fiel vor ihm nieder und sagte ihm die ganze Wahrheit. (34) Er aber sagte zu ihr: Meine Tochter, dein Glaube hat dir geholfen. Geh hin in Frieden! Du sollst von deinem Leiden geheilt sein.

Textvergleich. Die Situation der Frau wird dramatisch geschildert. Ihre Reaktion, »zitternd vor Furcht« (33), wird verständlich, wenn man weiß, daß, wer eine menstruierende und damit ›unreine‹ Frau berührte, nach damaliger Überzeugung (3 M. 15,25–27) selbst unrein wurde. Drewermann (1991, II, S. 282) meint: »Es dürfte sich um eine Anomalie der weiblichen Periode handeln, um eine Menorrhagie, die oft hysterischer Art[4] und dann psychisch beeinflußbar ist.« Von *Behandlung* durch die Ärzte (26) ist im lateinischen und griechischen Text keine Rede. Es heißt: *kai polla padousa ypo pollon iatron – Sie hatte von vielen Ärzten viel auszustehen (viel Übles erfahren / erduldet).* Sie *berührte* Jesus nicht nur, sie *heftete sich an ihn / faßte ihn an* (*epsato – tetigit*), hing vielleicht an ihm wie eine Klette, ein Zeichen für ihre Verzweiflung und für die Intensität ihres Glaubens. Die lateinisch-griechische Formulierung *eiduia o gegonen (en) aue – sciens quod factum esset in se – wissend, was in ihr bewirkt worden war* betont den inneren Vorgang deutlicher als *sie wußte, was mit ihr geschehen war* (33). Der Text »Jesus fühlte, daß eine Kraft von ihm ausströmte« – *ho Iesous epignous en heauo ten ex autou dynamin exelthousan – Jesus in semetipso cognoscens virtutem, quae exierat de illo* (30; vgl. Lk. 6,19) legt es nahe, bei dem griechischen Begriff *dynamis* an eine Energie, eine physisch definierbare Ausstrahlung zu denken. Bibelwissenschaftler der historisch-kritischen Richtung, im westlich-wissenschaftlichen Code beheimatet, lehnen diese Aussage vielleicht als Überbleibsel aus einer magischen Denkweise ab. Legt man aber den Maßstab des chinesisch-japanischen Codes an, kann man sich auch an das chinesische *Qi* und chinesische Heiler (Franz Alt, 1996 + Kap. 53) erinnert fühlen, das unter anderem *Luft, Atem* bedeutet, darin der hebräischen *ruach* mit den Bedeutungen *Geist, Atem* und *Wind* verwandt (Kap. 30). Das griechische *pneuma* bedeutet nicht nur das, was wir heute unter *Geist* verstehen, sondern auch *belebendes Prinzip, Gesinnung*, und außerhalb des Neuen Testaments *Hauch, Duft, Wehen, Atem, Anhauch*, klingt also an die hebräischen Bedeutungen an. Der *Energie*-Aspekt (*Kraft*) ist in unserer Heilungsgeschichte mit der *Information* ›Dein Glaube hat dich geheilt; geh hinein in deinen Frieden!‹ verbunden. Erst beides zusammen – die *Kraft / Energie* als Träger von *Information* und deren Ankommen und Bewußtwerdung bei der Empfängerin[5] – bewirkt eine tiefgehende Heilung, die nicht von Rückfällen bedroht ist. Dazu kommt: die Frau berührt das Gewand Jesu. Es ist bekannt, welche Bedeutung Berührung im therapeutischen Kontext haben kann (Kap. 3), so z. B. auch das schon im Neuen Testament erwähnte Salben mit Öl, verbunden mit einer Vergebung der Sünden, und das in den ersten christlichen Jahrhunderten praktizierte Handauflegen (vgl. J. 5,14 f.). Sündenvergebung meint hier eine grundsätzliche Einstellungsänderung auf der kognitiven und emotionalen Ebene (Kap. 50). Das lateinische *virtus* bedeutet nicht nur (Tat-)Kraft, sondern auch Tapferkeit, Mut, Standhaftigkeit, Entschlossenheit, Tugend, Tüchtigkeit, Wert, gute Eigenschaft, Verdienst; im griechischen Text heißt es *dynamis*, und das meint (Körper-)Kraft, Gewalt (*en dynamei tinos einai* = etwas in seiner Gewalt haben), Stärke, Macht, Einfluß, Wirksamkeit.

Dies erlaubt auch eine ganz andere Deutung der ›*Kraft*, die von ihm ausging‹, die ganz im westlich-wissenschaftlichen Code angesiedelt ist: *epignous en heauto* besagt, daß er einen rein geistigen Vorgang *in sich erkannte*; *dynamis* kann nicht nur mit *Kraft*, sondern auch mit *Einfluß*, *Wirksamkeit* übersetzt werden. Danach gäbe ›Er wurde sich der Kraft bewußt, die in ihm war und so auf seine Umgebung wirkte‹ das Gemeinte sinnvoll wieder. Diese Art von Ausstrahlung, die aus innerer Überzeugung kam, zeugte etwas außen; sie hatte eine gleichsam elektrisierende Wirkung auf die Leidenden, die sich durch das Erleben von Heilungen immer weiter verstärkte. »Dein Glaube hat dir *geholfen*« (34): der *Glaube* (*pistis*) ist nicht etwa ein – wie es oft verstanden wird – bloßes Für-wahr-Halten eines Sachverhalts, sondern richtet sich als *Treue*, *Zuverlässigkeit*, *Vertrauen*, *Zutrauen* auf die Person des Therapeuten, nicht unwesentlich hervorgerufen durch seine Ausstrahlung. Deshalb sagt die Frau ihm auch nicht nur *die ganze Wahrheit* (33), sondern *die ganze Wirklichkeit – eipen auto pasan ten aletheian – dixit ei omnem veritatem* = den vollständigen Sachverhalt, die ganze Ursache (Anlaß, Grund, Schuld): sie legt gleichsam eine Beichte ab. »Geh hin in Frieden!« (34) Ist dies nur eine damals übliche Abschiedsfloskel oder ein Segensgruß? Der fremdsprachliche Text geht tiefer: *hypage eis eirenen* – ziehe dich zurück (gehe heimlich weg) hinein in den (deinen) Frieden: *eis* mit Akkusativ bezeichnet die Richtung in das Innere einer Sache; *in Frieden* würde lauten *en eirene*). Erst dann ist die Frau nicht nur von ihrem Symptom befreit, sondern wirklich *gesund* (*hugies*) in ihrer Tiefenschicht und *besonnen, vernünftig, bei Verstand* (*sana*), da sie den Zusammenhang zwischen Gesundheit und Krankheit, deren Determinanten und damit auch ihren Eigenanteil an beidem begriffen hat.

Hintergrund. Der Therapeut Jesus *heilt*: Hier wird keine Leidensmystik propagiert, die seelische oder körperliche Probleme nach dem Muster ›Wen Gott liebt, den züchtigt er!‹ verherrlicht. Es geht auch nicht um eine sich selbst erfüllende Prophezeiung, wie sie schon bei Hiob (Hi. 3,25) anklingt (»Was ich gefürchtet habe, ist über mich gekommen!«).

Struktur. Diese Geschichte ist (auch) ein Lehrbeispiel, ein ›Paradigma‹ (gr. *paradeigma* = Beispiel, Vorbild, Muster). Wir können mit ihrer Hilfe wesentliche Züge eines Heilungsvorgangs herauskristallisieren, die unabhängig von Zeit, Kultur und Sozialisation gelten. Dies postulieren wir als Arbeitshypothese. Es fällt auf, daß, wie auch in anderen Heilungsgeschichten, nicht nach der in der individuellen oder kollektiven Vergangenheit der Kranken liegenden Verursachung (Wirkursache F 1) gefragt wird, die doch in vielen unserer gängigen Therapien als unerläßlich erachtet wird. Das ›Graben‹ in der Vergangenheit kann sogar das Erreichen des Ziels blockieren. Lukas drückt dies in einem anderen Zusammenhang bildhaft aus: »Keiner, der die Hand an den Pflug gelegt hat und nochmals zurückblickt, taugt für das Reich Gottes« (Lk. 9,62); noch pointierter zwei Verse vorher (Lk. 9,59): »Laß die (geistig) Toten ihre Toten begraben!«. Es geht nicht um Vergangenes (›Tote‹), sondern um die Realisierung einer Zukunftsperspektive. Ein Ereignis, das erst in der Zukunft liegt (die Ziel-Ursache), die erhoffte Heilung, bestimmt das Vorgehen der Frau, ihre Denkweise und ihre daraus folgende Verhaltensweise. Nach frühkindlichen Erfahrungen, den Eltern, Einflüssen von Institutionen oder anderen soziologischen Variablen, bewußten oder un(ter)bewußten internalisierten Konzepten oder ›Abwehrtendenzen‹ wird in unserer Heilungsgeschichte nicht gefragt. Solche Größen sind zwar, wenn auch bildhaft oder unter anderer Bezeichnung, den Evangelien durchaus nicht fremd (vgl. BP, S. 98 ff.). Hier aber wird lediglich beschrieben, daß bisherige Therapieversuche nicht nur scheiterten, sondern die Lage noch verschlimmerten. Aus heutigen Krankengeschichten, in denen es um die sehr reale Beschreibung eines oft jahrelangen Leidenswegs mit manchmal ›astronomischen‹ Kosten geht, sind durchaus analoge Darstellungen bekannt!

Welche logische Beziehung (F 4) besteht nun zwischen dem *Glauben* der Frau, der *Kraft* des Therapeuten Jesus und der Heilung? Diese Fragestellung ist von Bedeutung für die mögliche Übertragbarkeit der therapeutischen Technik (*he techne*, gr.: die Kunst, die Geschicklichkeit, die Gewandtheit!) auf analoge Problemstellungen heute. Der *Glaube* der Frau ist wohl eine *hinreichende* Bedingung für die Heilung ihres *Symptoms*, des Blutflusses, nicht aber für eine Heilung, die tiefenpsychologisch auf eine Bewußtwerdung und Heilung in ihrer ›Mitte‹ zielt. Zu der beschriebenen Art von Glauben hinzukommen muß sicher die Einsicht und das Vertrauen der Frau in ihr eigenes Potential und ihr tatsächliches ›Sich-Zurückziehen in ihren Frieden‹ (34), wenn auch die hinter dem Symptom (Blutung) verborgene Ursache behandelt werden soll. Die häufige Erwähnung von *Glauben* im Neuen Testament, auch im Kontext von Heilungsgeschichten, spricht dafür, daß er über eine *hinreichende* Voraussetzung hinaus auch eine *notwendige* Voraussetzung für Heilung ist. Ob auch die *Kraft*, die vom Therapeuten Jesus ausgeht, in dieser Heilungsgeschichte eine *notwendige* Bedingung der Heilung ist, mag offen bleiben; sicher ist sie alleine keine *hinreichende* Bedingung, denn im Text heißt es ausdrücklich, daß der *Glaube* geheilt hat. Damit die beschriebene therapeutische Beziehung aber überhaupt zustande kommen kann, ist die auf der bewußten Kraft beruhende *Ausstrahlung* des Therapeuten Jesus, der Ruf, der ihm vorausgeht, seine Vertrauenswürdigkeit, sicher eine notwendige Vorbedingung, zumal aus neueren Untersuchungen bekannt ist, daß für das Gelingen einer Psychotherapie die Therapeutenvariable grundlegend ist.

Subjekt-Ebene. Unter diesem Aspekt deckt die Geschichte von der blutenden Frau auf, in welcher Situation wir alle, Frauen und Männer, uns befinden und was in *unserer* Seele vorgeht oder sich entwickeln kann. Alle vorkommenden Personen und Situationen symbolisieren Anteile der eigenen Seele. Ziel der Geschichte ist die Reifung und Entfaltung des *Selbst* (Kap. 49). Die Verse 25–27 geben das Thema an. Es läßt sich mit dem Wort ›Vergeblichkeit‹ charakterisieren. Unser Leben zerrinnt wie der Lebenssaft Blut. Es nützt nichts, daß wir uns auf fremde Hilfe (25 f.: »viele Ärzte«) verlassen; auch unsere äußere Situation (»Vermögen«) hilft uns nicht: So drehen wir uns nur im Kreise, manövrieren uns nur immer weiter in eine aussichtslose Lage hinein: Wir erfahren »viel Übles« (»Es war immer schlimmer geworden.«). Zentrale Gestalt der Erzählung ist die Frau. Sie symbolisiert unseren *weiblichen* Seelenanteil (unsere *anima*: Kap. 27). Dieser Teil in uns kann sich öffnen und intuitiv spüren (*glauben*, 34), daß Hilfe von einer anderen Instanz in uns kommen muß, die wir nicht nur »berühren«, sondern »an die wir uns heften«, die wir intensiv »anfassen« müssen (27 f.). Dies zu versuchen erfordert Mut, die Durchbrechung konventioneller Normen, denn der ›unreine‹ Teil in uns will uns zwingen, uns mit unserem Schicksal abzufinden, mit einem Tabu, das unsere Umgebung oder wir uns selbst auferlegt haben. Wenn wir wagen, es anzutasten, kann uns das angst machen (»zitternd vor Furcht«, 33), weil wir spüren, daß entscheidende Veränderungen in uns passieren (»Sie wußte, was in ihr bewirkt worden war«, 33), die auch für unsere Umgebung nicht ohne Folgen bleiben. Das *männliche* Gegenstück in uns, unser *animus*, wird durch die Figur Jesu repräsentiert. »Jesus (…) heißt: der Herr hilft. Er ist die Rettung, das Heil. Die Hilfe ist vom Herrn« (Weinreb 1991, S. 95).

Auch dieses unser Selbst-Konzept (Kap. 49) ist nicht ohne Konflikt. Wir werden nur zu oft von unserem eigenen ›Geist‹ in die ›Wüste‹ und dort in ›Versuchung‹ geführt (Mt. 4,1 ff.), von dem, was *man* denkt (von ›vielen Menschen bedrängt‹, ja ›schikaniert‹, 24b). Auch uns vertraute Überzeugungen, mit denen wir tagtäglich umgehen (»Jünger«), mahnen uns, doch bitte mit den Füßen auf dem Boden zu bleiben, uns an die ›Realität‹ zu halten, an das, was wir sehen (»Du siehst doch … !«, 31). Wenn wir auf diese ›Freunde‹ hören und unseren Blickpunkt nicht ändern (»Er blickte umher«, 32), werden wir die ›Frau‹ in uns nicht ›wahr-nehmen‹ (32) und so niemals »die ganze Wahrheit« (33) unseres Menschseins erfahren. Es gilt, die »Kraft in uns« zu spüren (30), die bewußte Entdeckung zu machen, daß eine »Macht« (*dynamis*) in uns ist, die Heilung in uns zeugt.

Fazit. Diese Erkenntnisse dürften für alle Heilungsgeschichten im Neuen Testament grundlegend sein: Die ›Vermählung‹ unserer weiblichen und männlichen Seelenanteile, in der Mystik ›chymische Hochzeit‹ genannt, führt uns ›in unseren Frieden hinein‹, läßt uns wirklich ganz und gesund werden (34). Die ›Wahr-Nehmung‹, daß wir zugleich ›Patient/in‹ *und* ›Therapeut/in‹ sind, zugleich krank und gesund oder, um es in Anlehnung an Luther zu sagen, zugleich Gerechte und Sünder, heilt uns. Es gilt, unseren ›Schatten‹ und unser ›Licht‹ (›Die Kraft, die in uns ist‹, 30) zu integrieren (Kap. 45).

Zu Lebzeiten Jesu gab es in Palästina viele Wunderheiler. Jesus wurde von seiner Umgebung als Arzt angesehen (Lk. 4,24; vgl. Mk. 2,17). Was hätte für ihn näher gelegen, als seine Ausstrahlung dafür zu nutzen, die Kranken von sich abhängig zu machen.[6] Jesus verhält sich jedoch ganz anders. Er weiß aus Erfahrung, daß ohne Glauben eine Heilung nicht möglich ist. Er weist die Frau darauf hin, daß *ihr eigener Glaube*, ihre innerste Überzeugung – auch wenn sie ein ›abergläubisches‹ Medium, das Berühren seines Gewandes, zum Inhalt hat – sie gesund (oder umgekehrt: krank) macht. Damit entläßt er sie in ihre eigene Verantwortung. Nun ist sie nicht mehr abhängig von »vielen Ärzten« (26). Sie weiß jetzt auch, *wie* sie sich selbst helfen kann: Indem sie ›sich in ihren Frieden zurückzieht‹, in ihre eigene Mitte, wird sie Bedingungen von Gesundheit und Krankheit selbst erkennen und in die Praxis umsetzen können. Jesus ist oder wird sich in dieser Geschichte der ›Therapeutenvariable‹ seiner ›Kraft, die in ihm ist und von ihm ausgeht‹, voll bewußt, nutzt sie jedoch, um der Kranken ihre eigenen Möglichkeiten deutlich zu machen.

Als wesentliche Bedingungen einer Patient-Therapeut-Beziehung und einer personzentrierten Therapie kristallisieren sich an unserem Beispiel folgende Punkte heraus:

– Von seiten des Patienten eine positive ›Übertragung‹, die *Glauben* ermöglicht, Einsicht in sein geistiges, seelisches und körperliches Potential, deren Zusammenhänge und Entfaltungsmöglichkeiten;

– eine starke, ›positive‹ Ausstrahlung (›Therapeutenvariable‹) im physischen und psychischen Sinne;[7]

– Uneigennützigkeit von seiten des Therapeuten, die es ihm erlaubt, die Patienten von sich unabhängig zu machen, indem er ihnen ›Werkzeuge‹ an die Hand gibt, mit denen sie selbst (weiter-) arbeiten können. Der ganze Mensch als eine Einheit, nicht seine Seele oder sein Leib isoliert, auch nicht im Sinne einer (dualistisch) verstandenen Psycho-Somatik, ist gemeint.

2. Der Gelähmte: Mk. 2,1–12; par. Mt. 9,1–8; Lk. 5,33–38

(1) Als er einige Tage später nach Kapharnaum zurückkam, wurde bekannt, daß er (wieder) zu Hause war. (2) Und es versammelten sich so viele Menschen, daß nicht einmal mehr vor der Tür Platz war; und er verkündete ihnen das Wort. (3) Da brachte man einen Gelähmten zu ihm; er wurde von vier Männern getragen. (4) Weil sie ihn aber wegen der vielen Leute nicht bis zu Jesus bringen konnten, deckten sie dort, wo Jesus war, das Dach ab, schlugen (die Decke) durch und ließen den Gelähmten auf seiner Tragbahre durch die Öffnung hinab. (5) Als Jesus ihren Glauben sah, sagte er zu dem Gelähmten: Mein Sohn, deine Sünden sind dir vergeben! (6) Einige Schriftgelehrte aber, die dort saßen, dachten im stillen: (7) Wie kann dieser Mensch so reden? Er lästert Gott. Wer kann Sünden vergeben außer dem einen Gott? (8) Jesus erkannte sofort, was sie dachten, und sagte zu ihnen: Was für Gedanken habt ihr im Herzen? (9) Ist es leichter, zu dem Gelähmten zu sagen: Deine Sünden sind dir vergeben! oder zu sagen: Steh auf, nimm deine Tragbahre und geh umher? (10) Ihr sollt aber erkennen, daß der Menschensohn die Vollmacht hat, hier auf der Erde Sünden zu vergeben. Und er sagte zu dem Gelähmten: (11) Ich sage dir: Steh auf, nimm deine Tragbahre und geh nach Hause! (12) Der Mann stand sofort auf, nahm seine Tragbahre und ging vor aller Augen weg. Da gerieten alle außer sich; sie priesen Gott und sagten: So etwas haben wir noch nie gesehen.

Textvergleich. (3) Als *paralytikos* wird nach Rienecker ein auf einer Seite Gelähmter bezeichnet. Huck / Lietzmann titeln ›Heilung des Gichtbrüchigen – The Healing of a Man Sick of the Palsy‹ (S. 40). (5 f.) Das Wort *Sünde* in seiner uns geläufigen Bedeutung gibt das Gemeinte nur unzureichend wieder. Auch *vergeben* engt die Bedeutung ein (Kap. 50). Es heißt auch nicht *dimissa sunt – sind dir vergeben (worden)*, sondern *dimittuntur - werden dir vergeben*. (9) *egeire* kann (transitiv) auch *wache auf!* heißen, vgl. zu Vers 12. (11) *upage eis ton oikon sou – zieh dich zurück in dein Haus.* (12) *egerte* ist Aorist Passiv von *egeiro* und bedeutet *aufwecken, aufstehend machen*, was im lateinischen *surrexit – er erstand auf* deutlich an die Osterbotschaft anklingt. *oste existasthai pantas – ita ut mirarentur omnes - so daß alle außer sich gerieten / sich entsetzten.*

Hintergrund. Der Menschensohn hatte offenbar ein *Zuhause* (*en oiko – in domo*). Matthäus (Mt. 9,1; vgl. Mt. 9,10) schreibt: »Er kam in seine Stadt.« Es ist auch zu fragen, ob Jesus und seine Begleiter materiell arm waren (Kap. 29).

Struktur. Wie in den meisten Heilungsgeschichten ist auch hier wieder der *Glaube* die Ausgangsbasis, die ›Not-wendende‹ Bedingung (F 4.2). Dieser Glaube beinhaltet nun aber noch eine wesentliche Komponente: das Wissen um eigene (und / oder fremde?) *Sünden* oder deren Bewußtwerdung als Komponenten, die zum Entstehen des Problems – hier: der Lähmung – wesentlich beigetragen haben. Ob dem Kranken sein ›Schatten‹ (Kap. 45) erst durch die Worte Jesu bewußt wurde oder ob er schon vorher davon wußte oder ihn zumindest ahnte, ist aus dem Text nicht ersichtlich. Der Glaube des Kranken allein ist also in dieser Geschichte keine *hinreichende* Bedingung (F 4.1) für eine Heilung. Dazu kommt, daß jemand diese *Sünden* durch das gesprochene Wort *vergeben* muß: Erst diese Vergebung bewirkt die Heilung. Es geht um eine tiefgehende Einstellungsänderung, an der kein Weg vorbeiführt. Da nützt es auch nichts, daß andere Menschen, vier Männer (3 f.), den Kranken zum Therapeuten bringen, auch wenn sie noch so große Anstrengungen unternehmen, dem Leidenden zu helfen. Sie können ihn auf seinem Weg ein Stück begleiten, ihm auch einige Hindernisse aus dem Weg räumen. Den entscheidenden Schritt aber muß der Kranke selbst tun. Hier erkennt der Therapeut Jesus die Ursache der Lähmung gleichsam blitzartig, intuitiv. Jesus sieht auch sofort die Reaktionen seiner Umgebung, die möglicherweise ebenfalls um den oben beschriebenen Zusammenhang weiß, einem ›bloßen Menschen‹ jedoch die Kompetenz für die Lösung dieses Problems abspricht und sie einer höheren Instanz, Gott, reserviert. Er betont demgegenüber, der *Menschen*-Sohn habe diese Vollmacht bekommen und könne davon Gebrauch machen (10).[8] Es fällt auf, daß die körperliche Heilung, wegen der der Gelähmte offensichtlich herbeigetragen worden war, ab Vers 10 nicht mehr im Mittelpunkt des Interesses des Therapeuten steht. Es heißt dort: ›*hina de eidete – ut autem sciatis – damit ihr aber seht*, daß der Menschensohn die Vollmacht hat, hier auf Erden Sünden zu vergeben, sagte er zu dem Gelähmten: Ich sage dir, steh auf!‹ Die Heilung der Lähmung erscheint als Beweis für einen ursächlich früheren und wichtigeren inneren Prozeß, der aus seiner Auswirkung, eben der körperlichen Gesundung, erschlossen werden kann.

Subjekt-Ebene. Fühlen wir uns manchmal nicht wie gelähmt? Bevor wir aber mit der Instanz in uns, die uns heilen kann, in Kontakt kommen können, müssen wir zunächst einmal »nach Hause« kommen (Haus ≈ Bewußtsein). Auf dem normalen Weg (durch die Tür) ist uns das manchmal nicht möglich; daran hindert uns unser Durchschnitts- oder Kollektivbewußtsein (*viele Menschen / Leute*) mit seinen pauschalen Ansichten.[9] Aber es gibt auch Kräfte in uns, die eine solche Blockade nicht hinnehmen: »Männer« (die rationale Seite in uns, die eine Lösung sucht). Wir werden von ihnen ›getragen‹, sie lassen sich auch nicht durch unkonventionelle Wege abschrecken. Und in unserer Tiefe sind wir ›über-zeugt‹ (Kap. 34) und vertrauen darauf (Mt. 9,2: »hab Vertrauen«), daß eine Problemlösung möglich ist. Sind wir dann endlich in unserem Zentrum angekommen, erkennen wir sehr rasch unsere Fehler (*Sünden*) und erleben die Befreiung (Absolution = Loslösung, Vergebung). Auch dann noch gibt es Widerspruch von Autoritäten in uns, die es ja wissen müssen, von seiten unseres ›Über-Ich‹. Sie können frommen oder gelehrten Charakters sein: ›Schriftgelehrte‹ oder ›Pharisäer‹.[10] Gemeint ist hier die selbstgerechte, einem Ingroup-Outgroup-Denken verhaftete Mentalität in uns, wie sie im Gleichnis vom Pharisäer und Zöllner (Lk. 18,10ff.) erzählt wird. Wenn wir diesen Stimmen (Stimmungen) in uns nachgeben, werden wir unserem Heilwerden, unserer Individuation (C. G. Jung), nicht näher kommen. Begreifen wir, daß unsere wahre Natur nicht nur unsere Schwäche, unser Schatten, unsere Sündigkeit ist, sondern auch ›das Reine, Formlose, das Allmächtige und Allbarmherzige (...), Gott in (uns) allen‹ (Vivekananda), dann können wir *aufstehen*: Wir werden *aufgeweckt* (12: *egerte)*, können gleichsam *auferstehen (surrexit)*: ein Erleben, das uns unglaublich erscheint, weil es allen konventionellen Erwartungen widerspricht. Dies ist nicht nur für uns eine Bestätigung, daß *uns* (Mt. 9,8: »den Menschen«) eine unglaubliche Macht eignet, die uns loben und danken läßt, auch unsere Umgebung beginnt diese Kraft zu erkennen.

Fazit. Entscheidend für den Gelähmten ist a) die Überzeugung (*Glaube*) von der Möglichkeit einer Heilung und b) Vertrauen (›Compliance‹) zum Therapeuten (Mt. 9,2: »Hab Vertrauen!«), die wiederum auch von dessen *Kraft, Energie* und *Ausstrahlung* abhängt (Kap. 1). Die positiven Kräfte des Therapeuten beruhen weitgehend auf intuitiven Fähigkeiten und innerer Souveränität.[11] Innere Unsicherheit des Therapeuten überträgt sich auf den Patienten und rüttelt an dessen Glaubensbasis, die aber eine wichtige Voraussetzung von Heilung ist. Das heißt nicht, daß der Therapeut seine Grenzen – z. B. seine eigenen ›Abwehrtendenzen‹, die die Art der ›Compliance‹ wesentlich beeinflussen – nicht erkennen und sein Handeln danach ausrichten muß. Wenn hier von innerer Unsicherheit gesprochen wird, so sind eine Einstellung und ein Verhalten gemeint, die, statt die derzeitigen Grenzen der eigenen Kompetenz zu erkennen und anzuerkennen, mit eigenen Zweifeln und Ängsten geradezu kokettiert, was heute mancherorts ›in‹ ist. Wer sich an dieser Heilungsgeschichte orientieren möchte, tut gut daran, sich einerseits – wie der historische Jesus wohl auch – auf so manche ›Lehr- und Wanderjahre‹ einzustellen, in denen er lernt, Versuchungen nach eigennütziger Machtausübung zu widerstehen. Andererseits muß er lernen zu erkennen, ›welche Kraft/Vollmacht den Menschen‹, Therapeuten und Patienten gleicherweise, ›gegeben ist‹. Vielleicht kann er dann Gelähmten ›das Wort (der Heilung) verkünden‹ (2) im Sinne des Johannes-Evangeliums (Jh. 14,10): »Die Worte, die ich zu euch sage, habe ich nicht aus mir selbst. Der Vater, der in mir bleibt, vollbringt seine Werke.« Therapeuten wie Patienten sind nur ›Werk-Zeuge‹.

Auf der einen Seite werden religiöse Institutionen fragen: »Wie kann dieser Mensch so reden?« (Vers 7), hat man heilende Kompetenz doch seit Jahrhunderten an Ärzte, eventuell auch noch an Psychologen abgetreten, die nach anerkannten tiefenpsychologischen und/oder verhaltenstherapeutischen Modellen arbeiten. Auf die Idee, daß die Heilung vor allem psychischer und psychosomatischer Erkrankungen in die Kompetenz glaubender Menschen – in unserem

Kulturkreis: in die Kompetenz der Kirchen,[12] und hier nicht nur ihrer Amtsinhaber – fällt, kommt man kaum noch oder gar nicht mehr. Bestenfalls wird noch toleriert, wenn kranke Menschen nach Lourdes fahren, weil sie dort Heilung erhoffen; ein Besuch bei Geistheilern auf den Philippinen wird von den meisten Amtsträgern strikt abgelehnt. Für Vertreter aller möglichen Ideologien ist es ein leichtes, in dieses Vakuum zu strömen und die Not von Menschen auch finanziell auszunutzen: der Psycho-Markt boomt! Drewermann kommentiert (1991, II, S. 112): »Auch dieses Gefühl, von einer ›Kraft‹ durchströmt zu werden, die zu Heilungen befähigt, ist dem Neuen Testament noch gegenwärtig, wenn vor allem bei Lukas von der *dynamis theou*, von der Macht Gottes die Rede ist, aus der heraus Christus und die Apostel ihre Wunder der Heilung in Wort und Tat vollbringen konnten (z. B. Lk. 4,36; Lk. 5,17; Lk. 5,19; Lk. 8,46; Lk. 9,1; A. 6,8). Aber obwohl biblisch durchaus begründet, ist in der christlichen Dogmatik die Vorstellung von einer wundermächtigen Heilkraft Gottes im Menschen, weil ohne jeden Erfahrungs- und Denkhintergrund, nur noch den Worten nach erhalten, und es wirkt wie die Sprache einer anderen Welt, wenn die Dogmatik lehrt, es sei der Heilige Geist, der als die dritte Person der Gottheit die Wunder der Heilung bewirke. Was bei den ›Primitivkulturen‹ noch als gelebte Wirklichkeit erfahren wird, mutet in der christlichen Dogmatik wie ein religionsgeschichtliches Fossil an, wofern es von der Exegese nicht überhaupt als eine zeitbedingte Vorstellung der Vergangenheit überantwortet wird. Was aber könnten wir von den ›Primitiven‹ im Umgang mit geistigen Mächten lernen!«

Mit ihrer Skepsis, ihrem Nichtverstehen oder ihrer Ablehnung stehen Vertreter von Religionen nicht allein. Auch Kolleginnen und Kollegen von der weltlichen Zunft ›Wissenschaft‹ lehnen in unseren Breitengraden immer noch weithin die Einbeziehung von Gedanken und Praktiken, wie sie in nahezu allen Hochreligionen bezeugt sind, ab. Hier wird ein Tabu verletzt, nämlich die (uneingestandene) Ansicht, daß nicht sein kann, was nicht sein darf. Analogen ›Vor-Urteilen‹ stehen manchmal auch Therapieverfahren gegenüber, die auf einem anderen Welt- und Menschenbild fußen, auch wenn ihre Wirksamkeit nicht mehr bestritten werden kann, so z. B. Homöopathie und Akupunktur. In den Köpfen mancher Psychotherapeuten geistert noch der Satz, Religion sei eine ›kollektive Neurose‹. Tatsächlich schreibt Freud in ›Die Zukunft einer Illusion‹ (S. 164, zitiert nach

Küng, 1987, S. 45), »religiöse Vorstellungen seien ›nicht Nieder-schläge der Erfahrung oder Endresultate des Denkens‹, sondern ›Il-lusionen, Erfüllungen der ältesten, stärksten, dringendsten Wünsche der Menschheit‹. Doch alle diese Wünsche sind infantile Wünsche: begründet in den ›nie ganz überwundenen Konflikten der Kindheit aus dem Vaterkomplex‹‹. Daß Religion auch neurotisieren kann, sei nicht bestritten; nicht umsonst gibt es den Begriff der ›ekklesiogenen Neurose‹: eine von kirchlicher Verkündigung, nicht von der Religion selbst, erzeugte seelische Erkrankung. Auch Erlebnisse mit leiblichen Vätern können auf den ›Vater im Himmel‹ projiziert werden (BP, S. 57 ff.). Dennoch gilt meines Erachtens der Satz ›Abusus non tollit usum – möglicher Mißbrauch hebt berechtigten Gebrauch nicht auf‹. Religion kann auch wesentlich zur Gesundung beitragen oder auch dazu, daß wir erst gar nicht erkranken. Gott als *Vater* läßt sich auch ganz anders sehen (de Mello ⁵1991, S. 9):

> »*Erwachsensein:* Zu einem Schüler, der ständig am Beten war, sagte der Meister: ›Wann wirst du aufhören, dich auf Gott zu stützen und lernen, auf eigenen Füßen zu stehen?‹ Der Schüler war erstaunt: ›Aber gerade Ihr habt uns gelehrt, Gott als unseren Vater anzusehen!‹ ›Wann wirst du lernen, daß ein Vater nicht jemand ist, auf den man sich stützen kann, sondern jemand, der dich von deinem Anlehnungs-bedürfnis befreit?‹«

3. Be-Rührung: Mk. 7,31–37; Mk. 8,22–26; par. Mt. 15,29–31; Jh. 9,6

(7,31) Jesus verließ das Gebiet von Tyrus wieder und kam über Sydon an den See von Galiläa, mitten in das Gebiet der Dekapolis. (32) Man brachte einen Taubstummen zu Jesus und bat ihn, er möge ihn berüh-ren. (33) Er nahm ihn beiseite, von der Menge weg, legte ihm die Fin-ger in die Ohren und berührte dann die Zunge des Mannes mit Spei-chel; (34) danach blickte er zum Himmel auf, seufzte und sagte zu dem Taubstummen: Effata!, das heißt: Öffne dich! (35) Sogleich öff-neten sich seine Ohren, seine Zunge wurde von ihrer Fessel befreit, und er konnte richtig reden. (36) Jesus verbot ihnen, jemand davon zu erzählen. Doch je mehr er es ihnen verbot, desto mehr machten sie es bekannt. (37) Außer sich vor Staunen sagten sie: Er hat alles gut ge-macht; er macht, daß die Tauben hören und die Stummen sprechen.

(8,22) Sie kamen nach Betsaida. Da brachte man einen Blinden zu Jesus und bat ihn, er möge ihn berühren. (23) Er nahm den Blinden bei der Hand, führte ihn vor das Dorf hinaus, bestrich seine Augen mit Speichel, legte ihm die Hände auf und fragte ihn: Siehst du etwas? (24) Der Mann blickte auf und sagte: Ich sehe Menschen; denn ich sehe etwas, das wie Bäume aussieht und umhergeht. (25) Da legte er ihm nochmals die Hände auf die Augen; nun sah der Mann deutlich. Er war geheilt und konnte alles ganz genau sehen. (26) Jesus schickte ihn nach Hause und sagte: Geh aber nicht in das Dorf hinein!

Textvergleich. (7,32) Das griechische *koros* kann bedeuten: abgestumpft, stumpf an Sinnen, kraftlos; gelähmt an der Zunge, stumm, stumm geboren, taubstumm, sprachlos, lautlos, still; taub, leer, bedeutungslos; *mogilalos*: mit schwerer Zunge redend; das lateinische *surdus*: taub, unempfindlich, lautlos, still, verschwiegen; *mutus*: stumm. (34) Er »seufzte«: das mit *stenatso* verwandte *steno* wird im Lateinischen nicht nur mit *ingemisco*, sondern auch mit *suspiro* – seufzen, (tief) auf*atmen* wiedergegeben. (35) *akoe* bezeichnet zunächst das Gehör als Sinn, dann auch das Ohr. *glosse – lingua* bedeutet nicht nur Zunge, sondern auch Sprachfertigkeit, Redegabe, Sprache. (8,23.33) *blepein* meint sowohl (mit den Augen) sehen, als auch im übertragenen Sinne etwas erkennen / einsehen.

Hintergrund. Die Ausbreitung des Christentums wurde in den ersten beiden Jahrhunderten ganz wesentlich durch die Heilung unterschiedlicher Leiden gefördert; durch sie wurden die Prediger und ihre Botschaft legitimiert. Dies war offenbar auch bei der Mission des Paulus noch so. In späteren Generationen geriet dies mehr und mehr in Vergessenheit.[13] Man berief sich nicht mehr auf den Missionsbefehl bei Markus (Mk. 16,15–20; vgl. Lk. 10,9; Lk. 10,17–20) oder bei Matthäus (Mt. 12,7–8), sondern auf den zeitlich späteren am Ende des Matthäusevangeliums (Mt. 28,18–20), in dem nicht mehr von Heilung durch Berührung die Rede ist, sondern (nur noch) von Taufe und Lehre. Hier spiegelt sich die Entwicklung weg vom »Erweis von Geist und Kraft« (1 K. 4,19f.; 1 K. 2,4) hin zu rein kultischer Praxis und Wortverkündigung, die nicht mehr durch ›Krafttaten‹ (*dynameis*) legitimiert werden müssen. Wenn überhaupt noch Berührung vorkam, dann im liturgisch-sakramentalen Rahmen: Eine eher symbolische Salbung bei Taufe, Firmung und Krankensalbung. Handauflegung geschah kaum noch zur Heilung, sondern zur Übertragung einer Vollmacht an auserwählte Menschen bei der Priesterweihe.[14] Damit verlor das Christentum eine wesentliche Quelle seiner verändernden Kraft. **Struktur.** In den vorliegenden Heilungserzählungen zeigen sich drei Charakteristika, die in einer inneren Beziehung zueinander stehen: Berührung, Bewußtseinsänderung und Atemtechnik.

– Berührung. »Und immer, wenn er in ein Dorf oder eine Stadt oder zu einem Gehöft kam, trug man die Kranken hinaus und bat ihn, er möge sie wenigstens den Saum seines Gewandes berühren lassen. Und alle, die ihn berührten, wurden gesund« (Mk. 6,56). Der historische Jesus selbst war offenbar ein kompetenter Heiler. Ein wesentliches Merkmal waren Berührungen in verschiedenster Form. Der Schluß des Markus-Evangeliums lautet (Mk. 16,17.20): »Durch die, die zum Glauben gekommen sind, werden folgende Zeichen (*semeia*) geschehen: In meinem Namen werden sie Dämonen austreiben; (…) und die Kranken, denen sie die Hände auflegen, werden gesund werden.« Das Neue Testament berichtet häufig von Berührungen und vom Auflegen der Hände[15] (Mt. 8,2f.; Lk. 5,13; Mt. 8,14f.; Mk. 9,29–31; Lk. 4,38f.). Jesus berührt andere Menschen und läßt sich von ihnen berühren nicht nur, wenn es um die Heilung körperlicher oder psycho-somatischer Erkrankung geht, sondern auch, wenn ein Mensch in seelischer Not ist oder ihm seine Liebe zeigen will. Was geschieht in und durch Berührung? Worin besteht der heilende Effekt? Auf den ersten Blick muten die Berührungen in unserem Text wie magische Praktiken an. Sie sind jedoch direkt auf die zu heilenden Organe bezogen. Die in den neutestamentlichen Heilungsgeschichten berichteten Berührungen haben keine sexuelle Note, auch nicht die durch die ›Sünderin‹. Vielleicht ist es so, daß wir Menschen, da wir wesentlich auch Leib sind, einen fühlbaren und einfühlsamen Kontakt brauchen, um überzeugt zu werden und uns angenommen zu fühlen. ›Be-Rührung‹ kann etwas in uns anrühren, uns öffnen. Georg Groddeck, der Gründer der Psychosomatik, »begriff: Tastsinn, Gefühlssinn, Auge, Bewegungen und Geruchssinn sollen sich in der Massage zu einem leiblichen ›Untersuchungs- und Behandlungsinstrument ersten Ranges‹ vereinigen. (…) Ein Hauptelement der körperlichen Bewußtwerdung ist die *Berührung*. Sie ermöglicht das Gefühl von Nähe, vermittelt zwischen Innen und Außen, macht unsere Existenz zur leibseelischen Ganzheit, läßt innere und zwischenmenschliche Grenzen durchlässig werden – kurz: weil sie unter die Haut geht und das emotionale ›Leibgedächtnis‹ eines Menschen direkt anspricht, kann die Massage neue Gesundungs- und Heilungswege eröffnen. (...) ›Alles in allem‹, lautet seine [Groddecks] wesentliche Erkenntnis, ›gehören Massage und Psychotherapie zusammen‹«.[16] Josef Sudbrack schreibt (1992, S. 86): »›Heil‹ von Gott und ›Heilung‹ des Leibes stehen im engen Zusammenhang.« Aus den Berührungen Kranker durch Jesus spricht Zuwendung, Zuneigung und vielleicht auch eine Zärtlichkeit, wie sie eine Mutter ihrem Kind gibt (Mk. 10,13 ff.; Mt. 19,13 ff.; Lk. 18,15 ff.). Sie vermittelt Geborgenheit und das Gefühl von Nähe. Auch die Jünger Jesu berührten die Kranken, wenn sie heilten (A. 3,1 f., 6 ff.). Zur (körperlichen) Heilung kommen aber noch andere Aspekte. So berichtet die Apostelgeschichte, wie Saulus, der spätere Paulus, nach seiner Vision geheilt wurde (A. 9,10–12, 17–19). Der Text birgt eine Reihe psychologisch hochinteressanter Aspekte. Zunächst *betet* Saulus; Gebet ändert unterbewußte, uns ›in Fleisch und Blut eingegangene‹ Reaktionsgewohnheiten, bewußte Einstellungen und Gefühle (Kap. 31). Es wird uns intuitiv (damals sprach man von einer Vision) etwas klar, so daß wir mit Heiligem Geist ›be-Geist-ert‹ werden und es uns wie Schuppen von den Augen fällt. Wir sehen, was Sache ist, und es kommt zu einem radikalen, an der Wurzel ansetzenden Standortwechsel (»er stand auf und ließ sich taufen«), können den Bedürfnissen unseres Leibes wieder gerecht werden und kommen zu Kräften. Das Auflegen der Hände ist dabei jenes Prinzip, von dem das Werden oder die Veränderung den Ausgang nimmt (F 1.1). Die ›Be-Geist-erung‹ durch Handauflegen spielt in den frühen Gemeinden eine herausragende Rolle.[17] Von Paulus wird erzählt: »Sogar seine Schweiß- und Taschentücher nahm man ihm vom Körper weg und legte sie den Kranken auf; da wichen die Krankheiten, und die bösen Geister fuhren aus« (A. 19,11 f.). Man sieht: Placebo-Effekte (Kap. 44) und Reliquienkult sind keine Erfindung des Mittelalters! Wir haben keinen Grund, uns über solchen ›Aberglauben‹ zu entrüsten. Es gilt vielmehr, uns des Prinzips bewußt zu werden, um es anwenden zu können: Berührung und Handauflegung wirken nur, wenn der Empfänger (und der Geber?) an ihre Wirksamkeit *glauben* (Kap. 34).

– **Bewußtseinsänderung.** In Vers 34 heißt es: »Danach blickte er zum Himmel auf.« Der Text erinnert an Jh. 11,41 (»Jesus richtete seine Augen nach oben«) und an das ›Ober-Gemach‹, in das die Apostel »hinaufstiegen« und »wo sie nun ständig blieben« (A. 1,13). Die Augen nach oben zu richten ist eine noch heute übliche Methode der Trance-Induktion; vgl. Kap. 23. Meditative Versenkung als veränderter Bewußtseinszustand vermittelt einen anderen als den gewohnten Bezugsrahmen, in dem bisher für unmöglich Gehaltenes als sinnvoll und bisher für selbstverständlich Gehaltenes – unsere gewohnten Konzepte – als relativ sinnlos erscheint.[18]

– **Atem-Technik.** Seufzen (34) hat im deutschen Sprachgebrauch einen Bedeutungswandel durchgemacht; diese Übersetzung von *estenaxen* könnte also in die Irre führen. Kluge (S. 670) spricht vom ›tiefen Einholen der Luft beim Seufzer‹. Zur Interpretation von ›nach oben schauen‹ paßt psychologisch eher eine Atemtechnik, die ebenfalls zur Einleitung eines veränderten Bewußtseinszustandes führen kann (Kap. 24 + 30). Diese Deutung wird auch vom lateinischen Text unterstützt (siehe Textvergleich).

Subjekt-Ebene. In der Bibel ist oft von Blindheit die Rede. So heißt es bei Lukas von den beiden Jüngern, die auf dem Weg von Emmaus nach Jerusalem waren: Sie waren »wie mit Blindheit geschlagen, so daß sie ihn nicht erkannten«. Jesus sagt zu ihnen: »Begreift ihr denn nicht (…)? Da gingen ihnen die Augen auf, und sie erkannten ihn« (Lk. 14,23 ff.). Das Motiv des Erkennens in einer über optisches Sehen weit hinausgehenden Bedeutung begegnet uns schon am Anfang der Bibel (1 M. 4,1–2): »Adam erkannte Eva, seine Frau.« Adam (*der Mensch* als Gattungsbegriff) erkennt seine weibliche Seite, seine *anima*, diese ihren *animus* (Kap. 27): Nur so ist Fruchtbarkeit möglich. Im Hebräerbrief (H. 10,19) heißt es: »Er (Jesus) hat uns den neuen und lebendigen Weg erschlossen durch den Vorhang hindurch.« Beim Tod Jesu »riß der Vorhang im Tempel von oben bis unten entzwei« (Mt. 27,51): Der Blick auf bisher Verborgenes ist frei, der ›Schleier der Maya‹ ist zerrissen. Es ist also durchaus möglich, klar sehen zu lernen, unsere blinden Augen (und tauben Ohren) zu öffnen, wollen uns diese Texte sagen. Zu diesem Erkennen sind nicht nur unsere Sinne, sondern auch unser Herz und unsere Leiblichkeit vonnöten. Nimmt man Forschungen aus dem Bereich der Wahrnehmungspsychologie (Kap. 52) zur Kenntnis, so sind wir alle mehr oder minder sprachlos, taub und blind. Es gilt, uns einer »Ent-Identifizierungs-Therapie« (Grün 1987, S. 38 f.) oder einer ›Ent-Hypnotisierung‹ zu unterziehen. Wenn wir selbst nicht darauf kommen, ist es manchmal notwendig, daß andere uns zu unserer inneren Quelle führen, damit wir uns von ihr berühren und in unserer Tiefe anrühren lassen (»Man *brachte* einen Taubstummen; Da *brachte* man einen Blinden«). Bei unserem Sehen-Lernen gibt es ›Ent-Wicklungen‹: »ich sehe etwas, das wie Bäume aussieht (...); nun sah der Mann deutlich«. Um den Kontakt mit unserem inneren Selbst (Kap. 49) nicht wieder zu verlieren, ist vor allem eines wichtig: Wir müssen »von der Menge weg« (33), »vor das Dorf hinaus« (23); der griechische Text in Vers 7,33 verschärft: wir sollen *kat idian* – ›ganz für uns‹ verweilen, »nach Hause‹ (Haus ≈ Bewußtsein) gehen und nicht wieder sofort ›ins Dorf hinein‹, um uns nicht unnötig, noch bevor wir unsere eigene Mitte gefunden haben (Kap. 1), in die Gefahr zu begeben, uns der Diktatur bewußt plazierter und / oder unreflektierter Mehrheits-Meinungen – was *man* im Sinne der jeweils geltenden *psychological* (und *theological*!) *correctness* zu denken, zu hören, zu sehen und zu sagen hat – anzupassen.

Fazit. Geht es in unseren Heilungserzählungen ›nur‹ um unsere *psychologische* Taubheit, Sprachlosigkeit und Blindheit? Auch dann wären ihre Informationen sehr wertvoll, da sie Hintergründe beleuchten, die uns nicht ohne weiteres bewußt sind. Oder geht es um psychosomatische Gesundung? Dann gibt uns das Bewußtwerden ihrer Bedingungen (siehe Struktur) Möglichkeiten der Anwendung an die Hand. Wer als Psychotherapeut Erfahrung hat mit Hörstürzen, mit (früher so genannter) ›hysterischer‹ Blindheit und ›hysterischen‹ Lähmungen und mit Sprachproblemen, wird die Anregungen unserer Heilungsgeschichten in seine Überlegungen mit einbeziehen (Textvergleich). Oder handelt es sich bei den Heilungen um ›Wunder‹ im Sinne von (bisher auch uns) unerklärlichen Spontanheilungen[19], wie sie nicht nur von christlichen Wallfahrtsorten berichtet werden (Hirshberg / Barasch)? Wenn ja, dann sicher nicht so, daß hier Naturgesetze außer Kraft gesetzt worden wären. Diese ›Wunder‹ würden uns – solange wir die Gesetzmäßigkeiten solcher ›Spontanheilungen‹ (noch) nicht kennen – einerseits bewußt werden lassen, wie eingeschränkt unsere Möglichkeiten derzeit sind, andererseits würden sie uns motivieren, in bisher für unmöglich gehaltenen Richtungen weiterzudenken und so unser stereotypes Denken und Rollenverhalten zu entkonditionieren (Grün 1986a), ohne einem unreflektierten Irrationalismus zu verfallen. *Glauben* in diesem Sinne verändert, verglichen mit jeder anderen Wissenschaft, unser Bezugssystem ›radikal‹ (= an der Wurzel). Er bietet uns grundsätzlich neue, weil aus einem anderen Bewußtseinszustand resultierende Information, deren Umsetzung ungeahnte Kräfte freisetzt und so auch nach psychologischen Gesetzmäßigkeiten sich ereignende ›Wunder‹ ermöglicht.

›Halt!‹ mögen Amtsträger und Theologen sagen: ›Quod licet Jovi, non licet bovi!‹: Was dem Jupiter – in unserem Fall: Jesus und seinen Schülern – erlaubt (und möglich) war, ist uns Normalsterblichen noch lange nicht erlaubt, geschweige denn möglich. Wo kämen wir auch hin, wenn *alle* heilen könnten! Das würde ja (angeblich!) zu einem Machtverlust der Institution Kirche führen! Manchmal hat man aber auch den Eindruck einer Art rationalisierender ›Saure-Trauben-Reaktion‹: Weil (für den Fuchs) die (süßen) Trauben zu hoch hängen und damit unerreichbar sind, behauptet er, sie seien ihm zu sauer und deswegen wolle er sie gar nicht haben. Selbst in einigen protestantischen Kirchen wird trotz der Betonung des allgemeinen Priestertums der Heilungsauftrag eher mißtrauisch betrachtet. Der Einengung des Heilungsauftrags und der Heilungsvollmacht auf einen eng begrenzten, zeitlich bis ins zweite Jahrhundert hineinreichenden Personenkreis von Amtsträgern widersprechen sowohl die am weitesten zurückreichenden Schriften des Neuen Testaments (des Paulus) als auch noch Markus (Mk. 16,17 ff.), der heilende Kompetenz all denen, »die zum Glauben gekommen sind«, zuspricht. Hier wird die unverzichtbare ›Voraus-Setzung‹ von Heilung, der Glaube, klar benannt. »In weiten Teilen der ›verfaßten‹ Großkirchen – also vor allem des Katholizismus und des Protestantismus – wurde ein spontanes Offenbarwerden von Gott und seinen Gaben eher störend und verdächtig empfunden (man denke nur an die persönlichen Schwierigkeiten eines Pfarrers von Ars oder eines Johann Christoph Blumhardt!). Schließlich galt es vielerorts als überflüssig und unschicklich – um nicht zu sagen ›pfingstlerisch‹ – Gott und seinen Geist überhaupt noch spontan wirken zu lassen« (Marsch, S. 12 f.). Glaubt man dem Markus- und dem Lukas-Evangelium (Lk. 9,49–50), so versuchten bereits die ersten Jünger eifersüchtig, die Heilungsvollmacht auf ihre eigene kleine Gruppe (Ingroup-Outgroup) zu begrenzen: »Da sagte Johannes zu ihm: Meister, wir haben gesehen, wie jemand in deinem Namen Dämonen austrieb; und wir versuchten, ihn daran zu hindern, weil er uns nicht nachfolgt. Jesus erwiderte: Hindert ihn nicht! Keiner, der in meinem Namen (ein) ›Wunder‹ (*dynamin*!) tut, kann so leicht schlecht von mir reden. Denn wer nicht gegen uns ist, der ist für uns. Wer euch auch nur einen Becher Wasser zu trinken gibt, weil ihr zu Christus gehört – amen, ich sage euch: Er wird nicht um seinen Lohn kommen« (Mk. 9,36–41). Eine Ingroup-Outgroup-Tendenz provoziert fast automatisch nicht nur abwertende, sondern auch feindselige Gefühle gegenüber Außenstehenden. Jesus weiß das und lehnt es ausdrücklich ab. Menschen, die sich als seine Schüler betrachten, können und sollen andere Menschen akzeptieren und mit ihnen zusammenarbeiten, auch wenn sie nicht zur eigenen Gruppierung gehören. Entscheidend sind Motivation (»in meinem Namen«) und beobachtbares Verhalten im zwischenmenschlichen Bereich (»Wer euch auch nur einen Becher Wasser zu trinken gibt ...«). Auf Heilung hat keine Religion, Kirche oder Konfession ein Monopol.

4. Ritual: Mk. 5,1–20; par. Mt. 8,28–34; Lk. 6,26–39

(5,1) Sie kamen an das andere Ufer des Sees und in das Gebiet von Gerasa. (2) Als er aus dem Boot stieg, lief ihm ein Mann entgegen, der von einem unreinen Geist besessen war. Er kam von den Grabhöhlen, (3) in denen er lebte. Man konnte ihn nicht bändigen, nicht einmal mit Fesseln. (4) Schon oft hatte man ihn an Händen und Füßen gefesselt, aber er hatte die Ketten gesprengt und die Fesseln zerrissen; niemand konnte ihn bezwingen. (5) Bei Tag und Nacht schrie er unaufhörlich in den Grabhöhlen und auf den Bergen und schlug sich mit Steinen. (6) Als er Jesus von weitem sah, lief er zu ihm hin, warf sich vor ihm nieder (7) und schrie laut: Was habe ich mit dir zu tun, Jesus, Sohn des höchsten Gottes? Ich beschwöre dich bei Gott, quäle mich nicht. (8) Jesus hatte nämlich zu ihm gesagt: Verlaß diesen Mann, du unreiner Geist! (9) Jesus fragte ihn: Wie heißt du? Er antwortete: Mein Name ist Legion; denn wir sind viele. (10) Und er flehte Jesus an, sie nicht aus dieser Gegend zu verbannen. (11) Nun weidete dort an einem Berghang gerade eine große Schweineherde. (13) Da baten ihn die Dämonen: Laß uns doch in die Schweine hineinfahren! (13) Jesus erlaubte es ihnen. Darauf verließen die unreinen Geister den Menschen und fuhren in die Schweine, und die Herde stürzte sich den Abhang hinab in den See. Es waren etwa zweitausend Tiere, und alle ertranken. (14) Die Hirten flohen und erzählten alles in der Stadt und in den Dörfern. Darauf eilten die Leute herbei, um zu sehen, was geschehen war. (15) Sie kamen zu Jesus und sahen bei ihm den Mann, der von der Legion Dämonen besessen gewesen war. Er saß ordentlich gekleidet da und war wieder bei Verstand. Da fürchteten sie sich. (16) Die, die alles gesehen hatten, berichteten ihnen, was mit dem Besessenen und mit den Schweinen geschehen war. (17) Darauf baten die Leute Jesus, ihr Ge-

biet zu verlassen. (18) Als er ins Boot stieg, bat ihn der Mann, der zuvor von den Dämonen besessen war, bei ihm bleiben zu dürfen. (19) Aber Jesus erlaubte es ihm nicht, sondern sagte: Geh nach Hause und berichte deiner Familie alles, was der Herr für dich getan, und wie er Erbarmen mit dir gehabt hat. (20) Da ging der Mann weg und verkündete in der ganzen Dekapolis, was Jesus für ihn getan hatte, und alle staunten.

Textvergleich. (2) Der Text »ein Mann, der von einem unreinen Geist besessen war« lautet im Griechischen *anthropos en pneumati akatharto*, lateinisch *homo in spiritu immundo*, also »ein Mensch *in* einem unreinen Geist«. *pneuma* – *Geist* kann bedeuten: ›Hauch, Atem, Luft, belebendes Prinzip, Gesinnung, Geist‹, *akathartos*: ›ungereinigt, unrein (von der Seele her), ungesühnt, lasterhaft‹.

Hintergrund. In zwei Richtungen kann man versuchen, diese unangenehme und zudem ökonomisch und ökologisch skandalöse Geschichte – zweitausend Schweine ertrinken! – zu ›entschärfen‹: einmal durch ihre Interpretation nach dem Motto ›Und die Bibel hat doch recht!‹, zum anderen in historisch-kritischer Manier, die einen historischen Kern bestreitet. Für Juden waren Schweine unreine Tiere und daher die Schweinezucht ein Greuel. Die Einheimischen fürchteten wohl um ihr Geschäft, wenn Jesus in ihrem Gebiet bleiben und weiter heilen würde und sich so viele Menschen zum Judentum bekehren würden. Deshalb baten sie ihn, »ihr Gebiet zu verlassen« (17). Lamsa setzt einen historischen Kern der Geschichte voraus. Dibelius (1919, S. 46) rechnet die Geschichte zu den Novellen, die keinen historischen Kern haben. Drewermann (1991, II, S. 250) kritisiert solche Vorgehensweise zusammenfassend: »(...) Solange man Bibelexegese historisch-kritisch betreibt, wird man notwendigerweise im wesentlichen dasselbe Ergebnis erhalten: (...) Die Erzählungen des Neuen Testaments sagen nichts von dem Leben der Menschen, von denen sie zu berichten scheinen, sondern sie besagen einzig etwas über die interessengelenkte Manipulation von theologischen Aussagen mit Hilfe übernommener Erzählungen in der Glaubenspropaganda bestimmter religiös aktiver Gruppen.« Drewermann fühlt sich in die Geschichte von dem besessenen Mann sehr intensiv und beeindruckend von einem existenzphilosophischen Hintergrund her ein (1991, II, S. 247–277).

Struktur. Untersuchen wir die Struktur der Erzählung und ihren Inhalt zunächst aus einem objektiv-psychologischen Blickwinkel:

Hier stellen alle Personen und Situationen der Geschichte typische Aspekte von uns selbst *und* anderen Menschen, mit denen wir in Beziehung stehen, dar. Wer schon einmal erlebt hat, wie schwer zwangsneurotische, an ›autonomen Komplexen‹ erkrankte Menschen um Hilfe ›schreien‹ und, als wollten sie sich selbst für irgend etwas bestrafen, gleichzeitig angebotene Hilfe zurückweisen – tiefenpsychologisch ist hier von ›Widerstand‹ die Rede –, weiß, wovon die Geschichte spricht. Die biblische ›Besessenheit‹ meint, daß gegen alle Regeln und Einwände des Verstandes (15) der ›Teufel‹ mit jemandem durchgeht, und dem fühlt er sich hilflos ausgeliefert. In stark abgeschwächter Form beschreibt bereits Paulus im Römerbrief (R. 7,15–24) wesentliche Merkmale solcher aus dem Ruder gelaufener ›Autonomie‹ und die daraus folgende Gespaltenheit: »Ich begreife mein Handeln nicht: Ich tue nicht das, was ich will, sondern das, was ich hasse. (…) Das Wollen ist bei mir vorhanden, aber ich vermag das Gute nicht zu verwirklichen. Denn ich tue nicht das Gute, das ich will, sondern das Böse, das ich nicht will. (…) Ich stoße also auf das Gesetz, daß in mir das Böse vorhanden ist, obwohl ich das Gute tun will.« Dieses »Gesetz«, wie Paulus sich ausdrückt, macht mit dem Kranken, was es will, auch gegen alle Vernunft. Er fühlt sich wirklich ›von Dämonen besessen‹, die im tiefsten Dunkel, in den »Grabhöhlen« (2) unseres Unbewußten, hausen. Wer von uns hat nicht sogar im ›normalen‹ Leben schon die Erfahrung gemacht, daß ›etwas‹ ihn gegen alle Vernunft und gegen seinen Willen steuert? In therapeutischen Sitzungen begegnen Therapeuten oft der Aussage ›Ich möchte ja gerne, aber ich kann nicht!‹, und dies nicht nur bei Zwangsphänomenen.

»Man konnte ihn nicht bändigen, nicht einmal mit Fesseln. Schon oft hatte man ihn an Händen und Füßen gefesselt, aber er hatte die Ketten gesprengt und die Fesseln zerrissen; niemand konnte ihn bezwingen!« (3 f.) Früher verlegte man Tobsüchtige in eine Gummizelle oder band sie am Bett fest; heute gibt man sedierende Medikamente zur Ruhigstellung: Das eigentliche Problem wird dadurch nicht gelöst, der Kranke nicht geheilt. In fast allen psychotherapeutischen Schulen, soweit sie mir bekannt sind, gelten Zwangspatienten als die am meisten ›therapieresistenten‹. Selbst der ›Meister-Therapeut‹ Jesus scheitert ja zunächst mit seinem Befehl: »Verlaß diesen Mann, du unreiner Geist!« (8).[20] Der Betroffene empfindet das Resultat solcher Bemühung als Qual, er »schreit laut auf« (7). Der Kranke hat das Gefühl, daß er es mit der Übermacht einer »Legion« zu tun hat. Direkte

Konfrontation hilft sicher nicht, sie erzeugt Widerstand (»Was habe ich mit dir zu tun ..., quäle mich nicht«), auch wenn der Leidende (patiens) sich vorher an den Therapeuten um Hilfe gewandt hat (»er lief zu ihm hin«). Wenn es ernst wird in der Therapie, verhält sich der Patient gleichsam nach der Devise ›Wasch mich, aber mach mich nicht naß!‹ Hier muß das Prinzip der Widerstandslosigkeit (BP, S. 40–43) zur Anwendung kommen. Der Dämon in unserer Geschichte bittet Jesus, ihn »nicht aus dieser Gegend zu verbannen« (10); er will nicht ›in die Wüste geschickt‹ werden, sondern ein neues Zuhause haben, »einen Ort, wo er bleiben kann« (Mt. 12,43). Die Bilder, in unsere Sprache übertragen, mahnen uns, nicht zu versuchen, Unangenehmes zu verdrängen oder auszutreiben. Der Dämon im Menschen hat Kraft: »Man konnte ihn nicht bändigen, nicht einmal mit Fesseln ... ; niemand konnte ihn bezwingen.« Es gilt zunächst, die sich im Zwang manifestierende Trieb-Energie, auch wenn sie sich selbstschädigend (Er »schlug sich mit Steinen«) zeigt, zu *akzeptieren* und sie als wertvolle Kraft anzusehen. Insofern sie jedoch unsere Selbststeuerungsfähigkeiten, unseren Kopf (unseren Verstand, vgl. Vers 15: »Er ... war wieder bei Verstand«) blockiert, muß sie »den Abhang *hinab*«, nach ›unten‹; das heißt, dieser Energie *dort* Raum zu geben, wo sie hingehört: in unseren vitalen Schichten. Hier ist gleichsam das Auffangbecken. Hier ist sie nicht nur angebracht, sondern ›Not-wendig‹.[21] Daher lehren uns auch die ›An-Regungen‹ des Neuen Testaments nicht etwa, brav, leidenschaftslos und verkopft, sondern ›Sinn-voll‹ – mit vollen Sinnen – zu leben (Kap. 10)! Die Dämonen fahren in eine Schweineherde hinein. Tiere symbolisieren auf der inneren Ebene unsere Instinkte und Triebe. *Nicht* gemeint ist, diese seien ›schweinisch‹ oder ›dumm‹. »Den Reinen ist alles rein«, heißt es im Brief an Titus (Tt. 1,15).

In den Versen 18–20 werden weitere wichtige Merkmale einer Psychotherapie beschrieben. Je intensiver die Übertragung war, desto mehr Schwierigkeiten haben manche Patienten, sich vom Therapeuten abzulösen (Der Mann bat ihn, »bei ihm bleiben zu dürfen«). Würde der Therapeut dem stattgeben, geriete die Therapie zu einer ›unendlichen Geschichte‹. Wer als Therapeut um die familiendynamischen Komponenten der Probleme weiß, wird, wenn die Familie schon nicht direkt mit einzubeziehen ist, den Patienten als Therapeuten für sie ›einsetzen‹: »Geh nach Hause und berichte deiner Familie alles, was der Herr für dich getan ... hat« (19). Von seiner engeren

Umgebung aus verbreitet sich die gemachte Erfahrung dann in konzentrischen Kreisen im weiteren Umkreis; die Menschen werden aufmerksam und beginnen nachzudenken: »Da ging der Mann weg und verkündete in der ganzen Dekapolis, was Jesus für ihn getan hatte, und alle staunten« (20). Wer nicht genau hinschaut, dem wird kaum auffallen, daß dem Geheilten aufgetragen wird, zu berichten, was der *Herr (Gott)* für ihn getan hat. Der Therapeut sollte sich im Sinne dieser Heilungsgeschichte bewußt werden, daß *er* nur als ›Kanal‹ dient: *Nicht er als Mensch* macht den Kranken gesund, sondern eine Macht, die in ihm lebt, wie Jesus das ja auch von sich sagt: »Der Sohn kann nichts von sich aus tun, sondern nur, wenn er den Vater etwas tun sieht. Was nämlich der Vater tut, das tut in gleicher Weise der Sohn« (Jh. 5,19; vgl. Jh. 14,10). Der Geheilte aber sieht nur die Oberfläche: Der Mensch Jesus hat ihn von seinem Leiden befreit (20).

Subjekt-Ebene. Hier spiegelt alles, was in der Erzählung vorkommt, Merkmale unserer eigenen Psyche: Wir sind gleichzeitig Therapeut und Patient. Nicht ein »unreiner Geist« quält uns, als sei er eine eigenständige Person oder ein Homunculus in uns, sondern unsere eigenen Gedanken und Gefühle, die in unseren bewußten (»bei Tag« und »auf den Bergen«: 5) und nichtbewußten (»bei Nacht« und »in den Grabhöhlen«: 5) Reaktionsgewohnheiten ›hausen‹. Niemand anders als wir selbst fesselt uns oder legt uns in Ketten, die wir unaufhörlich wieder zu zerreißen suchen. Wir haben das Gefühl, daß wir die ›Geister‹, die wir riefen, nicht mehr loswerden; vielleicht wissen wir nicht einmal, daß wir sie riefen, und vielleicht möchte unser ankonditioniertes Ego sie auch gar nicht loswerden (Er »flehte Jesus an, sie nicht aus dieser Gegend zu verbannen«: 10.). Vor allem wissen oder akzeptieren wir nicht, daß in unserer eigenen Seele ein ›An-Teil‹ beheimatet ist, der durchaus die Macht hat, unsere Gedanken und Gefühle zu ordnen, in Vers 7 »Jesus, Sohn des höchsten Gottes« genannt: unser »Christus-Bewußtsein«[22]. Es geht um die ›Ent-Deckung‹ des ›belebenden Prinzips‹ (Textvergleich: Vers 2) in uns, des heilenden (Heiligen) Geistes als Bewußtseinsaspekt des Nicht-Bewußten (Kap. 32). In diesem unermeßlichen »See« (1), in dem *unser* Geist wie ein ›Tropfen‹ ist, kann alles »ertrinken« (13), was uns quält, so daß wir endlich »bei Verstand« (15) sind, da wir über alles ›Sinnliche‹ hinaus auch wieder einen »Sinn« in unserem Leben gefunden haben. Um es mit einem Begriff Viktor Frankls zu sagen: die »noogene Neurose« ist geheilt. Die Erfahrung hat mich gelehrt, daß hinter manchen Zwängen ein »abgründiges Sinnlosigkeitsgefühl«[23] steht. Wer seinen Sinn wieder erfahren hat, kann sich wie der Geheilte verhalten: »Da ging der Mann weg und verkündete in der ganzen Dekapolis, was Jesus für ihn getan hatte, und alle staunten« (20).

Fazit. Der Textvergleich zu Vers 2 legt die Vermutung nahe, daß in dem Kranken das ursprünglich belebende Prinzip ›Geist und Psyche‹ zu einem ritualisierten, marionettenhaften Leerlauf erstarrt ist. Das kann geschehen, wenn Leidenschaften auf dem Hintergrund ritualisierter Moral zu leerer Routine, zu eingespielten Konventionen werden: zu unbiegsamen Schablonen, zu lebloser Etikette, zu steifer Korrektheit, zu eingerosteter Kasuistik. Urgrund der Symptomatik ist ein eingeengtes Lebens-Konzept, ja noch mehr: der Mensch lebt *in* diesem Dunstkreis, wird in ihm gefangengehalten, kann aus ihm nicht entweichen.[24] In den Grabhöhlen, den Denkmälern seiner Vergangenheit, sucht er wohl Geborgenheit, und gleichzeitig will er sich in seinem Drang nach persönlicher Unabhängigkeit nicht fesseln lassen (Verse 3–4), auch nicht durch noch so gut gemeinte Hilfsangebote. Das Leiden will den Kranken zwingen, dies zu ändern, indem er eine neue Form von Geborgenheit in befreienden Ritualen und Beziehungen sucht – Beziehungen, die er nach seiner Heilung ja auch erhält (Verse 18–20). »Das Gefühl der Geborgenheit ist der wichtigste Schutz für Psyche und Körper.«[25] Es bieten sich mehrere Schritte zur Anbahnung veränderter Beziehungen an:

– Zunächst gilt es zu erkennen, welche unterdrückten Triebbedürfnisse sich hinter diesem Panzer eventuell gewaltsam und ›autonom‹, nicht mehr be-›Herr‹-schbar, Luft machen. Warum werden sie unterdrückt? Werden sie vielleicht als ›schweinisch‹ oder ›unrein‹ angesehen? Stehen im Hintergrund eventuell sexuelle Probleme oder Fragen der Person- bzw. Ganzwerdung?[26]

– Wo Schatten[27] ist, muß auch Licht sein. Welche positiven, lebensfördernden Anteile könnte die Symptomatik haben? Worauf läuft sie hinaus, worauf weist sie hin, wozu ist sie nützlich, notwendig? Was fordert sie heraus (z. B. einen Standortwechsel, ein Umdenken, das zur Weiterentwicklung führen kann)?

– Zwänge, auch die in unserer Heilungsgeschichte beschriebenen Verhaltensweisen, muten oft wie Rituale an, die ›zelebriert‹ werden müssen, damit eine – wenigstens zeitweilige – Entlastung erfolgt. Inzwischen ist es in gewissen Kreisen ›in‹, sich zum Beispiel mit schamanistischen Ritualen zu befassen. Sogar in psychologischen Zeitschriften wird neuerdings dieses Thema ernsthaft diskutiert.[28] Menschen bedürfen offenbar der Rituale, und wenn sie ihnen nicht von ihrer Religion angeboten werden oder wenn Menschen religiöse Symbole nicht mehr verstehen, schaffen sie sich andere.[29] Der Mensch wurde beschrieben als ›Homo ludens‹, als der *Spielende*. Rituale sprechen unseren Spiel-Trieb an; sie sind weithin im emotionalen Bereich angesiedelt, manchmal nicht einmal bewußt. Angewandt auf unsere Fragestellung kann das heißen, daß wir gut daran tun, mit dem Patienten Rituale zu erarbeiten und zu spielen, die es ihm ermöglichen, auf seine Zwangs-Spiele zu verzichten. Rituale können, müssen aber nicht religiösen Inhalts sein. Wichtig ist, daß sie spielerisch übernommen werden; nur so gehen sie in unsere Tiefenschicht ein und können dort ihre heilende Wirkung entfalten. ›Liturgie ist ein Spiel!‹ meinte der Theologe Romano Guardini. Anselm Grün schreibt (1989, S. 73): »Da ist einmal die Liturgie mit den heilenden Riten, in denen sich der Mensch hineinspielt in seine Wahrheit und so alles Unheile abschüttelt, das sich ihm in seiner Arbeit und seinem Alltag angeheftet hat. Das Kirchenjahr mit seinen Festen ist ein Psychodrama, in dem der Mensch sich in sein Heil hineinspielt. Im Laufe eines Kirchenjahres werden an den Festen die wichtigsten Aspekte unserer Seele angesprochen.« Hier haben wir Urformen heilender Rituale vor uns.

5. Blindheit: Jh. 9,1–7

(1) Unterwegs sah Jesus einen Mann, der seit seiner Geburt blind war. (2) Da fragten ihn seine Jünger: Rabbi, wer hat gesündigt? Er selbst? Oder haben seine Eltern gesündigt, so daß er blind geboren wurde? (3) Jesus antwortete: Weder er noch seine Eltern haben gesündigt, sondern das Wirken Gottes soll an ihm offenbar werden. (4) Wir müssen, solange es Tag ist, die Werke dessen vollbringen, der mich gesandt hat; es kommt die Nacht, in der niemand mehr etwas tun kann. (5) Solange ich in der Welt bin, bin ich das Licht der Welt. (6) Als er dies gesagt hatte, spuckte er auf die Erde; dann machte er mit dem Speichel einen Teig, strich ihn dem Blinden auf die Augen (7) und sagte zu ihm: Geh und wasche dich in dem Teich Schiloach! Schiloach heißt übersetzt: Der Gesandte. Der Mann ging fort und wusch sich. Und als er zurück kam, konnte er sehen.

Textvergleich. (Vers 3) *hina phanerothe ta erga tou theou en auto* – *ut manifestentur opera Dei in illo*: damit die Werke Gottes **in** ihm offenbar werden.

Hintergrund. Vers 2 wird, wie auch Jh. 3,3 und andere Stellen aus den Evangelien, manchmal als Beleg dafür herangezogen, daß zur Zeit Jesu der Glaube an Reinkarnation (Kap. 47) selbstverständlich gewesen sei.

Struktur. Es fällt auf, daß die Suche nach Ursachen in der Vergangenheit in dieser Geschichte klar abgelehnt wird: »Weder er noch seine Eltern haben gesündigt, sondern das Wirken Gottes soll *in* ihm offenbar werden.« Schon aus diesem einen Satz wird deutlich: Nicht in jedem Fall ist das ›Graben‹ in der Vergangenheit, nach der Wirk-Ursache (F 1.1), nötig bzw. sinnvoll. Die Frage, *wozu* dieses Problem da ist (Ziel-Ursache: F 1.2), worauf es hinweist, was der Kranke erfahren oder lernen soll, kann sehr viel hilfreicher sein. Diese Erfahrung ist *im* Kranken ›lokalisiert‹, muß also nicht von außen zu beobachten sein. Geht es in dieser Geschichte um die Heilung einer Blindheit im physischen oder im psychischen Sinne? Zur Klärung dieser Frage betrachten wir den Text. In Fortführung der Erzählung heißt es in den Versen 39 bis 41 des gleichen Kapitels: »Jesus sprach: Um zu richten, bin ich in die Welt gekommen: damit die Blinden sehen und die Sehenden blind werden. Einige Pharisäer, die bei ihm waren, hörten dies. Und sie fragten ihn: Sind etwa auch wir blind? Jesus antwortete ihnen: Wenn ihr blind wärt, hättet ihr keine Sünde. Jetzt aber sagt ihr: Wir sehen. Darum bleibt eure Sünde.« Die Blindheit meint hier die Unfähigkeit oder den Unwillen, die *Einheit* in den mannigfaltigen polaren ›Gegen-Sätzen‹ wahrzunehmen. Wir behaupten zu sehen (»Jetzt aber sagt ihr: Wir sehen«), die Realität zu erkennen, werden aber getäuscht durch vordergründigen Schein: durch den ›Schleier der Maya‹.

Subjekt-Ebene.[30] »Wenn das Licht, das *in* dir ist, Finsternis ist, was mag das für eine Finsternis sein!« heißt es in Fortführung der Aussage über unser ›Auge‹ und unseren ›Leib‹ (der Erfahrungen) bei Matthäus (Mt. 6,23: BP, S. 86), und in unserer Geschichte sagt Jesus ja auch (Vers 3), daß das Wirken Gottes *im* Blinden offenbar werden soll. Die Verse 4 und 5 beleuchten den inneren Aspekt der Geschichte: Mit dem *wir* meint Jesus nicht nur sich, sondern auch seine Jünger / Schüler (Rienecker, zu Jh. 9,4), also auch uns, wenn wir uns als solche betrachten; die Frage nach dem Wozu, nach dem Sinn, muß *jetzt*, am *Tag*, bei vollem *Wach*-Bewußtsein gestellt und so beantwortet werden, daß sie in Handeln einmünden kann. Wer sich auf die Zukunft, vielleicht auch auf ein ›Leben nach dem Tode‹ oder ein ›Jenseits‹, vertröstet, vergeudet nicht nur wertvolle Zeit, sondern er vergräbt auch seine ›Talente‹ (Mt. 25,14–30: Kap. 14) und wird handlungsunfähig. »Solange *ich* in der Welt bin, bin *ich* Licht der Welt.« Sobald *er* – der Mensch Jesus als Gesandter Gottes – nicht mehr da ist, sind *wir*, seine Nachfolger, Gesandte und so diejenigen, die Licht für die Welt sein können und sollen. In der Bergpredigt (Mt. 5,13–16) heißt es entsprechend: »*Ihr seid* das Salz der Erde (...) *Ihr seid* das Licht der Welt (...)«

Fazit. Die Schüler Jesu absolvierten eine mehrjährige Lehrzeit, bis sie selbst Meister werden konnten. Sie lernten, die »Geheimnisse des Reiches Gottes zu verstehen« (Mt. 13,10–17). Damit der ›Schleier der Maya‹, der ›Vorhang des Tempels‹ (Mt. 27,51) zerreißt und wir Zugang zum ›Allerheiligsten‹ haben, bedarf es konkreter Schritte. Ein erster Schritt ist es, uns von der Fragestellung zu lösen, was sich historisch ereignet hat, und *in uns selbst* (Textvergleich: Vers 3) hineinzuschauen. Erst so wurden die Schüler »ausgerüstet mit Kraft aus der Höhe« (Lk. 24,49; A. 1,8), ›be-Geist-ert‹, ›Selbst-ständig‹ zu werden. Für den, der die Bildsprache des Neuen Testaments versteht, werden in der Apostelgeschichte konkrete Schritte beschrieben, wie wir uns für die Erfahrung dieser ›Kraft‹ öffnen können (Kap. 21).

War die Heilung des Blinden nur eine Angelegenheit, die sich vor 2000 Jahren abspielte? Was geht sie dann *uns* an? Oder wird hier, in das Gewand einer Erzählung gekleidet, eine Erfahrung beschrieben, die *jeder* Mensch unter den oben genannten Voraussetzungen machen kann? Vielleicht sollten wir es nicht allzu voreilig dem *kleingläubigen* Petrus gleichtun und die Erzählung auf eine rein tiefenpsychologische Bedeutung reduzieren. Emmanuel Jungclaussen schreibt in seinem Buch »Das Jesusgebet« (S. 62; Kap. 24): »Nur unser Mangel an zuversichtlichem Glauben und Nächstenliebe hindert uns daran, den Namen in der Kraft des heiligen Geistes auszusprechen. (...) Derjenige, dessen Herz zu einem Gefäß des heiligen Namens geworden ist, sollte nicht zögern, zu denen zu gehen, die geistige oder körperliche Hilfe brauchen, um ihnen die Worte des Apostels Petrus zu wiederholen: ›Silber und Gold besitze ich nicht. Doch was ich habe, das gebe ich dir: Im Namen Jesu Christi, des Nazoräers, geh umher!‹ (A. 3,6).«

6. Ein-Deutigkeit: Mk. 9,14–29; par. Mt. 17,14-21; Lk. 9,37-42

(14) Als sie zu den anderen Jüngern zurückkamen, sahen sie eine große Menschenmenge um sie versammelt und Schriftgelehrte, die mit ihnen stritten. (15) Sobald die Leute Jesus sahen, liefen sie in großer Erregung auf ihn zu und begrüßten ihn. (16) Er fragte sie: Warum streitet ihr mit ihnen? (17) Einer aus der Menge antwortete ihm: Meister, ich habe meinen Sohn zu dir gebracht. Er ist von einem stummen Geist besessen; (18) immer, wenn der Geist ihn überfällt, wirft er ihn zu Boden, und meinem Sohn tritt Schaum vor den Mund, er knirscht mit den Zähnen und wird starr. Ich habe schon deine Jünger gebeten, den Geist auszutreiben, aber sie hatten nicht die Kraft dazu. (19) Da sagte er zu ihnen: O du ungläubige Generation! Wie lange muß ich noch bei euch sein? Wie lange muß ich euch noch ertragen? Bringt ihn zu mir! (20) Und man führte ihn herbei. Sobald der Geist Jesus sah, zerrte er den Jungen hin und her, so daß er hinfiel und sich mit Schaum vor dem Mund auf dem Boden wälzte. (21) Jesus fragte den Vater: wie lange hat er das schon? Der Vater antwortete: Von Kind auf; (22) oft hat er ihn sogar ins Feuer oder ins Wasser geworfen, um ihn umzubringen. Doch wenn du kannst, hilf uns! Hab Mitleid mit uns! (23) Jesus sagte zu ihm: Wenn du kannst? Alles kann, wer glaubt. (24) Da rief der Vater des Jungen: Ich glaube; hilf meinem Unglauben! (25) Als Jesus sah, daß die Leute zusammenliefen, drohte er dem unreinen Geist und sagte: Ich befehle dir, du stummer und tauber Geist: Verlaß ihn und kehr nicht mehr in ihn zurück! (26) Da zerrte der Geist den Jungen hin und her und verließ ihn mit lautem Geschrei. Der Junge lag da wie tot, so daß alle Leute sagten: Er ist gestorben. (27) Jesus aber faßte ihn an der Hand und richtete ihn auf, und der Junge erhob sich. (28) Als Jesus nach Hause kam und sie allein waren, fragten ihn seine Jünger: Warum konnten denn wir den Dämon nicht austreiben? (29) Er antwortete ihnen: Diese Art kann nur durch Gebet und Fasten ausgetrieben werden.

Textvergleich. (14) Der Begriff ›Jünger – *hoi mathetai - discipuli*‹ meint ›Schüler, Lehrlinge, Auszubildende‹. (17) *echonta pneuma alalon*: »Er hat einen stummen Geist«; von ›Besessenheit‹ (Kap. 4) ist keine Rede. (27) Der Junge »erhob« sich nicht nur, er »(er-)stand auf«: *aneste – surrexit*. (29) *en proseuche* heißt »im Gebet«; einige griechische Handschriften und die lateinische Fassung ergänzen »und durch Fasten – *kai nesteia - et ieiunio*«.

Hintergrund. Die deutsche Einheitsübersetzung beschreibt in Vers 18 einen klassischen epileptischen Anfall. Der griechische und der lateinische Text können so gedeutet werden. Bei Matthäus (Mt. 17,15) führt der Vater die Krankheit nicht auf einen (stummen) Geist (wie auch Lk. 9,39), sondern auf Mondsüchtigkeit zurück.

Struktur. »Alles kann, wer glaubt!« (23).[31] Es fällt auf, daß in Vers 29 »Gebet« und »Fasten« als Bedingung für die Heilung dieses *unreinen Geistes* genannt sind. Gebet im Sinne des Neuen Testaments führt, psychologisch gesehen, zu einer Einstellungsänderung in allen Schichten unserer Psyche (Kap. 31). Es wird vor dem Fasten genannt. Zur *Physio-Hygiene*, dem nahrungsmäßigen Fasten, muß die *Psycho-Hygiene*, eine tiefgreifende Einstellungsänderung, hinzukommen, und umgekehrt: beides bedingt einander.

Während der Junge zu Jesus gebracht wird, erleidet er einen Anfall. Sein Vater sagt in dieser Situation: »Doch wenn du kannst, hilf uns« (22). Aus dieser Bitte sprechen Glaube und Zweifel zugleich. Jesus entgegnet ihm aus dem Bewußtsein seiner soeben erfahrenen Erleuchtung: »Wenn du kannst? Alles kann, wer glaubt.« Wieder einmal spielt *Glaube* eine entscheidende Rolle. Aufschlußreich ist, daß der Vater des Jungen, ähnlich wie beim römischen Hauptmann stellvertretend (Mt. 8,5–13: BP, S. 101) sich durch die Aussage Jesu angesprochen fühlt: »Ich glaube; hilf meinem Unglauben« (24). Dieser Vater stellt mit seinem Ausruf psychologisch trefflich die Gespaltenheit in uns dar, die der Grund für das Scheitern vieler unserer Heilungsbemühungen sein dürfte: Glauben (wollen) im bewußten Bereich, Unglauben im tiefen emotionalen Bereich. Wem es geschenkt wird, beides zu integrieren, nur dem ist *alles* möglich. Uns anderen ist – wie den damaligen Schülern des Meisters – vielleicht *einiges* möglich.

Subjekt-Ebene. Solange die *Jünger* in uns in einer *großen Menschenmenge*, in dem, was *man* ›mit dem gesunden Menschenverstand‹ denkt, befangen bleiben und sich dann auch noch mit den *Gelehrten* in uns, unseren wissenschaftlichen Erkenntnissen, oder besser: mit dem, was wir für ›wissenschaftlich gesichert‹ halten, *streiten* (14), sind wir *ungläubig* oder *kleingläubig* und bleiben so ›Machtlos‹: Wir können den *unreinen Geist nicht austreiben* (29), der uns *stumm* (17), das heißt, ohne zur Sprache zu kommen und uns daher bewußt zu werden, mit Beschlag belegt, wir haben *nicht die Kraft dazu* (18). Der *unreine Geist in uns* symbolisiert nichtbewußte Reaktionsgewohnheiten, die, solange sie im Schatten und deshalb unerkannt bleiben, eine Eigenwirksamkeit entfalten, deren ›Ur-Sache‹ wir uns nicht erklären können und gegen die wir daher auch machtlos bleiben. Nicht umsonst ist der *Sohn* in uns davon befallen. Was alles an ›vernünftigen‹ Konzepten mag der *Vater,* der rationale Aspekt unseres ›Eltern-Ichs‹, bis heute als unser ›Kindheits-Ich‹ (vgl. Berne, S. 30–35) gezeugt haben: ›Über-Zeugungen‹, die unserem Erwachsenwerden, unserem eigenverantwortlichen Denken, Fühlen und Verhalten im Wege stehen? Abhilfe kann die Instanz in uns schaffen, die vorher »Petrus, Jakobus und Johannes beiseite nimmt und auf einen hohen Berg führt, aber nur sie allein«, dort mit »Elias und Moses« redet und als »geliebter Sohn« erkannt wird (Mk. 9,2–8). Wir bedürfen dringend einer klärenden und aufklärenden Sichtweise von einem *hohen Berg* aus und den damit ermöglichten Erfahrungen, um heilend wirken zu können. Dabei können wir auch Kontakt aufnehmen mit *Moses,* der uns durch die *Wüste* führt, durch innere Leere und Einsamkeit, wie sie von allen großen Lehrern der Menschheitsgeschichte beschrieben wird, bis zur Grenze des ›gelobten Landes, in dem Milch und Honig fließen‹. Und wir können in Kontakt treten zu *Elias,* der prophetischen, seherischen, intuitiven Quelle in uns. Wer diese Schulung durch *Beten* und *Fasten* durchgemacht hat, der kann eine Katharsis (griech. = Reinigung) einleiten, die dazu führt, daß *unreiner Geist,* unser von ›Abwehrtendenzen‹ verzerrtes[32] Wahrnehmen, Denken und Empfinden, uns verläßt. Für ›*die Leute*‹ sind wir dann vielleicht *gestorben:* Beziehungen werden abgebrochen, weil wir es gewagt haben, aus gewohnten Bahnen auszubrechen – ein oft schmerzhafter Prozeß. Dafür aber fühlen wir uns von einer inneren Kraft *an die Hand genommen*, die uns aufrichtet und uns aus dem *Grab* verinnerlichter ›Vor-Urteile‹ *auferstehen* läßt (27: *surrexit!*).

Fazit. Für Therapeuten und Patienten ist *Glaube* an die Möglichkeit von Heilung – wenigstens so groß »wie ein Senfkorn« (Mt. 17,20) – in dieser Geschichte eine notwendige, nicht jedoch eine auch hinreichende Bedingung (F 4.3). Beim Glauben geht es nicht um ein bloßes ›Für-wahr-Halten‹ von Glaubenssätzen, sondern um personale Begegnung (Kap. 34). Hier ist nicht *blindes* Vertrauen gefragt, sondern eine Beziehung, die zunächst einen Vertrauensvorschuß gibt, um so die Erfahrung von Vertrauenswürdigkeit machen zu können. Noch ein Merkmal muß zu diesem personalen Glauben hinzukommen: das

›*Sehen* mit den Augen des Vaters‹ (Mt. 6,6; Kap. 22), der es uns ermöglicht, zu jedem Menschen von Herzen ›Grüß Gott!‹ zu sagen,
eine verkürzte Form des buddhistischen ›Ich grüße das Göttliche in
dir!‹ oder mit Meister Eckhart: ›Ich grüße den göttlichen Seelenfun-
ken in dir!‹ »Wenn wir Buddhisten einander begrüßen, halten wir die
Handflächen wie eine Lotosblüte aneinander, atmen achtsam ein und
aus, verbeugen uns und sprechen für uns: ›Ein Lotos für dich, den
künftigen Buddha.‹ Diese Begrüßung bringt zwei Buddhas zugleich
hervor. Wir anerkennen die Keime der Erweckung, der Buddhaschaft
im anderen Menschen, gleichgültig, welchen Status und welches Alter
er hat« (Thich Nhat Hanh, S. 46). Um Therapeut im Sinne dieser Heilungsgeschichte werden zu können, ist nicht in erster Linie eine
schwerpunktmäßig auf die Aufhellung der Vergangenheit zielende,
tiefenpsychologisch fundierte ›Lehr-Analyse‹ notwendig, wie sie bei
der Ausbildung von Analytikern praktiziert wird (vgl. Lk. 9,60–62).
Welt- und Menschenbild des Neuen Testaments haben sicher nur wenig mit dem von Sigmund Freud gemeinsam. Selbsterfahrung, die
z. B. in Balint-Gruppen blinde Flecken in der Biographie des Therapeuten aufhellt, ist sinnvoll, damit er nicht eigene Probleme auf seine
Patienten projiziert. Bleiben wir *unten bei den Leuten* und bei unserer erworbenen *Gelehrsamkeit* ohne den Meister zurück (14 f.), sind
›Ohn-Macht‹ und Scheitern vorprogrammiert. ›Not-wendend‹ ist es
vor allem, *auf den Berg* zu steigen, wo ›höhen-psychologische‹ Erfahrung geschenkt werden kann. Hier wird weniger nach dem Prinzip
gefragt, von dem aus das Werden oder die Veränderung ihren Anfang nehmen: nach Erbanlagen, Milieu, Erziehung (Wirkursache, vgl.
F 1.1). Gefragt wird eher: ›Was macht das Problem zu dem, wie es
jetzt erscheint, wie war die ursprüngliche Idee?‹ (Materialursache, vgl.
F 1.4), und vor allem ›Worauf zielt das Problem, beabsichtigt oder
unbeabsichtigt, bewußt oder unbewußt; worauf läuft es hinaus; worauf weist es hin; wozu ist es notwendig oder nützlich?‹ (Zielursache,
vgl. F 1.2). Gefragt wird auch nach möglichen Gegenbildern in
Richtung von ›einerseits – andererseits, teils – teils, vorher – nachher‹
(F 3.1), wobei auch ›paradoxe Logik‹ (F 5.2) nicht ausgeschlossen
wird. Die ›Wahr-Nehmung‹ der Weisheit unseres ›Seelenfunkens‹, wie
Meister Eckhart sich ausdrückte, wie sie auch die Jünger – und vorher Jesus selbst – erlebt haben dürften, ist nicht Sache von einigen
Jahren gezielter ›Aus- oder Fort-Bildung‹, sondern eine lebenslange
Aufgabe. Besonders für uns Therapeuten, welcher Fachrichtung auch

immer, gilt es, zunächst – oder zumindest begleitend zum therapeutischen Handeln – in uns selbst Ordnung zu schaffen. Es geht darum, den ›Balken‹ aus dem eigenen Auge zu ziehen, bevor wir beginnen, ›Splitter‹ aus dem Auge anderer Menschen zu ziehen (Mt. 7,3–5). Entscheidende ›Werk-Zeuge‹ sind *Beten* und *Fasten*. Das Neue Testament sagt sehr klar, was darunter zu verstehen ist und wie beides praktiziert werden kann. Bei all dem wird deutlich, daß Heilen im Sinne des Neuen Testaments kein müheloser Spaziergang sein kann, sagt doch der Bergprediger: »Wie eng ist das Tor und wie schmal ist der Weg, der zum Leben führt, und wenige sind es, die ihn finden« (Mt. 7,14).

7. Stellvertretung: Mt. 8,5–13

(5) Als er nach Kapharnaum kam, trat ein Hauptmann an ihn heran und bat ihn: (6) »Herr, mein Diener liegt gelähmt zu Hause und hat große Schmerzen.« (7) Jesus sagte zu ihm: »Ich will kommen und ihn gesund machen.« (8) Da antwortete der Hauptmann: »Herr, ich bin es nicht wert, daß du mein Haus betrittst; sprich nur ein Wort, dann wird mein Diener gesund. (9) Auch ich muß Befehlen gehorchen, und ich habe selber Soldaten unter mir. Sage ich nun zu einem ›Geh!‹, so geht er, und zu einem anderen ›Komm!‹, so kommt er, und zu meinem Diener ›Tu das!‹, so tut er es.« (10) Jesus war erstaunt, als er das hörte, und sagte zu denen, die ihm nachfolgten: »Amen, das sage ich euch: einen solchen Glauben habe ich in Israel noch bei niemand gefunden. (11) Ich sage euch: Viele werden von Osten und Westen kommen und mit Abraham, Isaak und Jakob im Himmelreich zu Tische sitzen; (12) die aber, für die das Himmelreich bestimmt war, werden hinausgeworfen in die äußerste Finsternis; dort werden sie heulen und mit den Zähnen knirschen.« (13) Und zum Hauptmann sagte Jesus: »Geh! Es soll geschehen, wie du geglaubt hast.« Und in derselben Stunde wurde der Diener gesund.

Textvergleich. Der Codex Sinaiticus fügt vor »Ich will kommen – *ego elthon*« hinzu: »*akolouthei moi* = folge mir«, im übertragenen Sinne »Tue es mir nach, leiste mir Folge«: ein wichtiger Zusatz, wie im Absatz ›Subjekt-Ebene‹ deutlich werden wird.

Hintergrund. Die römischen Soldaten waren meist Nichtjuden. Ein Jude konnte das Haus eines Heiden nicht betreten, ohne unrein zu werden. Demgegenüber stellt Jesus fest, daß der Wert einer Handlung allein von der Gesinnung des Handelnden abhängt.[33] Jesus durchbricht ja auch in den Versen 10–12 ausdrücklich die Einschränkung seiner Sendung auf Israel, sollte sie ihm je zu eigen gewesen sein, wie Wolff (1990, S. 55) meint: »Er glaubt zunächst, es nur mit den zwölf Stämmen Israels zu tun zu haben, erst allmählich weicht der Partikularismus einem großartigen Universalismus. Das ist heute in der Forschung erkannt und anerkannt. (…) Dies zeugt von einer Wandlung großen Ausmaßes in Jesus selbst, seine Gesamtexistenz, seine Gesamtaufgabe betreffend. Wie (also) reagiert Jesus auf berechtigten Widerstand (Mt. 15,21–28; Mk. 7,24–30): Er geht auf ihn ein, er wird ihm gerecht. Er selbst lernt daran und läßt sich sogar in Frage stellen! Das ist vorbildlich für jede Psychotherapie, für jeden Psychotherapeuten.«

Struktur. In dieser Erzählung geht es nicht darum, ob jemand einer bestimmten Religion angehört oder ob er in den Augen von Frommen ein verachteter ›Heide‹, wie der römische Hauptmann, ist. Jesus nennt einen ganz anderen Maßstab: »Amen, das sage ich euch: einen solchen *Glauben* habe ich in Israel noch bei niemand gefunden« (10). Die Zugehörigkeit zu einer bestimmten religiösen Gruppe kann sogar ein Hindernis sein, dann nämlich, wenn sie ›Vor-Urteile‹ zementiert. Der Glaube des Hauptmanns bezieht sich auf die Macht des gesprochenen Wortes, das auch bei einem anderen Menschen, der vielleicht gar nichts davon weiß, eine Wirkung hervorrufen kann, selbst wenn dieser andere räumlich nicht anwesend ist. »Und in derselben Stunde wurde der Diener [das Kind] gesund« (13): So beschaffener Glaube bewirkt auf Bitten hin *sofort* Veränderung, in diesem Falle Heilung. Die Quintessenz lautet: »Wie du geglaubt hast, so soll dir geschehen!« Hier wird eine wichtige psychologische Gesetzmäßigkeit deutlich: Das, was auf unser Bitten hin geschieht (»so«), hängt von der Art unseres Glaubens (»wie«) ab. Wenn wir nur »plappern wie die Heiden« (Mt. 6,7), wird uns nicht das zuteil werden, was wir erbitten. Daß ›Heiden‹ nicht nur plappern, zeigt gerade das Beispiel des Römers. Er ruft Jesus in Form eines – wie wir heute sagen würden – Bittgebetes um Hilfe an. Seit Jahrtausenden bitten und beten Menschen aus vielen Religionen für andere Menschen, auch für weit entfernt lebende, die vielleicht gar nichts von diesen Gebeten wissen, ja sogar für Verstorbene. Erreichen sie mit diesen Gebeten tatsächlich diese anderen, oder *meinen* sie das nur? Nehmen wir einmal hypothetisch an, daß die Gedanken, Gefühle und Vorstellungen der Beter, ihr »Wort«, eine Kraft sind, die stellvertretend für andere gleichsam das abrufen, was schon immer für diese bereitgehalten wird[34], jedoch von den anderen selbst aus Unkenntnis oder anderen Gründen nicht abgerufen werden kann. In diesem Sinne läßt sich die Geschichte von der Heilung des Knechts (bzw. des Kindes) verstehen. Der Hauptmann bittet stellvertretend für sein gelähmtes Kind. Jesus will zu diesem hingehen, um es gesund zu machen. Interessant ist nun, und hier liegt wohl ein exemplarischer Schwerpunkt dieser Lehrgeschichte, daß der Hauptmann betont, physische Anwesenheit sei dazu gar nicht notwendig. Hier stellen sich folgende Fragen: Können einzelne Menschen bei anderen Menschen (›Zielpersonen‹) ohne deren räumliche Anwesenheit, eventuell sogar ohne Wissen der Zielperson, Veränderungen hervorrufen, und, wenn ja, unter welchen Bedingungen? Was ist notwendige und / oder hinreichende Bedingung für diese Veränderung, hier: für die Heilung (F 4)? In unserer Erzählung wird ausgesagt: Das »Wort« kann unabhängig von räumlicher Entfernung wirksam werden.[35] Noch weitere wichtige Informationen sind in dieser Geschichte enthalten: »mein Diener [Kind] liegt gelähmt zu Hause und hat große Schmerzen.« Die Zielperson (»mein Diener« [Kind]), der Zielort (»zu Hause«), der Weg zur Erreichung des Ziels (»sprich nur ein Wort!«) und das Ziel selbst (»so wird mein Diener [Kind] gesund«) werden genau beschrieben. Das bedeutet bezüglich unserer Fragestellung: Wenn wir für andere etwas erbitten / erbeten wollen, müssen wir klare Zielvorstellungen haben und genaue Kenntnisse, auf welchem Wege diese Ziele erreichbar sind. »Es soll geschehen, wie *du* geglaubt hast ...«: der »große Glaube« des *Stellvertreters* ist offenbar notwendige Vorbedingung, nicht der Glaube der Zielperson. Es heißt nicht: »So soll *deinem Kind* geschehen.« Der Glaube des Stellvertreters bewirkt etwas in ihm selbst. Wollen wir für andere Menschen etwas anstoßen oder verändern, so muß zunächst *in uns* diese Veränderung geschehen. Diese Veränderung in unserer Tiefe ist die ›Ur-Sache‹, die sich im anderen zur Wirkung entfaltet. »Und *in derselben Stunde* wurde der Diener [das Kind] gesund«: Ist unser Glaube »groß« wie der des Hauptmanns, das heißt, ist er in allen unseren Schichten, in unserem bewußten und un(ter)bewußten Denken, Fühlen und Vorstellen verwurzelt, so kann im anderen Menschen Veränderung nicht nur unabhängig vom Raum, sondern auch unabhängig von der Zeit geschehen: sofort.

Subjekt-Ebene. Jede der im Neuen Testament vorkommenden Personen repräsentiert auf der psychischen Ebene eine Seite eines *jeden* Menschen (Kap. 19), so auch der römische Hauptmann, sein Kind, Freunde, Abgesandte und Soldaten, vor allem aber der ›Menschensohn‹, eine im Neuen Testament oft gebrauchte Bezeichnung für Jesus: *hyios tou anthropou – filius hominis –* Sohn des / eines Menschen. Auf der geistigen Ebene enthält auch diese Erzählung Gesetzmäßigkeiten, die immer und überall gelten. So gesehen birgt die Geschichte für uns die gleichen Möglichkeiten wie für Menschen der damaligen Zeit: Das »*akolouthei moi* = folge mir«, im übertragenen Sinne »Tue es mir nach, leiste mir Folge«, zeigt, daß mit dem Hauptmann auch wir gemeint sind. Der römische Soldat hält sich nicht für »wert«, daß Jesus sein Haus betritt. Lukas (Lk. 7,2 ff.) führt seine Motive näher aus. Zunächst werden Respektspersonen, von denen der Römer annimmt, daß sie Jesus gegenüber ihm als ›Heiden‹ günstig stimmen können, vorgeschickt; sie sollen den Bittsteller erst einmal in ein gutes Licht stellen. Als es dann tatsächlich ernst wird (»als er nicht mehr weit von dem Haus entfernt war«), schickt er »Freunde« vor, die seine Einstellung erklären und sein Verhalten entschuldigen sollen, die aber auch erkennen lassen, daß ihm sein eigener Anteil am Problem, sein ›Schatten‹, langsam bewußt wird (›Haus‹ als Chiffre für ›Bewußtsein‹). Dies erscheint als notwendige Voraussetzung dafür, daß das »Wort« seine Wirkung entfalten kann. Die beschriebenen Grundzüge dürften auch heute noch in Therapien zu beobachten sein. Manchmal hat man den Eindruck, daß nicht der eigentliche Patient in der therapeutischen Sitzung erscheint, sondern andere, ›Delegierte‹ oder ›Symptomträger‹, oder die Schuld am eigenen Problem wird ›den anderen‹ zugeschoben. Erst im Verlauf der Gespräche wird unter Umständen der eigene Anteil bewußt. Erst dann ist nicht nur eine an der Oberfläche verbleibende ›Reparatur‹, die mit ziemlicher Sicherheit eine Symptomverschiebung nach sich zieht, sondern eine Begegnung und damit die Anbahnung einer wirklichen Heilung möglich. So wird ja auch zum Hauptmann gesagt: »Es geschehe *dir*, wie du geglaubt hast.« Der Text von Mt. 8,9 ist, in abgewandelter Form, aus der römisch-katholischen Liturgie bekannt. Vor der Kommunion wird gebetet »... so wird meine *Seele* gesund«, ein Hinweis, worum es auch in dieser Erzählung geht: um eine Umkehr, einen grundsätzlichen Standortwechsel, ein »*metanoeite*« (Mt. 3,2; Mk. 1,15) auch in unseren tiefen Schichten, nicht nur in den kognitiven Anteilen unseres Bewußtseins.

Versuchen wir, die in der Geschichte vorkommenden Personen als Anteile unserer eigenen Seele zu deuten. Unsere ›Kinder‹, die Früchte unserer ›Über-Zeugungen‹, die tief in uns eingewurzelt sind, lassen sich nichts befehlen. Auch ›Freunde‹ und uns wohlwollende ›Abgesandte‹ – ›Delegierte‹ im Jargon systemischer Therapie – nützen uns in diesem Fall wenig oder nichts. Niemand kann uns von außen heilen, auch nicht ein noch so geschickter Psychotherapeut. All diese Personen können im besten Fall den Boden vorbereiten; heilen muß schon der ›Menschensohn‹ in uns nach dem Motto: ›Medicus curat, natura sanat – der Arzt sorgt, die Natur heilt!‹ Der ›Hauptmann‹ in uns, der gewohnt ist, sich – und andere – zu kommandieren, zu steuern, sein Leben in die eigene Hand zu nehmen, muß auch lernen, zu bitten, d.h. zu beten. Es gilt, unseren eigenen Anteil an unseren Schwierigkeiten zu erkennen, vom ›Menschensohn‹ in uns überzeugt zu sein (an ihn ›glauben‹) und ihn dann das ›Wort‹ der Heilung aussprechen zu lassen. Dazu ist es notwendig, die Relativität konventioneller Wahrnehmungs- und Denkgewohnheiten sowie Wertungen zu durchschauen (der heidnische Hauptmann gehörte nicht zum damaligen religiösen Establishment!), die uns am ›Umdenken‹ hindern können. Sonst ergeht es uns wie den vielen, die »heulen und (vor Wut) mit den Zähnen knirschen«, obwohl es jedem von uns eigentlich möglich und bestimmt ist, »im Himmelreich zu Tische zu sitzen« (hier: Heilung zu erleben).

Fazit. Gleichgültig, ob wir die Erzählung auf der objektiven oder auf der subjektiven Ebene deuten: Voraussetzung für eine Umkehr ist Leidensdruck, der uns eine, wenn auch schmerzende, Veränderung anstreben läßt (Materialursache als ›Rohstoff‹, d.h. als fordernder Umstand), und ein Ziel, das uns motiviert (die Heilung: F 1.4). Es wurde im Abschnitt ›Struktur‹ bereits gesagt, daß in dieser Erzählung der »große Glaube« des Stellvertreters, nicht der der Zielperson (Diener / Kind) als notwendige Vorbedingung hervorgehoben wird. Jenes Prinzip, von dem die Veränderung den Anfang nimmt (Wirkursache, vgl. F 1.1), ist *Glaube*. Er bietet uns grundsätzlich neue, weil aus einem anderen Bewußtseinszustand resultierende Informationen, deren Umsetzung ungeahnte Kräfte freisetzt und so auch nach psychologischen Gesetzmäßigkeiten sich ereignende ›Wunder‹ ermöglicht (Kap. 34 + 43). Zu diesen ›ungeahnten Kräften‹ gehört das »Wort«. Wenn dieses aus unserer Tiefenschicht kommt, kann mit Fug und Recht von *Gebet* gesprochen werden. Was es damit im Sinne des

Neuen Testaments auf sich hat, wird von mehreren Autoren beschrieben.[36] Die hier interessierende Frage, die im Abschnitt ›Struktur‹ angesprochen wurde, ist, ob es Belege dafür gibt, daß auch eine Fernwirkung von Gebet möglich ist. Diese gibt es in der Tat (Kap. 21). Es dürfte sich lohnen, diesen ungewohnten Zugang zu Veränderung und Heilung ohne ideologische Scheuklappen (› ... daß nicht sein kann, was nicht sein darf!‹) zu überprüfen.

II. Gleichnisse

8. Der Sämann: Mk. 4,26–29

Mit dem Reich Gottes ist es so wie bei einem Mann, der den Samen in die Erde streut. Er schläft, er steht auf, es wird Tag, es wird Nacht; der Same sproßt und wächst, ohne daß er es wahrnimmt. Von selbst trägt die Erde Frucht: zuerst den Halm, dann die Ähre, dann volles Korn in der Ähre. Und wenn die Frucht es zuläßt, legt er alsbald die Sichel an, denn die Ernte ist da.

Das Gleichnis veranschaulicht, wie wir Informationen in unser Langzeitgedächtnis und -gemüt (›Unterbewußtsein‹) einspeichern können: Der *Same* verkörpert unsere individuellen und kollektiven wach- und vorbewußten ›Über-Zeugungen‹: Herz, Seele, Denken, Fühlen und Vorstellungen mit all ihren Facetten. Er muß »in die Erde«, in die ›Tiefe‹, gelangen: dort, im Verborgenen und Dunkeln, wächst der Same zunächst so, daß wir es nicht wahrnehmen. »Es wird Tag, es wird Nacht...«: Bis zur Erfahrung der Wirkungen vergeht Zeit. »Ohne daß er es wahrnimmt«: Die Arbeit in unserer ›Tiefe‹ spielt sich unterhalb unserer Wahrnehmungsschwelle ab. »Von selbst trägt die Erde Frucht«: Sind unsere ›Über-Zeugungen‹ erst einmal in unsere Tiefenschicht ›eingesät‹, so brauchen wir nichts mehr zu tun; wir können in Ruhe abwarten. Die Funktionsweise unseres ›Unterbewußtseins‹ unterscheidet sich von der unseres Wachbewußtseins dadurch, daß es primär ›psycho-logisch‹ und nicht ›logisch‹ arbeitet; in ihm gelten außer der uns vertrauten aristotelischen Logik auch Gesetze ›paradoxer Logik‹ (F 5.1–2). Die Deutung dieser Funktionsweisen, die Diagnostik und die Methoden, die jemand anwendet, um praktischen Nutzen aus diesen Erkenntnissen zu ziehen, hängen von der individuellen und kollektiven Lebensgeschichte des Interpreten, von seiner psychologischen ›Schule‹, seinem Weltbild (Kap. 53), seiner Lebensphilosophie und seiner Religion ab. Wer diese Gesetzmäßigkeiten verstanden hat, kann selbst den ›Samen‹ ausstreuen und wird erleben, wie er ›Frucht‹ bringt.[37] Das Gleichnis zeigt uns konkrete Wege, wie wir dies tun können. Bevor der Bauer Samen in die

Erde sät, muß er wissen, welche Frucht er ernten will: Wir können uns überlegen, welches Ziel wir warum erreichen wollen. Welcher Art die *Ernte* ist, hängt *von der Art des Samens* ab: »*Was einer sät, das wird er auch ernten!*« schreibt Paulus (G. 6,7). Dem ›Unbewußten‹ ist es ›gleich-gültig‹, was gesät wird, ob jemand ›im Recht ist‹ oder nicht: Es ›re-agiert‹ mit der dem *Samen* entsprechenden *Ernte*. Dann muß der Boden aufgeackert werden. Es kommt darauf an, ob unsere Tiefenschicht aufnahmefähig ist, oder ob und inwieweit sie zum Beispiel durch ›Abwehrtendenzen‹ oder durch unsere routinemäßige selektive Wahrnehmung ›zu‹ oder ›hart‹ ist, so daß der Same an der Oberfläche bleibt und keine Wurzel schlagen kann. Wir können uns durch meditative Übungen aufnahmefähig machen (Kap. 22 + 39) und werden die Wahrheit des Satzes erfahren: »Ein anderer Teil schließlich fiel auf guten Boden und brachte Frucht, teils hundertfach, teils sechzigfach, teils dreißigfach« (Mt. 13,1–8, 18–23). Dann können wir neuen ›Samen‹ einsäen. Dies geschieht am besten in bildhafter Form. ›Ein Bild sagt mehr als tausend Worte‹, lautet ein chinesisches Sprichwort. Bilder sind – sowohl in Märchen, Mythen und Sagen als auch in vielen neutestamentlichen Gleichnissen – die Sprache des Herzens. Nach dem Säen können wir den Samen mit Erde bedecken: Wir kehren in unser Alltagsbewußtsein zurück. Der Same muß in der Erde keimen und wachsen. Zunächst bemerken wir keine Veränderungen. Wir müssen in Ruhe abwarten, bis die ersten ›Halme‹ durch den Erdboden dringen, das heißt, bis erste Einstellungs- oder Verhaltensänderungen sichtbar werden. Bis zur vollen Verwirklichung, zur ›Ernte‹, braucht es Zeit.

9. Der Pilger: Mt. 19,16–26

(16) Es kam ein Mann zu Jesus und fragte: Meister, was muß ich Gutes tun, um das ewige Leben zu gewinnen? (17) Er antwortete: Was fragst du mich nach dem Guten? Nur einer ist ›der Gute‹. Wenn du aber das Leben erlangen willst, halte die Gebote! (18) Darauf fragte er ihn: Welche? Jesus antwortete: ›Du sollst nicht töten, du sollst nicht die Ehe brechen, du sollst nicht stehlen, du sollst nicht falsch aussagen; (19a) ehre Vater und Mutter!‹ (19b) Und: ›Du sollst deinen Nächsten lieben wie dich selbst!‹ (20) Der junge Mann antwortete ihm: Alle diese Gebote habe ich befolgt. Was fehlt mir jetzt noch? (21) Jesus antwortete

ihm: Wenn du vollkommen sein willst, geh, verkauf deinen Besitz und gib das Geld den Armen; so wirst du einen bleibenden Schatz im Himmel haben; dann komm und folge mir nach. (22) Als der junge Mann das hörte, ging er traurig weg; denn er hatte ein großes Vermögen. (23) Da sagte Jesus zu seinen Jüngern: Amen, das sage ich euch: ein Reicher wird nur schwer in das Himmelreich kommen. (24) Nochmals sage ich euch: Eher geht ein Kamel durch ein Nadelöhr, als daß ein Reicher in das Himmelreich gelangt. (25) Als die Jünger das hörten, erschraken sie sehr und sagten: Wer kann dann noch gerettet werden? (26) Jesus sah sie an und sagte zu ihnen: Für Menschen ist das unmöglich, für Gott aber ist alles möglich.

In den Versen 18 und 19a zitiert Jesus aus den Zehn Geboten.[38] Der junge Mann redet Jesus mit »*guter* Meister« an.[39] Dieser kontert: »Was nennst du *mich* gut? Keiner ist gut außer Gott.«[40] Er lehnt damit kategorisch jeden Personenkult ab und verweist auf die Quelle, aus der er schöpft. Er selbst ist lediglich Kanal oder Werkzeug: eine ›Lektion‹ für manchen Therapeuten? Zunächst wird nun der ›normale‹ Weg genannt. Der junge Mann will wissen, wie er zu *ewigem* Leben gelangen könne. Jesus relativiert diese ›fromme‹ Zielsetzung, indem er das »ewig« wegläßt: »Wenn du aber das Leben erlangen willst, halte die Gebote!« Im Text werden lediglich Regeln aus dem Dekalog genannt, die sich auf unsere Beziehungen zu anderen *Menschen* beziehen. Hier wird meines Erachtens eine realistische und bescheidene Zielrichtung auch jeder Psychotherapie genannt: Es geht *zunächst* einmal *nicht* um eine religiöse Komponente, die manchmal, auch wenn sie subjektiv ehrlich gemeint ist, in der Nähe von ›Abwehrtendenzen‹ angesiedelt sein kann, sondern um einen Minimalkonsens beobachtbaren *Verhaltens*. Auch die Bergpredigt rät uns, die Tragfähigkeit unserer religiösen ›Über-Zeugungen‹ an unseren Beziehungen zu überprüfen (Mt. 5,23–25: BP, S. 29–33; Kap. 51). Der junge Mann in unserer Geschichte spürt: es *fehlt* noch etwas (20). An dieser Stelle wird der Begriff »vollkommen« eingeführt. Das lateinische *perfectus* kann zur Ansicht verleiten, es gehe hier um ›perfekt sein‹. Aber schon das griechische *teleios* korrigiert: ›vollendet, d. i. vom Menschen: volljährig, reifen Alters‹, also im Sinne von ›(wirklich) erwachsen‹. Matthäus erklärt in der Bergpredigt[41] den Begriff näher. Hier geht es in der Tat um eine grundsätzliche ›Umstrukturierung der Persönlichkeit‹, um eine Entkonditionierung und Enthypnotisierung, damit wir nicht wieder in gewohnte Schemata zurückfallen und so – aus tiefenpsychologischer Sicht – uns lediglich eine ›Symptomverschiebung‹ einhandeln. Aus der Sicht eines Psychotherapeuten stellen sich zwei radikale (an die Wurzel unseres Selbst-Verständnisses) gehende Fragen (Kap. 29):

– **Reichtum**: »Der Reichtum gleicht dem Seewasser; je mehr man davon trinkt, desto durstiger wird man«, schreibt Arthur Schopenhauer.[42] Der Text vom Kamel und dem Nadelöhr (Verse 21 – 24) darf nicht entschärft und auf eine rein ›symbolische‹ Bedeutung reduziert werden. Er provoziert damals wie heute Widerspruch: »Als die Jünger das hörten, erschraken sie sehr und sagten: Wer kann dann noch gerettet werden?« Die Frage ist: Wie ist unsere Einstellung zum Besitz, zur Verteilung der Güter auf unserer Erde, und dies im individuellen (unsere direkten ›Nächsten‹ betreffenden) und kollektiven Maßstab? Gerade heute ist diese Frage aktuell: Wer nicht zum Konsumverzicht, zu einer ›neuen Bescheidenheit‹ und in diesem Sinne auch zur ›Askese‹ bereit ist, nicht nur deswegen, weil die Ressourcen unseres Planeten Erde begrenzt sind, sondern auch aus Gründen persönlicher Psycho-Hygiene, wer also ob solchen Ansinnens »*traurig weggeht*«, weil er »ein großes Vermögen« – auch im materiellen Sinne – hat, an dem sein *Herz* hängt, wird immer auf seinem Ego-Trip bleiben und niemals ins ›Reich Gottes‹, zur Selbst-Findung (Kap. 49) und -Verwirklichung und damit zu voller geistiger, seelischer und körperlicher Gesundung auf bewußter und un(ter)bewußter Ebene, zu liebenden Beziehungen, zu voller Leistungsfähigkeit, zu kreativer Gestaltung, zu einem letzten (transzendenten, unsere normalen Wahr-Nehmungs-Möglichkeiten übersteigenden) Angenommen- und Geborgensein finden, mit anderen Worten, zu voller Sinn-Erfüllung kommen oder sich wenigstens auf dem Wege zu diesem Ziel erleben. Was unserem sogenannten ›gesunden Menschenverstand‹ als unmöglich erscheinen mag, ist für unsere ›Tiefe‹ durchaus realisierbar, ist sie erst einmal ›ent-Deck(e)-t‹ (26).

– **Nachfolge**: Zu allen Zeiten gab (und gibt) es einzelne, die die Verse vom Verkauf allen Besitzes und von der Nachfolge wörtlich nahmen (nehmen). Es sei nur an die Gründer der Bettelorden, Franziskus von Assisi und Dominikus von Guzman, und an die »Aufrichtigen Erzählungen eines russischen Pilgers« (Emmanuel Jungclaussen, Kap. 24) erinnert. Hier wird das in allen großen Weltentwürfen zentrale Motiv des ›Homo viator‹, des ›Wanderers zwischen zwei Welten‹ angesprochen und damit die Frage nach Sinn und Ziel unseres Lebens und unseres Sterbens. So heißt es etwa im apokryphen Thomas-Evangelium (Nr. 42): »Jesus sprach: Werdet Vorübergehende« und: »Diese Welt ist eine Brücke. Gehe hinüber, aber baue nicht deine Wohnung auf ihr« (vgl. H. 11,8.13–14). Auch Buddha ist »vom Haus in die Hauslosigkeit« geschritten. Wem fällt hier nicht der ›ewige Wanderer‹ Ahashverus ein? Russische Dichter fühlten sich vom Pilgertum angezogen. Dostojewski, der selbst vorhatte, eine Pilgerfahrt zum Berg Athos zu machen, schreibt in seinem Roman »Der Jüngling« vom Pilger Makar, Nikolaj Lesskow vom »Verzauberten Wanderer«. Maxim Gorki läßt in seinem »Nachtasyl« den Pilger Lucka auftreten. »Dabei sahen Rußlands Dichter auch die Gefahren des Pilgertums.« Leo Tolstoi, der sich schon in der Novelle ›Vater Sergius‹ mit einem Pilger beschäftigt, führt in seiner Erzählung ›Die beiden Alten‹ aus, daß es Menschen gebe, die wohl mit den Füßen in Jerusalem waren, nicht aber mit ihrer Seele« (Nigg, S. 139f.). Was wäre unter diesem Gesichtspunkt von neueren Formen des ›Pilgerns‹ wie in der Wandervogel- und Jugend-*Bewegung* mit ihrem Protest gegen die ›Verspießerung‹ zu sagen? Vielleicht steckt hinter modernen Formen von ›Pilgern‹ in ferne Länder mit Auto, Motorrad, Flugzeug in säkularisierter Form ein Urwissen und eine Ur-Sehnsucht des Menschen, des ›Homo viator‹. Interessanterweise ist neuerdings eine Renaissance religiöser Wallfahrt zu beobachten, so zum Beispiel in Form der Fronleichnams-Prozessionen und zum ›Heiligen Rock‹ nach Trier. Der Schritt vom buchstäblichen zum geistigen Pilger ist keine Abschwächung, und sie ist auch keine Weltflucht, die aus Weltekel und Weltüberdruß hervorgeht. Es geht um eine Betrachtung unseres Lebens unter einem anderen Aspekt. Wer es ›sub specie aeternitatis‹ sieht, kann begreifen, was Seneca mit seinem Satz »Wer gelernt hat, zu sterben, hört auf, Knecht zu sein!« aussagen wollte. Er wird grundsätzlich frei, weil er sich an Vergängliches nicht mehr klammern muß. Das gerade macht ihn offen dafür, sich zu engagieren und sein Leben zu genießen. Im osteuropäischen Judentum entstand um die Mitte des achtzehnten Jahrhunderts eine große Erneuerungsbewegung, der Chassidismus, der die Lehren der jüdischen Mystik, der Kabbala, dem Volk verständlich machte (vgl. Jacobs, S. 38–52). »Der ›Baal Schem‹ (Rabbi Israel Elieser, 1700–1760) suchte ein Leben in ekstatischer Freude zu erreichen. ›Über der Natur und über der Zeit und über dem Denken‹, schreibt Martin Buber in der ›Legende des Baal Schem‹, ›so wird der genannt, der in der Inbrunst ist. Er hat alles Leid und alle Schwere abgetan.«»[43] Nietzsche schreibt im Zarathustra: »Dies Suchen nach meinem Heim: O »Zarathustra«: weißt du wohl, dies Suchen war meine Heimsuchung, es frißt mich auf. Wo ist – mein Heim? Darnach frage und suche und suchte ich, das fand ich nicht. O ewiges Überall, o ewiges Nirgendwo, o ewiges – Umsonst.« Die Geschichte vom reichen Jüngling zeigt demgegenüber auf, in welcher Richtung und wie das ›Heim‹ zu suchen und zu finden ist. »Bittet, und es wird euch gegeben werden; suchet, und ihr werdet finden; klopfet an, und es wird euch aufgetan werden! Denn *jeder*, der bittet, empfängt, und wer sucht, der findet, und wer anklopft, dem wird aufgetan« (Mt. 7,7–8).

10. Leiden-schaf(f)t? Lk. 16, 1–8

»Sündige tapfer, liebe noch tapferer!«
(Martin Luther)

(1) Jesus sagte zu den Jüngern: Ein reicher Mann hatte einen Verwalter. Diesen beschuldigte man bei ihm, er verschleudere sein Vermögen. (2) Darauf ließ er ihn rufen und sagte zu ihm: Leg Rechenschaft ab über deine Verwaltung! Du kannst nicht länger mein Verwalter sein. (3) Da überlegte der Verwalter: Mein Herr entzieht mir die Verwaltung. Was soll ich jetzt tun? Zu schwerer Arbeit tauge ich nicht, und zu betteln schäme ich mich. (4) Doch ich weiß, was ich tun muß, damit mich die Leute in ihre Häuser aufnehmen, wenn ich als Verwalter abgesetzt bin. (5) Und er ließ die Schuldner seines Herrn, einen nach dem anderen, zu sich kommen und fragte den ersten: Wieviel bist du meinem Herrn schuldig? (6) Er sagte: Hundert Faß Öl. Da sagte er zu ihm: Nimm deinen Schuldschein, setz dich gleich hin, und schreib »fünfzig«. (7) Dann fragte er einen anderen: Wieviel bist du schuldig? Der antwortete: Hundert Sack Weizen. Da sagte er zu ihm: Nimm deinen Schuldschein und schreib »achtzig«. (8) Und der Herr lobte die Klugheit des unehrlichen Verwalters und sagte: Die Kinder dieser Welt sind im Umgang mit ihresgleichen klüger als die Kinder des Lichtes.

Die Geschichte kann einen ärgerlich stimmen. Da wird ein schlitzohrig schlauer Betrüger gelobt. Liest man dann noch den folgenden Vers 9: »Ich sage euch: Macht euch Freunde mit Hilfe des ungerechten Mammons, damit ihr in die ewigen Wohnungen aufgenommen werdet, wenn es (mit euch) zu Ende geht«, so erscheint einem als ›die Moral von der Geschicht‹ der bekannte Spruch ›Der Zweck heiligt die

Mittel!‹ angebracht. Es hat nicht an Versuchen gefehlt, den Text zu entschärfen. Von den mir bekannten Umdeutungen erscheint mir die von Wolff (1993, S. 36 f.) noch die einleuchtendste: Der Verwalter hat, als er merkte, daß es ihm an den Kragen ging, »an den Schuldnern wiedergutgemacht, was er zuvor von ihnen für sich erpreßt hatte«. Er zieht gleichsam die Notbremse. Es scheint also noch einmal gutgegangen zu sein: Die ›Moral‹ der Geschichte ist gerettet! Der Herr lobte also nicht die Betrügereien des Verwalters, sondern seine kluge Einsicht, die ihn begangenes Unrecht wiedergutmachen ließ – zugegebenermaßen nicht aus hochethischen Erwägungen, sondern aus sehr eigensüchtigen Motiven. Haben nicht auch wir schon die Erfahrung gemacht, daß erst eine bevorstehende Gefahr uns zum Nachdenken und zur Veränderung unserer Einstellungen und Verhaltensweisen bringt? Wer in dieser Welt, so wie sie ist, zurechtkommen will, dem wird ein gerütteltes Maß an Klugheit abverlangt. Lukas fügt noch eine ironische Bemerkung hinzu:»Die Kinder dieser Welt sind im Umgang mit ihresgleichen klüger als die Kinder des Lichtes.« Sie machen dabei vielleicht die Erfahrung: ›Den Schlechten geht es gut, und den Guten geht es schlecht!‹

So einleuchtend diese Deutungen vielleicht erscheinen mögen, sie könnten trotzdem am Kern des Gleichnisses vorbeigehen, wenn dessen Aussageabsicht eine andere ist: wenn es gerade *nicht* darum geht, den Hörern und Lesern eine ›vernünftige‹ und ›moralisch einwandfreie‹ Direktive für den Umgang mit den materiellen Gütern des Lebens und mit den Mitmenschen zu geben; wenn es gar nicht um ›Moral‹ geht. In Vers 13, der die Geschichte vom Verwalter abschließt, werden intensive Gefühle genannt: hassen, lieben, verachten. Hier geht es nicht um den ›Kopf‹, sondern um den ›Bauch‹. Vielleicht *soll* die Geschichte uns ärgern, unsere Gefühle ansprechen, damit wir aus dem Schlaf routinemäßigen Denkens, Empfindens und Verhaltens erwachen. Vielleicht sollen wir *uns* in dem Verwalter wiedererkennen. Er wird mit kräftigen Strichen gezeichnet. Man kann ihn gleichsam vor sich sehen als einen ›Vollblutmenschen‹, der mit beiden Beinen im Leben steht, anders als die etwas blutlos und blaß wirkenden, ironisch apostrophierten ›Kinder des Lichts‹; als einen Menschen, der auch und zuerst an sich, an seine Zukunft denkt, dem es Spaß macht, zu leben und mit den materiellen Gegebenheiten umzugehen; aber auch als einen Menschen, der in der Krise nicht die Flügel hängen läßt, sondern nüchtern und klug seine Möglichkeiten, seine Stärken und Schwächen, seine Lage einschätzt und dann alles auf eine Karte setzt. Hand aufs Herz: Wer von uns erkennt sich nicht, wenn er ehrlich zu sich selbst ist, wenigstens in einigen Zügen in diesem ›Verwalter‹ wieder oder ist nicht vielleicht sogar – bei aller ›grundsätzlichen‹ Ablehnung solcher Schurkerei!? – ein wenig neidisch auf diesen Lebenskünstler? »Oft genug leben sie [die ›Kinder des Lichts‹] auf Sparflamme, sie wollen perfekt sein, fehlerfrei, aber ihr Leben wird vor lauter Angepaßtsein langweilig und steril. Jesus will uns mit der Erzählung vom ungerechten Verwalter Mut machen, leidenschaftlich auf unsere Situation zu reagieren, einen ›heiligen Egoismus‹ zu entwickeln, um das zu tun, was jetzt möglich ist.« Dies schreibt der Benediktinermönch Anselm Grün (1992, S. 59 f.). Ist es eigentlich wahr, daß Leidenschaft immer und in jedem Fall Leiden schafft? Zuweilen kann sie nicht nur sehr ›Sinn-voll‹ – sinnvoll leben heißt auch, mit vollen Sinnen leben! –, sondern auch sinnvoll in Hinsicht auf Problemlösung sein: »Um die Wahrheit zu sagen, kommt es indessen gerade darauf an, die verschiedenen Buben- und Schurkenstücke verschiedener Gleichnisse in ihren Gefühlsnuancen möglichst intensiv mitzuempfinden und mitzugenießen, um eben dadurch geläutert zu werden. (...) Die Mittelmäßigkeit, die Wohltemperiertheit, die bürgerliche Halbherzigkeit jedenfalls werden niemals zu jener Torheit fähig sein, die alle Rücksichten vergessen läßt, um alles auf eine Karte zu setzen« (Drewermann 1991, II, S. 732 f.). ›Angepaßtsein‹ ist sicher nicht immer eine biblische Tugend. Man lese beispielsweise das 23. Kapitel im Evangelium des Matthäus. Jesus war ein äußerst leidenschaftlicher Mensch und auch jemand, der das Leben genießen konnte. Und was hat es mit dem ›heiligen Egoismus‹[44] auf sich? Ist er mit der ›Nächstenliebe‹ zu vereinbaren, wo doch sogar ›Feindesliebe‹ von uns gefordert wird?[45] Im Matthäus-Evangelium (Mt. 22,39) heißt es: »Du sollst den Nächsten lieben wie *dich selbst*!« Es gilt festzuhalten, daß Selbstliebe ein zentrales Gebot des Alten und des Neuen Testamentes ist. Wir sollen den Nächsten auch nicht *mehr* lieben als uns selbst: »Das Neue Testament setzt nicht nur die Selbstliebe voraus, vielmehr wird immer wieder an das Eigeninteresse appelliert. Dieses ist und bleibt sogar ein zentraler Ansatzpunkt der Botschaft Jesu« (Berger, S. 275). Religion im Sinne dieses Gleichnisses ist jedenfalls nicht gleichzusetzen mit Moral oder kantianischer Ethik.[46] Der Mystiker Angelus Silesius rief aus: »Blüh auf, gefrorner Christ, der Mai ist vor der Tür; du bleibest ewig tot, blühst du nicht jetzt und hier!«

Wenn wir in dem Verwalter ein Bild unserer selbst entdecken, warum dann nicht auch in seinem Herrn, der Instanz in uns – vielleicht nennen wir sie Gewissen? (nicht zu verwechseln mit einem ›Über-Ich‹!) –, die uns durchaus unsere Grenzen aufzeigt und uns die Konsequenzen unseres Handelns vor Augen führt? »Ama et dilige et quod vis fac! – Liebe, und dann tue, was du willst!«[47] sagt Augustinus.

11. Mitter-Nacht: Mt. 25,1–13

(1) Mit dem Himmelreich wird es sein wie mit zehn Jungfrauen, die ihre Lampen nahmen und dem Bräutigam entgegengingen. (2) Fünf von ihnen waren töricht, und fünf waren klug. (3) Die törichten nahmen ihre Lampen mit, aber kein Öl, (4) die klugen aber nahmen außer den Lampen noch Öl in Krügen mit. (5) Als nun der Bräutigam lange nicht kam, wurden sie alle müde und schliefen ein. (6) Mitten in der Nacht aber hörte man plötzlich laute Rufe: Der Bräutigam kommt, geht ihm entgegen! (7) Da standen die Jungfrauen alle auf und machten ihre Lampen zurecht. Die törichten aber sagten zu den klugen: Gebt uns von eurem Öl, sonst gehen unsere Lampen aus. (9) Die klugen erwiderten ihnen: Dann reicht es weder für uns noch für euch; geht doch zu den Händlern und kauft, was ihr braucht. (10) Während sie noch unterwegs waren, um das Öl zu kaufen, kam der Bräutigam; die Jungfrauen, die bereit waren, gingen mit ihm in den Hochzeitssaal, und die Tür wurde zugeschlossen. (11) Später kamen auch die anderen Jungfrauen und riefen: Herr, Herr, mach uns auf. (12) Er aber antwortete ihnen: Amen, ich sage euch: Ich kenne euch nicht. (13) Seid also wachsam! Denn ihr wißt weder den Tag noch die Stunde.

Das Thema Hochzeit spielt in Sagen und Märchen mancher Kulturen eine große Rolle. Nach einer Probe, die der Held bestehen muß, heiratet er eine Jungfrau, oft eine Prinzessin. Auch im Neuen Testament ist wie in den heiligen Schriften anderer Religionen[48] mehrmals von einer Hochzeit die Rede (Mt. 22,1–14; Jh. 2,1–12). Bei einer ›Hoch-Zeit‹ wird der Mensch *ganz*, denn dann kommen zwei Seiten[49] zusammen. Schon im ersten Buch der Bibel (1 M. 2,18 ff.) finden wir dieses Motiv. Unser Leben ist *polar*, es vollzieht sich in Rhythmen wie einatmen – ausatmen, Nacht – Tag, Yin – Yang. Wenn wir diese Polarität dualistisch – als jeweils zwei *eigenständige* Entitäten – deuten und darüber vergessen, daß alles, was existiert, letztlich *eins* ist, also auch ›der Mensch‹ in seiner phänotypisch polaren Ausprägung, wenn wir also uns und andere so (für) ›wahr-nehmen‹ und bewerten und uns entsprechend verhalten, sind wir »töricht«. Dies meint auch die Bergpredigt (Mt. 5,45.48), wenn dort »der Vater im Himmel (…) seine Sonne aufgehen läßt über Böse und Gute und regnen läßt über Gerechte und Ungerechte«. Wenn wir so »klug« sind, uns diese Sichtweise zu eigen zu machen, können wir »vollkommen werden, wie der Vater im Himmel vollkommen ist«: Vom Gesichtspunkt des Ganzen aus gesehen gilt es, die Einheit hinter der Mannigfaltigkeit als deren ›Aus-Druck‹ oder Manifestation zu sehen. Es geht in diesem Gleichnis also um unsere Ganzwerdung, um unsere Selbst-Werdung als Ziel, als ›Voll-Endung‹ unseres Lebens.

Die Jungfrauen im Gleichnis sind *wir*. Gemeint ist damit nicht etwa sexuelle Unberührtheit. ›Jungfräulich‹ zu sein bedeutet, in unserer Tiefe offen, empfänglich – oder anders ausgedrückt: ›empfängnisbereit‹ – für den (heiligen, heilenden, ganz-machenden) ›Geist‹, für neue, überraschende Konzepte, für einen grundsätzlichen, nicht nur partiellen Standortwechsel zu sein, damit wir Neues, ein ›Kind empfangen und gebären‹ können. Ur-Bild ist hier die biblische Maria, wie sie bei Lukas (Lk. 1,26–38) geschildert wird. Sie symbolisiert als Empfangende unseren weiblichen Anteil, der aus seinem Schoß die Frucht gebiert, die vom ›Geist‹ stammt (Kap. 16). Die Frage ist nun, welche Bedingungen gegeben sein müssen, damit wir dieses Ziel – bildhaft ausgedrückt: ›in den Hochzeitssaal zu kommen‹ – erreichen. Wir müssen *dem Bräutigam entgegengehen* und dabei für eine mögliche lange Durststrecke *Lampen* und Vorrat an *Öl* mitnehmen, denn er kommt *mitten in der Nacht*. Es reicht nicht, passiv auf unsere Heil-Werdung zu warten, dort zu bleiben, wo wir schon immer sind, uns nicht zu bewegen. Das Gleichnis gebraucht die polaren Begriffe *töricht* und *klug*. Dabei darf nicht vergessen werden, daß *jeder* der Jungfrauen eine Lampe zur Verfügung steht: Bei uns allen herrscht, wenn es um den Weg zu unserer Heil- und Ganz-Werdung geht, Chancengleichheit. Die Frage ist nur, ob wir das erkennen und wie wir es nutzen. Auf diesem Hintergrund kann das Gleichnis nun für die Praxis unterschiedlich psychologisch gedeutet werden:

– Der Bräutigam kommt *mitten in der Nacht*. In unserem Leben gibt es Tag- und Nacht-Zeiten, Licht und Schatten, Freude und Trauer, Wohlergehen und Leiden. Nacht, Schatten, Trauer und Leiden haben keinen Selbstwert. Nur zu oft wurden die Schattenseiten des Lebens in diesem Sinne gedeutet. Wer jedoch meint, sie aus seinem Leben ausklammern zu können, verkennt ihre Bedeutung als »Medium der Ganzwerdung und Vollendung. (...) Wer nämlich den Weg der Ganzwerdung ›durch Leiden und Kreuz zur Herrlichkeit‹ geht, wird unbestechlich und widerstandsfähig, gelassen und entschieden. Er kennt die Nacht- und die Tagseiten der geschichtlichen Welt und des sterblichen Lebens« (Fuchs, Klappentext). Wie Jesus in der längsten Nacht des Jahres, um die Wintersonnenwende, um Mitternacht, wenn es am dunkelsten ist, geboren wurde,[50] so kommt auch in unserem Gleichnis der Bräutigam *um Mitternacht*. Wem es gegeben ist, lange Zeit nur auf der Sonnenseite zu leben, ist in der Gefahr, wie die zehn Jungfrauen *einzuschlafen*, nicht mehr wachbewußt achtsam zu sein (Vers 13: »Seid also wachsam!«), routinemäßig dahinzutreiben, gleichgültig, ob er / sie *Öl in der Lampe* mitgenommen hat oder nicht. Erst in einer Krise (*laute Rufe*) wird er *aufwachen*. Wer Krankheit, Leiden, Schmerzen, gleich ob physischer oder psychischer Natur, dann nicht ausschließlich als etwas begreift, das es möglichst rasch zu beseitigen gilt, sondern wer nach dem *Sinn* solcher Widerfahrnis fragt (weil er zu der *Lampe*, die das Geschehen erhellen kann, auch *Öl* mitgenommen hat, d. h. auf solche Ereignisse im Denken und Fühlen vorbereitet ist, so daß er seine potentiellen Fähigkeiten aktivieren kann), entwickelt möglicherweise Kräfte zur Heil- und Ganz-Werdung. Generelle Problemlösungsstrategien können wir bei niemand anders *borgen* (»gebt uns von eurem Öl!« sagen die Törichten), da jede Person und jedes Problem einzigartig ist. Wir können sie uns auch nicht erst *kaufen* wollen, wenn der Ernstfall schon eingetreten ist, denn dann ist es manchmal *zu spät, die Tür ist zugeschlossen*, eine Chance ist verpaßt.

– ›Den Seinen gibt's der Herr im Schlaf!‹ lautet ein bekanntes Sprichwort. Offenbarungen und Erleuchtung werden im Alten und Neuen Testament oft *mitten in der Nacht* in Form eines Traums[51] geschenkt. Wer hat noch nicht erlebt, daß ihm im Traum eine Erkenntnis, eine ›Erleuchtung‹, kam, die er zuvor lange vergeblich gesucht hatte. Solche Träume können wie *Lampen* sein, ›ein Licht geht uns auf‹. Wer meint, ›Träume sind Schäume!‹, ist vielleicht *töricht*. Er ist nicht aufnahmebereit (nicht ›jungfräulich‹) und verpaßt so womöglich Chancen der Weiterentwicklung. Wann solche Erkenntnisse kommen, wissen wir nicht (»Denn ihr wißt weder den Tag noch die Stunde«). Wer klug ist, bereitet sich vor, indem er solches nicht nur für möglich hält, sondern sich einen *Vorrat* an Deutungsmöglichkeiten erarbeitet. Diese kann man rechtzeitig *bei den Händlern einkaufen.* Das *Öl* wird ja von außen in die *Lampen* eingefüllt. Es gibt viele Traumdeutungstheorien, die es kritisch zu durchleuchten gilt, denn keine paßt für jeden Menschen und auf jeden Traum. Der beste Traumdeuter ist der Träumer selbst (Der *Bräutigam* ist *innen*[52] im *Hochzeitssaal*). Wenn wir versuchen, uns ›Er-Leuchtung‹ (*Öl*) *nur* oder *zu spät* bei anderen zu besorgen, erleben wir vielleicht eine herbe ›Enttäuschung‹ (»Dann reicht es weder für uns noch für euch«).

12. Unkraut unter dem Weizen: Mt. 13,24–30[53]

(24) Und Jesus erzählte ihnen noch ein anderes Gleichnis: Mit dem Himmelreich ist es wie mit einem Mann, der guten Samen auf seinen Acker säte. (25) Während nun die Leute schliefen, kam sein Feind, säte Unkraut unter den Weizen und ging wieder weg. (26) Als die Saat aufging und sich die Ähren bildeten, kam auch das Unkraut zum Vorschein. (27) Da gingen die Knechte zu dem Gutsherrn und sagten: Herr, hast du nicht guten Samen auf deinen Acker gesät? Woher kommt dann das Unkraut? (28) Er antwortete: Das hat ein Feind von mir getan. Da sagten die Knechte zu ihm: Sollen wir gehen und es ausreißen? (29) Er entgegnete: Nein, sonst reißt ihr zusammen mit dem Unkraut auch den Weizen aus. (30) Laßt beides wachsen bis zur Ernte. Wenn dann die Zeit der Ernte da ist, werde ich zu den Arbeitern sagen: Sammelt zuerst das Unkraut und bindet es in Bündel, um es zu verbrennen; den Weizen aber bringt in meine Scheune.

Deuten wir dieses Gleichnis auf der *Objektstufe*, so beschreibt es, wenn wir ehrlich sind, eine alltägliche Erfahrung. In unserem Leben gibt es neben für uns selbst annehmbaren Eigenschaften, Fähigkeiten, Denk-, Gefühls- und Verhaltensweisen auch weniger schöne. Um es in einem Bild zu beschreiben: ganz weiße oder ganz schwarze Schafe sind äußerst selten, die meisten sind schwarz-weiß gesprenkelt. Der Faden läßt sich weiter spinnen. Für das ›Gute‹ in unserem Leben, den ›Weizen‹, sind wir selbst verantwortlich, für das ›Unkraut‹ natürlich andere: die Eltern, die Gesellschaft, die Kirche … ! Und um die Beseitigung dieses ›Unkrauts‹ sollen sich gefälligst die kümmern, die es gesät haben, denn das muß ja schon in früher Kindheit, während wir noch ›schliefen‹, geschehen sein und sitzt damit so fest, daß wir selbst völlig machtlos sind! Wenn es zu schlimm wird und das Unkraut überhandnimmt, sei es in Form von seelischen oder körperlichen, sozio-psycho-somatischen Erkrankungen und von Beziehungsstörungen im privaten oder beruflichen Bereich, können sich »Knechte«, Ärzte oder Psychologen, anbieten, das Unkraut zu beseitigen, gegen Bezahlung natürlich. Zu einem ›Beicht-Vater‹ oder ›Seel-Sorger‹ zu gehen (Psycho-Therapie heißt, wörtlich aus dem Griechischen übersetzt, Seel-Sorge oder Seelen-Heilung), ist ja längst aus der Mode gekommen! Und da beginnt nun ein neues Problem. Je nachdem, an wen man gerät, wird der Therapeut versuchen, das Unkraut bis in seine Wurzeln zu analysieren und herauszufinden, wer wann unter welchen Umständen den Unkrautsamen gesät hat, eine Prozedur, die jahrelang dauern kann, ohne daß sich am Gedeihen des Unkrauts etwas ändert (manchmal im Gegenteil!). Oder er wird versuchen, die Wurzeln zu ignorieren und das falsche Gewächs von da ab, wo es sichtbar wird (über dem Erdboden), abzuschneiden, auf die Gefahr hin, daß es nachwächst (›Symptomsubstitution‹). Oder er wird die Aufmerksamkeit des Patienten auf den Weizen lenken und ihm zu zeigen versuchen, wie er das ›Positive‹ pflegen und stärken kann in der Erwartung, daß er so dem Unkraut besser gewachsen ist. Oder er wird sich mühen, mit dem Patienten den Sinn der Störung zu erarbeiten. Die Reihe psychotherapeutischer Grundrichtungen ließe sich mühelos – und fast endlos – fortsetzen.

Zurück zum Text des Gleichnisses. Der Rat, das Unkraut nicht auszureißen, sondern zusammen mit dem Weizen bis zur Ernte wachsen zu lassen, ist sehr weise. Psychologisch gesehen geht es hier um das Gesetz der Widerstandslosigkeit (Mt. 5,38–42: BP, S. 29–31, 40–43, 43–47). Wer seit 25 Jahren als Psychologe auch mit psychisch und psychosomatisch Kranken arbeitet, weiß, wie ›Nocebos‹[54], ›negative‹ Gedanken und Gefühle und in diesem Sinne ›Unkraut‹, auf die Dauer im wahrsten Sinne des Wortes an uns zehren, während innere Ausgeglichenheit (Gelassenheit) gesundheitsschaffend und gesundheitserhaltend wirkt. Das psychologische Gesetz der Widerstandslosigkeit: »Widerstehet nicht dem Bösen!«, das auch in anderen Religionen und Philosophien anzutreffen ist, lautet in unsere Sprache übersetzt: Verweile nicht unnötig lange in negativen Gedanken, Gefühlen (Haß, Neid, Verbitterung) und Vorstellungen über dich, andere Menschen, Situationen oder Zustände. Laß belastende Erlebnisse aus der Vergangenheit los. Male dir deine und anderer Menschen Zukunft nicht unnötig in düsteren Bildern aus; denn durch all dies schädigst du dich selbst und andere und trägst ungewollt und unbewußt dazu bei, daß das ›Unkraut‹ in deinem Leben, im Leben anderer Menschen und in unserer Welt (noch mehr) Gestalt annimmt. Daß es dabei nicht um schwächliche Anpassung geht, zeigt Kapitel 10. Was religiöse Texte hier aussagen, wird von psychologischen und soziologischen Untersuchungen längst bestätigt. »Die Medizin kennt seit langer Zeit die sogenannten Placebos: Scheinmedikamente, die aufgrund des Glaubens an ihre Heilkraft wirken. Weitgehend unbekannt sind dagegen ›Nocebos‹: Das Phänomen, daß auch negative Erwartungen und Vorstellungen ›richtig‹ krank machen können.«[55] »So ist heute auch die lange Zeit gängige Ärger-Theorie ad acta gelegt, wonach das ›Rauslassen‹ von Wut und Zorn zu einer Abreaktion, zu einer Katharsis führt. Das Gegenteil ist der Fall. Die auch von Psychologen häufig vertretene Lehre, Ärger müsse ›ventiliert‹ und ausgelebt werden, damit er nicht das Seelenleben oder die Arterien verstopfe, hat sich als gefährlicher Irrtum entpuppt.«[56] Dazu meint Heiko Ernst, Chefredakteur von ›Psychologie heute‹, in der gleichen Nummer (S. 3) unter der Überschrift ›Der Ärgerliche ist der Dumme‹: »Der präventive Gehalt uralter religiöser und philosophischer Weisheiten, die uns zu Nachsicht, Freundlichkeit und Geduld ermahnen, tritt immer deutlicher zutage« (vgl. BP, S. 16+18 f.).

Der Evangelist Matthäus selbst gibt eine Deutung des Gleichnisses (Mt. 13,36–43): »(36) Seine Jünger kamen zu ihm und sagten: Erkläre uns das Gleichnis vom Unkraut auf dem Acker. (37) Er antwortete: Der Mann, der den guten Samen sät, ist der Menschensohn; (38) der Acker ist die Welt; der gute Samen, das sind die Kinder des Reiches; das Unkraut sind die Kinder des Bösen; (39) der Feind, der es gesät hat, ist der Teufel; die Ernte ist das Ende der Welt; die Arbeiter bei dieser Ernte sind die Engel. (40) Wie nun das Unkraut aufgesammelt und im Feuer verbrannt wird, so wird es auch am Ende der Welt sein: (41) Der Menschensohn wird seine Engel aussenden, und sie werden aus seinem Reich alle zusammenholen, die andere verführt und Gottes Gesetz übertreten haben, (42) und werden sie in den Ofen werfen, in dem das Feuer brennt. Dort werden sie heulen und mit den Zähnen knirschen. (43) Dann werden die Gerechten im Reiche ihres Vaters wie die Sonne leuchten. Wer Ohren hat, der höre!« Psychologisch auf der *Subjektstufe* gesehen, ist (fast) jedes Element auch dieses Gleichnisses eine Facette *unserer eigenen Psyche*. Der ›Menschen-Sohn‹ symbolisiert unser ›Selbst‹ (Kap. 49). »Engel« und »Teufel« (Kap. 48), die »Kinder des Reiches« (der gute Samen) und die »Kinder des Bösen« (der Unkraut-Samen), sind jeweils zwei Aspekte unserer eigenen Existenz: unsere Licht- und unsere Schatten-Seiten. Unsere Gedanken und Gefühle sind unsere »Kinder«, die wir in jedem Augenblick »gebären«. Unter diesem Gesichtspunkt ist es völlig unangebracht, unbewußt – Psychoanalytiker würden hier von ›Abwehrtendenzen‹ sprechen – den ›Feind‹ nach außen zu projizieren und dort zu bekämpfen. Die Bibel warnt sehr deutlich vor solcher Projektion (Mt. 7,3 – 5: Kap. 45) Und wann ist »das Ende der Welt« (39)? Müssen wir bis zur Wiederkunft des Messias am ›Jüngsten Tag‹ (beim ›Jüngsten Gericht‹), bis zur ›Auferstehung von den Toten‹ oder zumindest bis zu unserem Sterben warten, bis wir entweder ›in den Ofen geworfen‹ und ›brennen‹ oder ›im Reich des Vaters wie die Sonne leuchten‹ werden? Im Johannes-Evangelium heißt es (Jh. 12,31): »*Jetzt* ergeht das Gericht über die Welt.« Mit dem sogenannten ›Jüngsten Tag‹, der allgemein mit einem zukünftigen Weltgericht assoziiert wird, ist der Tag gemeint, der der jüngste ist und vor dem es keinen jüngeren mehr gibt: *heute*. Die Sprache ist keine leere Hülse. »Richtet nicht, damit ihr nicht gerichtet werdet. Denn mit dem Urteil, mit dem ihr richtet, werdet ihr gerichtet werden, und mit dem Maß, mit dem ihr meßt, wird euch gemessen werden«, schreibt Matthäus (Mt. 7,1 – 2; BP, S. 95 – 98). Die solcherart gestörten Beziehungen beispielsweise schaden nicht nur den anderen, sie fallen gemäß dem Gesetz des Ausgleichs früher oder später wie ein Bumerang auf die jeweiligen Urheber zurück. Paulus schreibt: »Was einer sät, das wird er auch ernten!« (G. 6,8). Unser ›Schicksal‹ ist das Ergebnis sowohl unserer kollektiven als auch unserer individuellen bewußten, vorbewußten und un(ter)-bewußten Denk-, Gefühls- und Verhaltensmuster. Das bedeutet: Das, was wir bewußt und vorbewußt denken und empfinden und was auf diese Weise ins ›Unbewußte‹ (Kap. 32) eingespeichert wird, prägt unser ›Schicksal‹, unsere körperliche, seelische und geistige Gesundheit und/oder Krankheit, die Qualität unserer Beziehungen sowie Art und Umfang unserer materiellen Versorgung, und zwar *jetzt*. Die ›Saat‹ kann schon länger zurückliegen. Vielleicht ist sie uns nicht mehr bewußt. Vielleicht ›säen‹ wir, ohne es zu ahnen, auch jetzt. Dabei ist es nicht von Bedeutung, ob wir um das ›Säen‹ wissen oder nicht, ob wir es für ›berechtigt‹ halten oder nicht: Die ›Saat‹ geht in jedem Falle früher oder später auf. Wie oben schon gesagt, symbolisieren Engel und Teufel Qualitäten unserer eigenen Psyche, so auch das (höllische) »Feuer« und die »Sonne« (Vers 42 f.). Daß wir – und zwar schon *jetzt*, in *diesem* Leben – entweder »heulen und mit den Zähnen knirschen« oder »wie die Sonne leuchten«, heißt, daß wir die ›Früchte‹ unseres eigenen ›Säens‹ schon in diesem Leben ernten werden.

13. Sturm: Mt. 14,22–33; par. Mk. 6,45–52; Jh. 6,15–21

(22) Gleich darauf forderte er die Jünger auf, ins Boot zu steigen und an das andere Ufer vorauszufahren. Inzwischen wollte er die Leute nach Hause schicken. (23) Nachdem er sie weggeschickt hatte, stieg er auf einen Berg, um in der Einsamkeit zu beten. Spät am Abend war er immer noch allein auf dem Berg. (24) Das Boot aber war schon viele Stadien vom Land entfernt und wurde von den Wellen hin und her geworfen; denn sie hatten Gegenwind. (25) In der vierten Nachtwache kam Jesus zu ihnen; er ging auf dem See. (26) Als ihn die Jünger über den See kommen sahen, erschraken sie, weil sie meinten, es sei ein Gespenst, und sie schrien vor Angst. (27) Doch Jesus begann mit ihnen zu reden und sagte: Habt Vertrauen, ich bin es; fürchtet euch nicht! (28) Darauf erwiderte ihm Petrus: Herr, wenn du es bist, so befiehl, daß ich auf dem Wasser zu dir komme. (29) Jesus sagte: Komm! Da stieg Petrus aus dem Boot und ging über das Wasser auf Jesus zu. (30) Als er aber sah, wie heftig der Wind war, bekam er Angst und begann unterzugehen. Er schrie: Herr, rette mich! (31) Jesus streckte sofort die Hand aus, ergriff ihn und sagte zu ihm: Du Kleingläubiger, warum hast du gezweifelt? (32) Und als sie ins Boot gestiegen waren, legte sich der Wind. (33) Die Jünger aber im Boot fielen vor Jesus nieder und sagten: Wahrhaftig, du bist Gottes Sohn.

Markus beschreibt die Reaktion der Jünger anders (Mk. 6,51 f.): »Sie aber waren bestürzt und außer sich. Denn sie waren nicht zur Einsicht gekommen, als das mit den Broten geschah[57]; ihr Herz war verstockt.« Bei Johannes (Jh. 6,18) herrschte nicht nur Gegenwind, sondern »der See wurde durch einen heftigen Sturm aufgewühlt«. An einer anderen Stelle berichtet Matthäus ebenfalls von einem großen Sturm; diesmal ist Jesus jedoch von Anfang an im Boot (Mt. 8,23–27 par.): »Plötzlich brach auf dem See ein heftiger Sturm los, so daß das Boot von den Wellen überflutet wurde. Jesus aber schlief. Da traten die Jünger zu ihm und weckten ihn; sie riefen: Herr, rette uns, wir gehen zugrunde! Er sagte zu ihnen: Warum habt ihr solche Angst, ihr Kleingläubigen? Dann stand er auf, drohte den Winden und dem See, und es trat völlige Stille ein. Die Leute aber staunten und sagten: Was ist das für ein Mensch, daß ihm sogar die Winde und der See gehorchen?« Interessiert es uns heute, ob Jesus vor fast 2000 Jahren tatsächlich über das Wasser gegangen oder ob ihm »die Winde und der See gehorchten«? Und wenn es so gewesen wäre: was würde *uns* das heute nützen? Lassen wir also solche Überlegungen und wenden uns der Frage zu, was in diesen Erzählungen psychologisch ausgesagt wird. Aus dieser Perspektive verdeutlichen die Texte drei für die Psychotherapie wichtige Erkenntnisse:

– Wenn wir in unserem Leben ›Gegenwind‹ verspüren, wenn wir »von den Wellen hin und her geworfen« (24) im »Sturm« zu versinken drohen, ist das durch Angst verursachte Starren auf die Probleme ein schlechter Ratgeber. Schon im Buch Hiob heißt es: »Was ich gefürchtet habe, ist über mich gekommen!« (Hi. 3, 25): die klassische Beschreibung einer ›Self-fullfilling-prophecy‹ (Merton). Wir verstoßen hier, ohne es zu ahnen, gegen das psychologische Gesetz der Widerstandslosigkeit (BP, S. 40–43; vgl. Kap. 12). Schon das Alte Testament warnt: »Zähle nicht deine ›Feinde‹, zähle deine ›Reichtümer‹!«[58]

– »Als er aber sah, wie heftig der Wind war, bekam er Angst und begann unterzugehen« (30). Jeder kennt den verzweifelten Stoßseufzer ›Das schaffe ich doch nicht!‹ und die damit verbundene Mutlosigkeit und Angst. Wenn wir in diesem Satz nur *einen* Buchstaben verändern, bekommt er einen anderen Sinn: ›Das schaffe ich *noch* nicht!‹ Auch diese zweite Aussage ist ehrlich, verbaut uns aber nicht von vornherein die Möglichkeit, die Schwierigkeit doch einmal in den Griff bekommen zu können. In einem vor über 300 Jahren geschriebenen Buch[59] heißt es: »Die Schwierigkeit, die man sich bei einer Sache vorstellt, raubt jegliche Hoffnung, daß dieses Vorhaben jemals glücken könnte, und zugleich vertreibt sie das Verlangen, es überhaupt anzugehen. Wenn man sich aber vor Augen hält, daß eine Sache aussichtsreich und leicht zu erreichen ist, dann geht man mit Freude daran und bleibt unverdrossen dabei.« Wie man sieht, ist (begründetes) ›positives Denken‹ keine Erfindung des 20. Jahrhunderts! Gemeint ist nicht der Selbstbetrug durch Aufsetzen einer rosaroten Brille, sondern die Frage, ob das Problem nicht nur eine bedrohliche, sondern im Sinne des Ausspruchs von Viktor Frankl »Jede Krise kann eine Chance sein!« auch eine potentiell förderliche Komponente in sich birgt, wenn wir fragen: Was kann und soll ich aus diesem Desaster lernen? Ruft es mich dazu auf, meinen Blickwinkel zu erweitern, mich weiter zu ›ent-wickeln‹? Manches ist unabänderlich, bleibt bitter und muß er- oder getragen werden, anderes ist änderbar, auch wenn es zunächst wie ein Berg vor uns steht. In beiden Lagen gilt es, nicht in Resignation zu versinken oder darin zu verharren. Es läßt sich lange und fruchtlos über Sinn oder Unsinn solcher Perspektiven diskutieren. Im oben zitierten Buch rät Madame Guyon dem Leser (S. 49): »Sie sollen vielmehr einen Versuch machen und dann selbst ein Urteil fällen.«

– An dieser Stelle können wir eine dritte wichtige Anregung im Text zur Kenntnis nehmen: »Nachdem er sie weggeschickt hatte, stieg er auf einen Berg, um in der Einsamkeit zu beten. Spät am Abend war er immer noch allein auf dem Berg« (33). Wie schon in der Bergpredigt (Mt. 5,1: BP, S. 13) steigt Jesus auf *den* Berg (*eis to horos*), nicht auf *einen* (beliebigen) Berg. Wörtlich aus dem Griechischen übersetzt, heißt es: ›Er stieg hinauf *in* den Berg‹, wobei die Präposition *eis* mit dem Akkusativ die Richtung in das Innere einer Sache bezeichnet. Hier wird schon deutlich, daß es beim Beten um einen *inneren* Vorgang geht: um ein zeitweiliges Sich-Zurückziehen in seine Mitte, und dies, nachdem ›die Leute‹ – das, was *man* so meint, was gerade *in* ist – »weggeschickt« worden sind, denn nur so läßt sich ein höherer Blickpunkt erreichen, von dem aus eine erweiterte Sicht möglich ist und verinnerlicht werden kann. Unter dieser ›Voraus-Setzung‹ wird *begründetes* ›positives Denken‹ und Agieren möglich, das uns ›über das Wasser gehen‹ (›Wasser‹ als Symbol für unsere ›Un-Tiefen‹, in denen wir ›untergehen‹ können) und uns ruhig schlafen läßt, selbst wenn die ›Wellen‹ schon in unser ›Boot‹ (ein Symbol für unser Bewußtsein mit seinen Wahrnehmungs-, Denk- und Gefühlskomponenten) zu schlagen und wir nach menschlichem Ermessen ›zugrunde‹ zu gehen drohen. So können wir auch anderen die Hand reichen, wenn sie zu ›versinken‹ meinen.

14. Talente: Mt. 25,14–30; par. Lk. 19,11–27

(14) Das Reich Gottes ist wie ein Mann, der auf Reisen ging: Er rief seine Diener und vertraute ihnen sein Vermögen an. (15) Dem einen

gab er fünf Talente Silbergeld, einem anderen zwei, wieder einem anderen eines, jedem nach seinen Fähigkeiten. Dann reiste er ab. Sofort (16) begann der Diener, der fünf Talente erhalten hatte, mit ihnen zu wirtschaften, und er gewann noch fünf dazu. (17) Ebenso gewann der, der zwei erhalten hatte, noch zwei dazu. (18) Der aber, der das eine Talent erhalten hatte, ging und grub ein Loch in die Erde und versteckte das Geld seines Herrn. (19) Nach langer Zeit kehrte der Herr zurück, um von den Dienern Rechenschaft zu verlangen. (20) Da kam der, der die fünf Talente erhalten hatte, brachte fünf weitere und sagte: Herr, fünf Talente hast du mir gegeben; sieh her, ich habe noch fünf weitere dazugewonnen. (21) Sein Herr sagte zu ihm: Sehr gut, du bist ein tüchtiger und treuer Diener. Du bist im Kleinen ein treuer Verwalter gewesen, ich will dir eine große Aufgabe übertragen. Komm, nimm teil an der Freude deines Herrn! (22) Dann kam der Diener, der zwei Talente erhalten hatte, und sagte: Herr, du hast mir zwei Talente gegeben; sieh her, ich habe noch zwei weitere dazugewonnen. (23) Sein Herr sagte zu ihm: Sehr gut, du bist ein tüchtiger und treuer Diener. Du bist im Kleinen ein treuer Verwalter gewesen, ich will dir eine große Aufgabe übertragen. Komm, nimm teil an der Freude deines Herrn! (24) Zuletzt kam auch der Diener, der das eine Talent erhalten hatte, und sagte: Herr, ich wußte, daß du ein strenger Mann bist; du erntest, wo du nicht gesät hast, und sammelst, wo du nicht ausgestreut hast; (25) weil ich Angst hatte, habe ich dein Geld in der Erde versteckt. Hier hast du es wieder. (26) Sein Herr antwortete ihm: Du bist ein schlechter und fauler Diener! Du hast doch gewußt, daß ich ernte, wo ich nicht gesät habe, und sammle, wo ich nicht ausgestreut habe. (27) Hättest du mein Geld wenigstens auf die Bank gebracht, dann hätte ich es bei meiner Rückkehr mit Zinsen zurückerhalten. (28) Darum nehmt ihm das Talent weg und gebt es dem, der die zehn Talente hat! (29) Denn wer hat, dem wird gegeben, und er wird im Überfluß haben; wer aber nicht hat, dem wird auch noch weggenommen, was er hat. (30) Werft den nichtsnutzigen Diener in die äußerste Finsternis! Dort wird er heulen und mit den Zähnen knirschen.

Auf den ersten Blick ist die ›Moral von der Geschicht‹ eindeutig: Es gibt keine gleiche Ausgangsbasis für alle; jeder von uns ist mit mehr oder weniger Fähigkeiten ausgestattet; diese genügen jedoch, den Aufgaben, die uns – je unterschiedlich – durch das Leben gestellt werden, gerecht zu werden und unser Ziel erreichen zu können. Es kommt darauf an, unsere Fähigkeiten intelligent zu entwickeln und so zu vermehren. Diese Möglichkeit ist *jedem* gegeben: Womit dann die ›Ungerechtigkeit‹ der unterschiedlich verteilten Gaben wieder einigermaßen ausgeglichen wäre! Deuten wir das Gleichnis auf der Subjekt-Ebene, so wird deutlich: sowohl die drei *Knechte*, die ja ganz unterschiedlich *re*-agieren können, als auch der *Herr* sind eigene Seelenanteile. Die Projektion eigener Insuffizienzgefühle und Ängste, die aus unserer Tiefe – aus unserem ›Unbewußten‹ (Kap. 32) – aufsteigen, auf einen (angeblich?) ungerechten und strengen *Herrn*, unser ›Über-Ich‹ (»ich wußte, daß du ein strenger Mann bist«), ist ein schlechter Ratgeber, der uns blockiert.

Das eigentliche Ärgernis und damit wohl die Kernaussage, die uns bewußt provozieren will, um uns aus unserem hypnotischen Tiefschlaf routinemäßigen Denkens und Verhaltens aufzuwecken, steckt jedoch im Vers 29: »Denn wer hat, dem wird gegeben, und er wird im Überfluß haben; wer aber nicht hat, dem wird auch noch weggenommen, was er hat.« Der Evangelist Matthäus bringt die gleiche Aussage schon einmal vorher in anderem Zusammenhang (Mt. 13,10–15): »(10) Die Jünger traten herzu und sagten zu ihm: Warum redest du in Gleichnissen zu ihnen? (11) Er antwortete ihnen: Weil es *euch* gegeben ist, die Geheimnisse des Himmelreiches zu *verstehen*, ihnen aber ist es nicht gegeben. (12) Denn wer [verstanden[60]] hat, dem wird gegeben werden, und er wird im Überfluß haben; wer aber nicht [verstanden] hat, dem wird auch das, was er hat, genommen werden. (13) Darum rede ich zu ihnen in Gleichnissen, weil sie sehen und doch nicht sehen, hören und doch nicht verstehen. (14) Es wird an ihnen die Weissagung des Isaias erfüllt, die da sagt: Hinhören werdet ihr und doch nicht verstehen, hinblicken werdet ihr und doch nicht sehen. (15) Denn das *Herz* des Volkes ist verstockt, und sie hören schwer mit den Ohren und verschließen ihre Augen, damit sie nicht mit den Augen sehen und mit den Ohren hören und *mit dem Herzen verstehen* und *sich bekehren*, damit ich sie heile.« Dieser auf den ersten Blick schockierende, weil höchst ungerecht erscheinende Text ergibt einen tiefen Sinn, wenn wir ihn in heutige Sprache übertragen: Was wir durch unsere Sinnesorgane sehen und hören, entspricht nicht der vollen und unverfälschten, ganzen Wirklichkeit (*Himmelreich*). Deren Gesetzmäßigkeiten (*Geheimnisse*) können wir nicht wahrnehmen (*hören und sehen*) und verstehen, solange wir nicht völlig umdenken (*sich bekehren*), und zwar nicht nur mit dem Kopf, sondern auch mit unseren tiefen Schichten (*Herz*). Wer diese Gesetzmäßigkeiten versteht, kann sie bewußt anwenden und wird so sehr positive Erfahrungen machen (*im Überfluß haben*: vgl. Jh. 10,10). Wer sie *nicht versteht*, wird in seinem Leben gleichsam vom ›Schicksal‹ verfolgt sein (*dem wird auch das genommen, was er hat*), wobei ihm nicht bewußt ist, daß er selbst der Mit-Verursacher seines ›Schicksals‹ ist (vgl. Mt. 7,1 f.). Das *Verstehen* hängt also vom *richtigen Zuhören* ab; dann kommen wir auch hinter das *Geheime* (*die Geheimnisse des Himmelreichs*). Die Folge des Verstehens dieser Gesetzmäßigkeiten ist, daß wir *heil* werden oder – in der Sprache des Gleichnisses – unsere *Talente* nutzen, *große Aufgaben übertragen* bekommen und *an der Freude des Herrn teilnehmen* können: daß wir *ganze* Menschen werden.

15. Neuer Wein in alte Schläuche? Mk. 2,21–3,6; par.: Mt. 9,14–17; Mt. 12,1–14; Lk. 5,33–38; Lk. 6,1–11

Niemand näht ein Stück neuen Stoff auf ein altes Kleid; denn der neue Stoff reißt doch vom alten Kleid ab, und es entsteht ein noch größerer Riß. Auch füllt niemand neuen Wein in alte Schläuche. Sonst zerreißt der Wein die Schläuche; der Wein ist verloren und die Schläuche sind unbrauchbar. Neuer Wein gehört in neue Schläuche. An einem Sabbat ging er durch die Kornfelder, und unterwegs rissen seine Jünger Ähren ab. Da sagten die Pharisäer zu ihm: Sieh dir an, was sie tun! Das ist doch am Sabbat verboten. Er antwortete: Habt ihr nie gelesen, was David getan hat, als er und seine Begleiter hungrig waren und nichts zu essen hatten – wie er zur Zeit des Hohenpriesters Abjatar in das Haus Gottes ging und die heiligen Brote aß, die außer den Priestern niemand essen darf, und auch seinen Begleitern davon gab? Und Jesus fügte hinzu: Der Sabbat ist für den Menschen da, nicht der Mensch für den Sabbat. Deshalb ist der Menschensohn Herr auch über den Sabbat. Als er ein andermal in eine Synagoge ging, saß dort ein Mann, dessen Hand verdorrt war. Und sie gaben acht, ob Jesus ihn am Sabbat heilen werde; sie suchten nämlich einen Grund zur Anklage gegen ihn. Da sagte er zu dem Mann mit der verdorrten Hand: Steh auf und stell dich in die Mitte! Und zu den anderen sagte er: Was ist am Sabbat erlaubt: Gutes zu tun oder Böses, ein Leben zu retten oder es zu vernichten? Sie aber schwiegen. Und er sah sie der Reihe nach an, voll

Zorn und Trauer über ihr verstocktes Herz, und sagte zu dem Mann: Streck deine Hand aus! Er streckte sie aus, und seine Hand war wieder gesund. Da gingen die Pharisäer hinaus und faßten zusammen mit den Anhängern des Herodes den Beschluß, Jesus umzubringen.

Zur Zeit Jesu gab es 613 Thora-Gebote (Lapide 1986, S. 120) und dazu zahllose Auslegungen, die sich zum Teil auf das dritte Gebot ›Gedenke des Sabbats: Halte ihn heilig!‹ (2 M. 20,8) bezogen. Es hat im Lauf der Geschichte des Christentums nicht an Versuchen gefehlt, ganze Kataloge detaillierter Vorschriften aufzustellen, deren Übertretung dann zum Teil als ›Sünde‹ (Kap. 50) unter Strafe gestellt wurde. Dabei berief man sich auf Mt. 5,17–19. Im folgenden Vers (Mt. 5,20) heißt es ausdrücklich, daß die Gerechtigkeit der Jünger »weitaus größer« sein müsse als die der Schriftgelehrten und Pharisäer. Wie deren Praxis in den Augen des Matthäus aussah und was Jesus seiner Meinung nach davon hielt, kann jeder nachlesen (Mt. 23,13–33). Manche Autoren meinen heute im Sinne einer ›theological correctness‹ Konflikte zwischen Jesus und seiner institutionellen Umgebung abmildern, wenn nicht sogar eliminieren zu müssen. Die Evangelien jedenfalls sehen Jesus als einen ›Außenseiter‹, der seinen ›neuen Wein‹ nicht in die ›alten Schläuche‹ damaliger Frömmigkeitsformen gießen wollte. Inwieweit er es tatsächlich war und, wenn ja, in welchen Punkten, mag offen bleiben, ist aber auch für unsere Interpretation nicht ausschlaggebend. Kreppold schreibt (S. 27): »Der in seiner religiösen Haltung erstarrte Mensch ist in den Evangelien als der Typ des Pharisäers dargestellt.« Eins steht fest: ›Gerechtigkeit‹ war für den Jesus der Evangelien offenbar nicht mit der Befolgung von Gebotskatalogen oder deren Auslegung identisch. Lukas (Lk. 9,57–62) präzisiert und verschärft die Einstellung zur Tradition: »Laß die Toten ihre Toten begraben; du aber geh hin und verkünde das Reich Gottes! (…) Niemand, der seine Hand an den Pflug legt und zurückschaut auf das, was hinter ihm liegt, ist tauglich für das Reich Gottes!«

»Wie das stürmische Gären des jungen Weins die alten Felle zerreißt« (Lamsa, S. 119), so können neue Fragestellungen Traditionen zerstören, die nicht als Sprungbrett – als solche sind sie unverzichtbar! –, sondern als Ruhekissen begriffen werden (›Das war schon immer so! Was denken die Leute?‹). Bei der Frage, welche Überlieferung sinnvoll ist und welche nicht, gibt es eine klare Entscheidungshilfe: »Der Sabbat ist um des Menschen willen da, nicht der Mensch um des Sabbat willen« (Mk. 2,27). Mit anderen Worten: Dient die Norm, das Gebot, das Dogma, die Tradition dem konkreten Menschen? Nicht die Menschen müssen den Methoden angepaßt werden, sondern die Methoden den Menschen und ihren zu lösenden Problemen. Wer dabei Tabus der öffentlichen Meinung oder der ›political‹ bzw. der ›theological correctness‹» verletzt – das gilt auch für psychotherapeutische Methoden! –, begibt sich allerdings in eine Außenseiterposition und muß damit rechnen, auf heimlichen oder auch offenen Widerstand der Etablierten zu stoßen: »Da wurden sie von sinnloser Wut erfüllt und berieten, was sie gegen Jesus unternehmen könnten« (Lk. 6,11). Zusammenfassend läßt sich sagen: Wir sind nicht festgelegt auf unsere Vergangenheit, auf frühkindliche Erfahrungen, ebensowenig auf Sünde und Schuld in diesem Leben, geschweige denn gefangen in vermeintlichen oder tatsächlichen früheren ›Inkarnationen‹ (Kap. 47): Wer nur auf das *zurückschaut, was hinter ihm liegt, taugt nicht für das Reich Gottes!* Wir sind weder zu kulturpessimistischen Denkmodellen noch zu einer konfliktscheuen Lebensgestaltung verpflichtet. Wir können uns befreien vom Kollektiv- oder Durchschnitts-Bewußtsein, von dem, was *man* denkt, sagt oder tut, ebenso von unseren eigenen vorbewußten Postulaten[61] und un(ter)bewußten Abwehrtendenzen, die unser Denken, Fühlen und Handeln mitbestimmen. Ver-Selbst-ständigung und Verständigung ist auch möglich in bezug auf religiöse und nichtreligiöse Institutionen, Interessen- und Standesvertretungen. Der Schüler des Neuen Testaments braucht keine Vaterfiguren mehr, die ihm sagen, was er zu tun oder zu lassen hat, oder die ihm den Stallgeruch emotionaler Sicherheit und Geborgenheit unter der Bedingung anbieten, daß er sich an die jeweiligen Gruppennormen hält. Wer so innerlich Abschied nimmt von *überflüssigen* Traditionen, kann sich in seiner jeweiligen Gemeinschaft engagieren, aber als freier Mensch (2 K. 3,17; G. 3,28; G. 4,31; J. 1,25), der um den *Kern* auch religiöser Traditionen in der eigenen und in anderen Gemeinschaften weiß.

III. Ereignisse

16. Einheit: Jh. 4,5–26

Jesus kam zu einem Ort in Samarien, der Sychar hieß und nahe dem Grundstück lag, das Jakob seinem Sohn Josef vermacht hatte. Dort befand sich der Jakobsbrunnen. Jesus war müde von der Reise und setzte sich daher an den Brunnen; es war um die sechste Stunde. Da kam eine samaritische Frau, um Wasser zu schöpfen. Jesus sagte zu ihr: Gib mir zu trinken! Seine Jünger waren nämlich in den Ort gegangen, um etwas zum Essen zu kaufen. Die samaritische Frau sagte zu ihm: Wie kannst du als Jude mich, eine Samariterin, um Wasser bitten? Die Juden verkehren nämlich nicht mit den Samaritern. Jesus antwortete ihr: Wenn du wüßtest, worin die Gabe Gottes besteht und wer es ist, der zu dir sagt: Gib mir zu trinken!, dann hättest du ihn gebeten, und er hätte dir lebendiges Wasser gegeben. Sie sagte zu ihm: Herr, du hast kein Schöpfgefäß, und der Brunnen ist tief; woher hast du also das lebendige Wasser? Bist du etwa größer als unser Vater Jakob, der uns den Brunnen gegeben und selbst daraus getrunken hat, wie seine Söhne und seine Herden? Jesus antwortete ihr: Wer von diesem Wasser trinkt, wird wieder Durst bekommen; wer aber von dem Wasser trinkt, das ich ihm geben werde, wird niemals mehr Durst haben; vielmehr wird das Wasser, das ich ihm gebe, in ihm zur sprudelnden Quelle werden, deren Wasser ewiges Leben schenkt. Da sagte die Frau zu ihm: Herr, gib mir dieses Wasser, damit ich keinen Durst mehr habe und nicht mehr hierher kommen muß, um Wasser zu schöpfen. Er sagte zu ihr: Geh, ruf deinen Mann, und komm wieder her! Die Frau antwortete: Ich habe keinen Mann. Jesus sagte zu ihr: Du hast richtig gesagt: Ich habe keinen Mann. Denn fünf Männer hast du gehabt, und der, den du jetzt hast, ist nicht dein Mann. Damit hast du die Wahrheit gesagt. Die Frau sagte: Herr, ich sehe, daß du ein Prophet bist. Unsere Väter haben auf diesem Berg Gott angebetet; ihr aber sagt, in Jerusalem sei die Stätte, wo man anbeten muß. Jesus sprach zu ihr: Glaube mir, Frau, die Stunde kommt, zu der ihr weder auf diesem Berg noch in Jerusalem den Vater anbeten werdet. Ihr betet an, was ihr nicht kennt,

wir beten an, was wir kennen; denn das Heil kommt von den Juden.
Aber die Stunde kommt, und sie ist schon da, zu der die wahren Beter
den Vater anbeten werden im Geist und in der Wahrheit; denn so will
der Vater angebetet werden. Gott ist Geist, und alle, die ihn anbeten,
müssen im Geist und in der Wahrheit anbeten. Die Frau sagte zu ihm:
Ich weiß, daß der Messias kommt, das ist: der Gesalbte (Christus).
Wenn er kommt, wird er uns alles verkünden. Da sagte Jesus zu ihr:
Ich bin es, der zu dir spricht.

In allen Religionen finden sich ähnliche Symbole. Im Alten und
Neuen Testament zeigen *Wasser* und *Meer* einen Aspekt dessen, was
wir heute ›Unbewußtes‹ (Kap. 32) nennen. Das Schwimmen auf dem
Wasser (die Arche Noah auf der ›Sintflut‹: 1 M. 6,14 ff., das Kind Moses im Körbchen auf dem Fluß: 2 M. 2,3 ff.) oder das Gehen über das
Wasser (Jesus geht über den See: Mt. 14,25; Kap. 13) symbolisieren,
daß und wie jemand die ihm nicht bewußten Möglichkeiten und Gefahren erkennen und nutzen kann, während das Untergehen im Wasser (die Ägypter im Roten Meer: 2 M. 14,8.26 – 31; Petrus versinkt im
Wasser: Mt. 14,28 – 33) eine Veranschaulichung dafür ist, wie und unter welchen psychischen Bedingungen (beim ägyptischen Pharao das
›verhärtete Herz‹, bei Petrus der ›kleine Glaube‹ und der ›Zweifel‹;
Kap. 19) Menschen von ihren unbewußten Kräften überwältigt werden. Wasser kann in der Wüste neues Leben schenken. In diesem Zusammenhang soll auf den Propheten Ezechiel (Ez. 47, 8 – 9), ›Die Vision vom Wasser des Lebens‹ und auf Sure 18,60 – 64 im Koran, ›Die
Reise zum Wasser des Lebens‹, hingewiesen werden (Thyen, S. 288 ff.).

Die *Frau* symbolisiert den ›weiblichen‹, das heißt den emotionalen,
empfangenden und gebärenden Seelenanteil in jedem Menschen. Zu
ihr gehört der *Mann*, unser rationaler und zeugender Wesensanteil
(Kap. 27; vgl. Kreppold, S. 53 f.). Die *Juden* zeigen in dieser Geschichte unseren Ursprung, aus dem *das Heil kommt*; der Jude *Jesus*
ist das Ur-Bild des Menschen, des ›neuen Adam‹[62] (Adam = ›der
Mensch‹ als Gattungsbegriff). Wie die samaritische Frau sich auf die
Tradition in Gestalt ihrer *Väter* beruft, so haben auch wir Konzepte
aus unserer Tradition (Kap. 15), von denen wir, wenn wir ehrlich
sind, wissen, daß sie nicht *die* ›end-gültige‹ *Wahrheit* sind: Wir sehnen
uns nach einer Instanz, die uns *alles verkünden* wird.

Ewiges Leben ist nicht ein Leben ohne Ende nach unserem Tod;
Ewigkeit ist im *Jetzt*: »Wer glaubt, *hat* ewiges Leben« (Jh. 6,47). Soll
unser *Durst* nach Leben gestillt werden, müssen weibliche und männ-

liche Anteile stabil in uns zusammenkommen; es nützt nichts, wenn wechselnde ›Über-Zeugungen‹ (»Fünf Männer hast du gehabt, und der, den du jetzt hast, ist nicht dein Mann!«) unsere Emotionen durcheinanderbringen: wir werden immer wieder *Durst* haben und versuchen, *Wasser* von außen – aus unserer Umgebung, beeinflußt von wechselnden Beziehungen – zu schöpfen. *Der Brunnen ist tief*: in unserer eigenen Tiefe ist *die sprudelnde Quelle, deren Wasser ewiges Leben schenkt*. »Wer an mich glaubt, wird nie mehr Durst haben«, schreibt Johannes (Jh. 6,35); und weiter: »Wer Durst hat, komme zu mir, und es trinke, wer an mich glaubt. Wie die Schrift sagt: *Aus* **seinem** Inneren werden Ströme von lebendigem Wasser fließen« (Jh. 7,37 f.). Es ist wichtig, festzuhalten, daß die Quelle *in der Frau* (siehe oben) sprudelt. Das Wasser muß uns *gegeben* werden, und zwar von dem ›Christus‹(-Bewußtsein)[63] in uns (Kap. 49), das heißt, wir müssen *wahrnehmen*, daß diese unendliche Quelle bereits seit eh und je *in uns* ist.

Die Praxis läßt sich durch einen Satz aus dem Johannesevangelium (Jh. 8,32) charakterisieren: »Ihr werdet die *Wahrheit* erkennen, und die *Wahrheit* wird euch frei machen.« Ein erster Schritt ist der Versuch, die Frage zu klären: Welches Menschen- und Welt-Bild (Kap. 53), welche unüberprüften und manchmal auch unüberprüfbaren ›Voraus-Setzungen‹ sind uns eigen? Woher kommen sie? Ein Blick über den eigenen Zaun, z. B. durch transkulturelle Vergleiche, mag uns vielleicht die ›Frag-Würdigkeit‹ und die ›Merk-Würdigkeit‹, sicher aber die Relativität überkommener Konventionen vor Augen führen. Wer die Wahrheit erkennt, für den geht es nicht mehr um Vergangenheit (*unsere Väter*). Für den ist auch kein Maßstab, was eine andere ›ethnische‹ Gruppe, mit der man eigentlich *nicht verkehrt* (wie die *Juden* in unserem Text nicht mit den *Samaritanern*) meint (»ihr aber sagt«). Es geht nicht mehr um geheiligte Traditionen und Gruppenzugehörigkeiten (»weder auf diesem Berg noch in Jerusalem«) nach einem Ingroup / Outgroup-Muster, das automatisch Feindbilder kreiert und andere ausgrenzt. Es geht darum, zu erkennen: Der ›männliche‹ und der ›weibliche‹ als Quell sprudelnde Pol in jedem Menschen (Kap. 27) spielen bei unserer Ganz-Werdung eine wichtige Rolle. Nur wenn der *ganze* Mensch beteiligt ist, kann es zur ›Ent-Deckung‹ der Quelle in uns kommen. Es gilt, uns bewußt zu werden, daß diese unerschöpfliche Quelle *in uns* (*im Geist*) schon sprudelt: »Aber die Stunde kommt, und *sie ist schon da*, zu der die wahren Beter den Vater anbeten werden im *Geist* und in der *Wahrheit*«, heißt es in unserem Text. »Halt an, wo läufst du hin? Der Himmel ist in Dir. Suchst du Gott anderswo, du fehlst ihn für und für«,[64] sagt Angelus Silesius (1624–1677). »Noch ist die Offenbarung Jesu zu überwältigend, zu neu, als daß die Frau sie in ihrer ganzen Wirklichkeit aufnehmen könnte: *in ihr selbst* ist der Ort der Anbetung. *In ihr selbst* sind Geist und Wahrheit gegenwärtig. *In ihr selbst* ist der Tempel des Heiligen Geistes. *In ihr selbst* sprudeln Quellen lebenspendenden Wassers«, schreibt Michael Marsch (S. 42). Die ›Wahr-Nehmung‹ dieser Quelle in uns macht uns unabhängig von bewußten und nichtbewußten Konditionierungen und ermöglicht uns so ›Selbst-Ständigkeit‹ (Kap. 49).

17. Umdenken: Mt. 21,12–17; par.: Mk. 11,15–19; Lk. 19,45–48
    Jh. 2,13–16

(12) Jesus ging in den Tempel und trieb alle Händler und Käufer aus dem Tempel hinaus; er stieß die Tische der Geldwechsler um (13) und sagte: In der Schrift steht: »*Mein Haus soll ein Haus des Gebetes sein! Ihr aber macht daraus eine Räuberhöhle.*« *(14) Im Tempel kamen Lahme und Blinde zu ihm, und er heilte sie. (15) Als nun die Hohenpriester und die Schriftgelehrten die Wunder sahen, die er tat, und die Kinder im Tempel rufen hörten: Hosanna dem Sohn Davids!, da wurden sie ärgerlich (16) und sagten zu ihm: Hörst du, was sie rufen? Jesus antwortete ihnen: Ja, ich höre es. Habt ihr nie gelesen:* »*Aus dem Mund der Kinder und Säuglinge schaffst du dir Lob!*« *(Ps. 8,3)? (17) Und er ging aus der Stadt hinaus nach Bethanien; dort übernachtete er.*

Die Masse jubelt, als Jesus auf der Eselin in Jerusalem einreitet (Kap. 18); am Karfreitag schreien die gleichen Leute »Kreuzige ihn!« Was *man* so alles gelernt hat und dann unbewußt tut, ist sehr wechselhaft und durch allerlei Über-Ich-Autoritäten (›Hohepriester‹, die mit dem Anspruch auf absolute Gültigkeit ihrer Ansichten auftreten bzw. aufgetreten sind, und Schrift-›Gelehrte‹, die uns mit ›wissenschaftlichen‹, manchmal auch fadenscheinigen und sich widersprechenden Argumenten aufwarten) äußerst beeinflußbar. Nur das *Kind* (ja der ›Säugling‹ in uns), das noch staunen kann, da es noch nicht durch die Welt der Erwachsenen programmiert ist, läßt sich nicht beirren (16); daher heißt es ja auch beim gleichen Evangelisten (wenn wir Erwachsenen unsere Statusprobleme diskutieren!): »In jener Stunde kamen die Jünger zu Jesus und fragten: Wer ist im Himmelreich der Größte? Da rief er ein Kind herbei, stellte es in ihre Mitte und sagte: Amen, das sage ich euch: Wenn ihr nicht umkehrt[65] und werdet wie die Kinder, könnt ihr nicht in das Himmelreich kommen« (Mt. 18,1–3; vgl. Mt. 19,13–15). Das heißt: Erst wenn euch durch einen Standortwechsel bewußt wird, welche Konzepte und Vor-Urteile ihr da mit euch schleppt, wie ihr programmiert seid, und wenn ihr diese Lasten dann abschüttelt, werdet ihr euer eigentliches inneres Wesen erkennen. Wenn dieses uns einmal bewußt wird (*Stadt* und *Haus* stehen für das Bewußtsein mit allen seinen Schichten, Kap. 32), geraten wir *in Aufregung*, ›aus dem *Häuschen*‹; dies auch deswegen, weil uns dann schmerzlich bewußt wird, was sich in uns (in unserem *Tempel*) alles an Dingen angesammelt hat, die nicht hineingehören, und weil dann damit radikal aufgeräumt wird (12–13). Erst dann sind wir in der Lage, zu *beten* (*Mein Haus ist ein Bethaus!*) und so unsere bewußten und unbewußten Reaktionsgewohnheiten zu verändern (Kap. 31), um unsere eigene ›Blindheit‹ und ›Lähmung‹ (Kap. 2 + 5) und vielleicht auch die anderer Menschen zu heilen.

18. Bruder Esel: Mt. 21,1–11; par. Mk. 11,1–11; Lk. 19,28–40; Jh. 12,12–19

(1) Als sich Jesus mit seinen Begleitern Jerusalem näherte und nach Bethphage am Ölberg kam, schickte er zwei seiner Jünger voraus (2) und sagte zu ihnen: Geht in das Dorf, das vor euch liegt; dort werdet ihr eine Eselin finden und ein Fohlen bei ihr. Bindet sie los und bringt sie zu mir! (3) Und wenn euch jemand zur Rede stellt, dann sagt: Der Herr braucht sie, er läßt sie aber bald zurückbringen. (4) Das ist geschehen, damit sich erfüllte, was durch den Propheten gesagt worden ist: (5) »Sagt der Tochter Zion: Siehe, dein König kommt zu dir. Er ist friedfertig, und er reitet auf einer Eselin und auf einem Fohlen, dem Jungen eines Lasttiers« (Is. 62,11; Sa. 9,9). (6) Die Jünger gingen hin und taten, was Jesus ihnen aufgetragen hatte. (7) Sie brachten die Eselin und das Fohlen, legten ihre Kleider auf sie, und er setzte sich darauf. (8) Viele Menschen breiteten ihre Kleider auf der Straße aus, andere schnitten Zweige von den Bäumen und streuten sie auf den Weg. (9) Die Leute aber, die vor ihm hergingen und ihm folgten, riefen:

»Hosanna dem Sohn Davids! Gesegnet sei er, der kommt im Namen des Herrn. Hosanna in der Höhe!« (Ps. 118,25 f.) (10) Als er in Jerusalem einzog, geriet die ganze Stadt in Aufregung, und man fragte: Wer ist das?

Mit dieser Erzählung, die in ähnlicher Form in allen vier Evangelien vorkommt, beginnt die sogenannte ›Passionsgeschichte‹, wie sie in den christlichen Kirchen in der Karwoche nacherlebt wird. Kann uns die Erinnerung an ein Ereignis, das vor fast 2000 Jahren geschah, mehr bedeuten als ein frommes Gedächtnis oder ein Anstoß, darüber nachzudenken, ob Jesus ›auch heute noch gekreuzigt wird‹, wie es in so manchen Predigten heißt? Schon Origines, Schüler des Kirchenvaters Klemens von Alexandrien, beklagte sich im 3. Jahrhundert über den »Mangel des geistigen Verständnisses der Schrift und ihre Auffassung nach dem nackten Buchstaben. Denn so, wie der Mensch aus Leib, Seele und Geist besteht, so auch die dem Menschen zum Heil verliehene Schrift. Die Wahrheit muß in den geistigen Urbildern gefunden werden« (Kap. 20). Die Deutung von Texten in Heiligen Schriften im Sinne von Ur-Bildern – oder anders ausgedrückt: ›Archetypen‹ (Kap. 28) – ist also beileibe keine Erfindung von C. G. Jung oder Eugen Drewermann. Die Frage ist: Repräsentieren auch die Gestalten und Situationen der Leidensgeschichte Bilder unserer Seele, die für Menschen aller Zeiten und aller Schichten gelten, die uns also aufdecken, wer wir sind, was auf uns alle zukommen und wie jeder von uns in je persönlicher Weise ganz unterschiedlich damit umgehen kann? Es soll im folgenden versucht werden, wie schon in anderen Kapiteln dieses Buches, einige Elemente der Passion Jesu in diesem Sinne zu verstehen. Wir können die Fragen nach Leiden und Sterben lange verdrängen, letztendlich aber werden wir alle dem Tod ins Auge sehen (Kap. 26).

Jesus reitet auf einer Eselin *und* auf ihrem Fohlen. Der Esel bezeichnet seit alters her unseren Körper, so zum Beispiel im Märchen »Das Eselein« der Brüder Grimm; Franziskus von Assisi bezeichnet seinen Leib als ›Bruder Esel‹. Der Reiter lenkt den Esel, der manchmal ziemlich störrisch sein kann. Auf einem Esel reiten heißt demnach, seinen Leib durch seine Geisteskraft steuern, ihn als ›Instrument‹ – als ›Fahrzeug‹ – gebrauchen, aber auch sehr sensibel auf seine Signale hören und seinen Bedürfnissen Genüge tun zu können. Es sei erlaubt, den Vergleich mit einigen Gedanken auszuschmücken, die zum Teil von Seminarteilnehmern oder Patienten bei der Meditation dieser Geschichte gefunden wurden. Einige dieser Aperçus erscheinen vielleicht nicht allzu ›tiefgründig‹ und schon gar nicht ›fromm‹, dafür aber wurden sie von Menschen aufgegriffen, die staunten, wie anregend, hilfreich und lebenspraktisch biblische Geschichten als Vermittler (Medien) sein können. Es ziemt sich, daß wir unseren ›Esel‹ gut behandeln, ihn ab und zu ›streicheln‹, ihn ausreichend und angemessen ›füttern‹. Zu beachten ist, daß der Meister auf *beiden* reitet (5): auf dem alten, verbrauchten, aber auch erfahrenen und damit in bestimmten gewohnten Bahnen trottenden ›Last‹-Tier – unser Leib schleppt im Laufe unseres Lebens so manche ›Lasten‹ mit sich herum, die wir oder andere ihm (manchmal unwissend und unnütz?) aufbürden – und auf dem jungen, unverbrauchten, springlebendigen Fohlen. Wir dürfen den ›Esel‹ nicht zu sehr belasten, sonst bricht er ›aus unerklärlichen Gründen‹ – ›wegen einer Kleinigkeit‹, ›aus heiterem Himmel‹, wie es manchmal in therapeutischen Sitzungen heißt, – zusammen. Eine orientalische Fabel erzählt, wie ein Kamel, dem man zusätzlich nur *einen* Strohhalm auflud, zusammenbrach: in Wirklichkeit unter der Last vieler, vieler ›Kleinigkeiten‹, von denen der Strohhalm nur die letzte war. Peseschkian spricht in seinen Büchern von der Summe der ›Mikrotraumen‹, der Verletzungen, die sich im Laufe des Lebens ansammeln. Unser Esel *bockt* manchmal; dann helfen keine Schläge, sondern nur Klugheit und Geduld. Ab und zu muß er auch an die Kandare genommen werden, damit er merkt, wer ›Herr‹ ist. Und falls er lange Zeit nur unbeweglich im Stall steht, verlernt er das Laufen.

Das alles verspricht keine dolce vita. Der ›Sinn-volle‹ Umgang mit unserem ›Esel‹ ist eine Kunst, die langer, manchmal auch schwieriger Lernprozesse bedarf: *eine* Voraussetzung dafür, daß wir Krisensituationen, die unweigerlich auf uns zukommen, wie die Passionsgeschichte es bis zum Karfreitag unmißverständlich darlegt, standhalten können. Eines steht fest: Unser ›Esel‹ ist nur *geliehen* und muß irgendwann *zurückgegeben* werden, wenn er *nicht mehr gebraucht* wird: beim einen früher, beim anderen später. Bis dahin *brauchen* wir ihn (3); ohne oder gegen ihn geht es nicht. Das endgültige, an unserem *Ende* gültige, ›voll-Ende-te‹ Zusammen-›Spiel‹ von (heiligem – heilenden) Geist, Seele und Leib aber, das auf einer anderen Ebene ›stattfindet‹ (seine Stadt findet, d. h., uns voll zu Bewußtsein kommt), steht uns bevor: am ›Ostersonntag‹!

19. Psychogramm: A. 1,13–14; Lk. 8,1–3

›Nomen est omen!‹ Wenn in diesem Kapitel Charakteristika von Personen (›Psychogramme‹) vorgestellt werden, dann nicht unter einer theologischen Perspektive. Vielmehr sollen anhand neutestamentlicher Texte Einstellungen, Denk-, Gefühls- und Verhaltensweisen herauskristallisiert werden – eine rein psychologische Fragestellung! – und dann nach deren innerer Bedeutung für uns heute auf der Subjekt-Ebene (Kap. 20) gefragt werden. Die Hypothese lautet: Alle in diesen Texten genannten Personen symbolisieren *auch* Seelenkräfte in jedem von uns. Zunächst sollen einige der Apostel charakterisiert werden:

– *Simon Petrus, ›der Fels‹*, wird als eine sehr schillernde Persönlichkeit beschrieben. Er, auf den Jesus seine Kirche bauen wollte (Mt. 16,18), wurde von ihm wenig später ›Satan‹ gescholten, weil er »nicht die Gedanken Gottes, sondern die der Menschen dachte« (Mt. 16,23). Jesus wirft ihm öfters ›Kleingläubigkeit‹ vor. Nicht Feigheit, sondern Enttäuschung war wohl das Hauptmotiv für seine Flucht im Garten Getsemani, wollte er doch vorher den Meister mit dem Schwert verteidigen (Mt. 26, 51 ff.). Paulus tadelte seine mangelnde Zivilcourage und »widerstand ihm ins Angesicht« (G. 2,11). Andererseits setzte Petrus mutig gegen Widerstände judenchristlicher Kreise die Öffnung der Gemeinden für Nichtjuden durch, indem er z. B. bei ›Heiden‹ auf die Beschneidung verzichtete. Er starb, zuletzt unerschütterlich wie ein Fels, in Rom als Blutzeuge. Die Figur des Petrus sagt uns: Auch von Führungskräften unter uns wird kein Perfektionismus verlangt; Licht und Schatten wechseln in uns ab. Selbst ein festes Fundament (›Fels‹) feit uns nicht vor unserem ›Klein-Glauben‹ und unseren mit ›Verleugnung‹ verbundenen ›Abwehr-Mechanismen‹.

– *Johannes*, Sohn des Fischers Zebedäus und Bruder des Jakobus (Mk. 1,19 f.; Mk. 3,17), dem traditionell das spirituellste der vier Evangelien zugeschrieben wurde, wird als der Vertraute und Freund des Meisters geschildert: »der Jünger, den Jesus liebte« (Jh. 2,13; Jh. 5,1; Jh. 7,2.10; Jh. 11,55; Jh. 12,12). Als einziger der Zwölf hatte er dessen Absichten verstanden und war während seiner dreijährigen ›Lehr-Analyse‹ selbst ›Meister‹ geworden, was sich darin zeigt, daß er als einziger der Apostel Jesus bis unter das Kreuz folgte. Er war ein ›Eingeweihter‹ und symbolisiert unsere Liebes- und unsere Intelligenzfähigkeit. Beides gilt es zu integrieren.

– *Thomas* ist der große Zweifler: »Wenn ich nicht die Male der Nägel an seinen Händen sehe und wenn ich meinen Finger nicht in die Male der Nägel und meine Hand nicht in seine Seite lege, glaube ich nicht« (Jh. 20,24). Er ist der in uns, der ›Beweise‹ haben will, der sich nicht auf das verläßt, was andere sagen. Er ist nicht leichtgläubig. Zweifel können eine klärende Funktion haben. Es geht hier auch um die ›Unterscheidung der Geister‹, wie Paulus schreibt (1 K. 12,10). Im sogenannten ›Wassermann-Zeitalter‹ beispielsweise ist es ›in‹, sich zur Selbst-Verwirklichung ›Propheten‹ aus fernöstlichen, polynesischen, nordamerikanischen etc. Religionen und Kulturen zu suchen; die Vorstellung eines personalen Gottes gilt in solchen Kreisen als naiv und unspirituell. Da darf mit Fug und Recht gefragt werden: »Die vielen ›Propheten‹ in Politik, Pädagogik, Psychologie, Wirtschaft und Wissenschaft fordern heraus zu fragen: Wer hat uns etwas zu sagen? Jeder, der will, aus welchen Gründen und was überhaupt? Wer sind eigentlich die ›berufenen Rufer‹? Buddha sagt[66]: »Untersucht meine Unterweisungen so, wie jemand Gold kauft, durch Brennen, Schneiden und Reiben, und akzeptiert sie *dann*, aber nicht aus Respekt (für mich).«[67] Wer möchte, kann diese Zweifelsfähigkeit auch bei seinen eigenen ›Über-Zeugungen‹ erproben.

– *Simon*, ›der Eiferer‹, gehörte ursprünglich wohl einer der Widerstandsgruppen an, die die verhaßte Besatzungsmacht mit Gewalt aus dem Lande treiben wollten. Von der Widerstandslosigkeit, die Jesus propagierte (vgl. BP, S. 40ff.), hielt er nichts. Er symbolisiert unsere Durchsetzungskraft und unsere aggressiven – das Problem ›angehenden‹ – Tendenzen.

– *Philhippus* erweist sich, von Jesus auf die Probe gestellt (Jh. 6,5–7), als ›Realist‹, der nur die Oberfläche sieht und von den ›Geheimnissen des Gottesreiches‹ (Mt. 13,10–15) noch nichts verstanden hat. Dies zeigt er, der gleichzeitig auf der Suche nach tiefgehender Gotteserfahrung ist (»Herr, zeige uns den Vater; das genügt uns«: Jh. 14,8): »Jesus antwortete ihm: Schon so lange bin ich bei euch, und du hast mich nicht erkannt, Philhippus? Wer mich gesehen hat, hat den Vater gesehen. Wie kannst du sagen: Zeig uns den Vater? Glaubst du nicht, daß ich im Vater bin und daß der Vater in mir ist?« (Jh. 14,9–10) Für uns kann das bedeuten, über der sogenannten ›Realität‹ (Kap. 52) nicht zu vergessen, daß, wollen wir Gott begegnen, es auch den Weg über den Menschen gibt, unser Selbst (Kap. 49) eingeschlossen. Schon das erste Buch der Bibel sagt, der *Mensch*, nicht aber von Menschen hergestellte Statuen, sei Bild Gottes (1 M. 1,27), womit die damalige Praxis der Götterverehrung radikal ›entmythologisiert‹ wird (Kap. 40): wollen wir also IHN sehen, so brauchen wir nur uns selbst und andere Menschen anzuschauen; und wenn wir hinter unserer und anderer Menschen Fassaden unsere und deren ›göttliche Natur‹ (1 P. 1,4) wahrnehmen, können wir ehrlich im Sinne des meist zur Floskel erstarrten ›Grüß Gott!‹ sagen: ›Ich grüße Gott in dir (und in mir)!‹

– *Judas Iskariot*, der aus dem Jüngerkreis ausgeschieden war, Geldgier als einziges oder hauptsächliches Motiv für seinen Verrat zu unterstellen, ist wohl zu kurz gegriffen, wenn er auch im Johannesevangelium (Jh. 12,6) als Dieb hingestellt wird. Er war wie Simon ein Draufgänger, völlig überzeugt von *seiner* Sache, die er wie selbstverständlich auch als Sache seines Meisters ansah. Seine Täuschung mündete in eine enttäuschende Desillusionierung, die zu einer Kehrtwende um 180 Grad führte. Ent-Täuschung ist besser als Täuschung! Ideologische Überzeugungen, die keine Alternativen zulassen, sind auch in uns nicht immer die besten Ratgeber. Sie sollten mit einem guten Schuß thomasischer Zweifelsfähigkeit verbündet sein. Im Buch Hiob ist der Satan im Hintergrund ein Mitspieler Gottes; vielleicht hat auch der Judas in uns eine solche Funktion, die uns sagen lassen könnte ›O felix culpa – o glückliche Schuld!‹, wie es in der Osterliturgie der römischen Kirche heißt.

Die Reihe der Apostel-Psychogramme ließe sich fortsetzen. Läßt man diese Stichprobe der Männer, mit denen der Meister sich umgab, an sich vorüberziehen, kann man nur schwer behaupten, daß in ihrem Denken und Handeln die Vernunft ihre Emotionalität überwiegt. So gesehen, entsprechen sie nicht dem Stereotyp von ›Männlichkeit‹. Wie die Texte zeigen, bestanden bis auf Johannes alle Jünger die ›Generalprobe‹ bei der Kreuzigung Jesu nicht. Selbst Petrus, dem Jesus ›die Schlüssel des Himmelreiches‹ anvertraute, versagte. Auch bei der praktischen Anwendung haperte es, denn die Jünger vermochten mehrmals nicht, Kranke zu heilen (Kap. 7). Erst nach einer Karenzzeit, im Neuen Testament als die Periode zwischen Ostern und dem Pfingstfest bezeichnet, verstanden sie wirklich, was Sache war.

– Ein Blick auf einige der Frauen, mit denen Jesus in den Evangelien Kontakte pflegte, ergibt ein ähnlich differenziertes Bild wie das der Apostel. Einige von ihnen werden namentlich genannt: »In der folgenden Zeit wanderte er von Stadt zu Stadt und von Dorf zu Dorf und verkündete das Evangelium vom Reich Gottes. Die Zwölf begleiteten ihn, außerdem einige Frauen, die er von bösen Geistern und von Krankheiten geheilt hatte: Maria Magdalena, aus der sieben Dämonen ausgefahren waren, Johanna, die Frau des Chuzas, eines Beamten des Herodes, Susanna und viele andere. Sie alle unterstützten Jesus und die Jünger mit dem, was sie besaßen« (Lk. 8,1–3; zur Armutsfrage siehe Kap. 29). Zunächst soll von zwei Frauen die Rede sein:

Maria und Martha: »Sie zogen zusammen weiter, und er kam in ein Dorf. Eine Frau namens Martha nahm ihn freundlich auf. Sie hatte eine Schwester, die Maria hieß. Maria setzte sich dem Herrn zu Füßen und hörte seinen Worten zu. Martha aber war ganz davon in Anspruch genommen, für ihn zu sorgen. Sie kam zu ihm und sagte: Herr, kümmert es dich nicht, daß meine Schwester die ganze Arbeit mir allein überläßt? Sag ihr doch, sie solle mir helfen! Der Herr antwortete: Martha, Martha, du machst dir viele Sorgen und Mühen. Aber nur eines ist notwendig. Maria hat das Bessere gewählt, das soll ihr nicht genommen werden« (Lk. 10,38–42). Gleichsam in Art eines Kontrapunktes wird in dieser Erzählung zweierlei demonstriert: Tatkräftige Hilfestellung ist nicht unter *jeder* Bedingung das Maß aller Dinge. Wenn die Hilfe ›aus Sorge‹ und ›Un-Ruhe‹ geschieht (Mt. 6,23–34), ist sie ›frag-würdig‹. Es gilt zu verstehen, daß – in der zweiten ›Be-Deutung‹ dieser doppeldeutigen Aussage – jeder *auch* ›sich selbst der Nächste‹ ist: Wer nicht für sich »das Bessere wählt«, indem er »zu Füßen des Herrn *sitzt* und seinem Wort lauscht«, ist zu uneigennütziger Liebe für andere kaum fähig, denn er kann nicht geben, was er nicht ›ent-wickelt‹ hat. Martha verkörpert den aktiv handelnden, auf ›Nützlichkeit‹ ausgerichteten Teil in uns, Maria mehr den meditativ-empfangenden. *Sitzen* ist ein geläufiger Ausdruck für Meditation (Kap. 39), zum Beispiel im Zen. Jesus *sitzt* bei seiner ›Bergpredigt‹ (Mt. 5,1). Aktives Handeln und wartendes Hören gehören zusammen, soll Aktivität nicht in blinden Aktionismus und umgekehrt Meditation nicht in Passivität ausarten.

Die beiden Schwestern werden zweimal im Johannes-Evangelium genannt: in der Erzählung von der Auferweckung des Lazarus (Jh. 11,1–44) und in Kapitel 12 (Jh. 12,1–8): »Sechs Tage vor dem Paschafest kam Jesus nach Bethanien, wo Lazarus war, den er von den Toten auferweckt hatte. Dort bereiteten sie ihm ein Mahl; Martha bediente, und Lazarus war unter denen, die mit Jesus bei Tische waren. Da nahm Maria ein Pfund echtes, kostbares Nardenöl, salbte Jesus die Füße und trocknete sie mit ihrem Haar. Das Haus wurde vom Duft des Öls erfüllt. Doch einer von seinen Jüngern, Judas Iskariot, der ihn später verriet, sagte: Warum hat man dieses Öl nicht für dreihundert Denare verkauft und den Erlös den Armen gegeben? Das sagte er aber nicht, weil er ein Herz für die Armen gehabt hätte, sondern weil er ein Dieb war; er hatte nämlich die Kasse und veruntreute die Einkünfte. Jesus erwiderte: Laßt sie, damit sie es für den Tag meines Begräbnisses tue. Die Armen habt ihr immer bei euch, mich aber habt ihr nicht immer bei euch.« Wieder ist Martha die Aktive. Sie bekommt diesmal keinen ›Rüffel‹. Die Rolle Marias ist anders akzentuiert als in der ersten Erzählung. Abseits aller Erwägungen von Nützlichkeit und sozialem Verhalten vollzieht sie aus Zuneigung oder Ahnung des Kommenden gleichsam ein Ritual, das fast ›sakramental‹[68] anmutet, wenn man die Szene der Fußwaschung am Gründonnerstag (Jh. 13,1–20) liest. Wir sind heute vielleicht geneigt, uns eher der Frage des Judas – wenn auch aus anderen Motiven – anzuschließen. Das Gespür, dafür, daß ›Zweckloses‹ wie Ritus, Kult und Spiel durchaus einen ›Sinn‹ haben kann (F 2.5, 2.6), scheint jedoch langsam wieder zu erwachen (Kap. 4). Beide Aspekte gehören zum Menschen. Beziehungen lassen sich nicht auf Nützlichkeitserwägungen reduzieren, ohne zu verkümmern, wie auch Religion sich nicht auf Sozialarbeit (und Ökologie) beschränkt.[69]

Die Beziehungen zwischen Jesus und Frauen erregten immer wieder das Erstaunen, manchmal auch den Unwillen seiner Umgebung. In einem Text bei Lukas (Lk. 7,36–50)[70] beispielsweise sagt er zu der ›Sünderin‹, einer stadtbekannten Prostituierten: »Ihr sind ihre vielen Sünden vergeben, weil sie (mir) so viel Liebe gezeigt hat. Wem aber nur wenig vergeben wird, der zeigt auch nur wenig Liebe. Dann sagte er zu ihr: Deine Sünden sind dir vergeben. Da dachten die anderen Gäste: Wer ist das, daß er sogar Sünden vergibt? Er aber sagte zu der Frau: Dein Glaube hat dir geholfen. Geh in Frieden!« In diesem Text erscheinen verschiedene Punkte bemerkenswert. Während der Gastgeber und die anderen Gäste (bei sich) *dachten*, spricht Jesus seine Meinung klar und deutlich aus. Dabei nimmt er keine Rücksicht auf das, was *man* (damals) dachte, auf das Durchschnittsbewußtsein: ein Markenzeichen Jesu! Zu den Hohenpriestern und den Ältesten des Volkes im Jerusalemer Tempel sagt Jesus einmal (Mt. 21,31): »Amen, das sage ich euch: Zöllner und Dirnen gelangen eher in das Reich Gottes als ihr!« Eine größere Provokation ist wohl kaum denkbar. Es geht Jesus nicht um Vergangenes, sondern um konkret beobachtbares

Verhalten, aus dem die jetzige innere Einstellung der Beteiligten hervorgeht. Damit der Leser nur ja nicht in eine ›falsche‹ Richtung denke, fügt die deutsche Einheitsübersetzung an zwei Stellen einen Kommentar in Klammern hinzu: ›zur Begrüßung‹ sollte der Kuß des Gastgebers gegeben werden; und ›mir‹ (also Jesus) hat die ›Sünderin‹ so viel Liebe gezeigt, nicht etwa anderen Männern! Die wörtliche Übersetzung lautet: »Ihre vielen Sünden (Kap. 50) werden ihr vergeben, weil sie viel geliebt hat.« Im griechischen Text ist nicht die Rede von *erao* (erotisch-sexuelle Liebe) oder *phileo* (gefühlvolle Zuneigung), sondern von *agapao* (›Wohl-*Wollen*‹; Kap. 38): heißt das etwa, daß aus der Sicht des Evangelisten auch bei einer Prostituierten Elemente dieser dritten Form von Liebe vorhanden sein können? Der Exeget Ethelbert Stauffer kommentiert: »Noch in der entstellten Form der käuflichen Liebe erkennt Jesus den Keim der Liebe.« Michael Klessmann zitiert M. Josuttis, der auf einer Tagung von ›orgiastischer Frömmigkeit‹ gesprochen hatte. Er fragt in seinem Artikel ›Liebe Sünde‹ (S. 3): »Was können Theologie und Kirche zur menschlichen Sexualität sagen in einer Zeit, in der die Liebe zum modernen Heilsgut geworden ist?« und führt weiter aus (S. 13): »Sexualität (…) eröffnet einen Erfahrungshorizont für das, was in der jüdisch-christlichen Tradition ›Reich Gottes‹ genannt wird: ›Im Erleben von Wärme, Ruhe und Vereinigung – (sc.: ich würde hinzufügen: In der Erfahrung intensiven Verliebtseins, im Erleben von Ekstase, von Außer-sich-Sein und Mit-dem-Anderen-Eins-Sein) – erfahren Menschen auf der Erde wesentliche Aspekte der Welt Gottes. (…) Schon im Talmud heißt es: ›Drei haben etwas vom Jenseits an sich: die Sonne, der Sabbath und der geschlechtliche Verkehr.‹« In der Mystik wird das Verhältnis des Glaubenden zu Gott oft mit einem hocherotischen Vokabular geschildert (z. B. durch Therese von Avila, Johannes Climacus, Angela von Foligno, Franziskus von Assisi, Johannes vom Kreuz und Mechthild von Magdeburg).

Am Jakobsbrunnen (Jh. 4,1–42) bittet Jesus eine Samariterin um einen Schluck Wasser und spricht mit ihr in Abwesenheit der Jünger lange über tiefe Wahrheiten (Kap.16). Das ist in den Augen seiner Zeitgenossen ein mehrfacher Skandal: 1. Wie kann sich ein Jude mit einer verachteten und verhaßten *Ausländerin* befassen, dazu noch mit einer *Frau* und *alleine*? 2. Mit dieser auch noch ein ernsthaftes *theologisches Gespräch* zu führen, ist wahrhaftig der Höhepunkt! Allein an dieser Erzählung – gleichgültig, ob sie *historisch* so stattgefunden hat oder ob sie ›nur‹ ein Lehrstück sein soll (Kap. 20) – wird deutlich, daß es um eine *Umwertung aller Werte* geht, und dies nicht nur im Verhältnis zwischen den Geschlechtern. Im 9. und 10. Gebot (2 M. 20,17–18; ähnlich 2 M. 5,17–21) heißt es: »Du sollst nicht nach dem Haus deines Nächsten verlangen. Du sollst nicht nach der Frau deines Nächsten verlangen, nach seinem Sklaven oder seiner Sklavin, seinem Rind oder seinem Esel oder nach irgend etwas, das deinem Nächsten gehört.« In diesen Texten wird ›die Frau des Nächsten‹ zum übrigen *Besitz* eines Mannes gerechnet. Vergriff ein anderer Mann sich an ihr, so war dies nicht etwa eine sexuelle Verfehlung, sondern ein Eigentumsdelikt. Diese Sichtweise lehnt Jesus kategorisch ab, wie auch die Bergpredigt[71] zeigt. Wir tun gut daran, auch in jeder Psychotherapie die Qualität unserer Beziehungen und unsere Motive zu überprüfen. Frauen sind für Jesus keine ›Objekte‹.

Franz Alt (1991, S. 34 f.) charakterisiert Jesu Einstellung zu Frauen so: »Jesus war ein neuer Mann, weil er erstmals die ausschließliche Männerfixierung der damaligen Zeit aufgedeckt und in Frage gestellt hat. (…) Seine absolut neue Haltung gegenüber Frauen – inmitten einer frauenfeindlichen und ausschließlich männerorientierten antiken Welt – zeigt am deutlichsten den neuen Mann Jesus. (…) Weder Buddha noch Mohammed, weder Aristoteles noch Plato begegneten Frauen so ressentimentfrei, partnerschaftlich und spontan selbstverständlich. (…) Jesus hat sich von Frauen in Frage stellen lassen; er ging bei Frauen in die Schule. (…) Weil er das Weibliche in sich entwickelt und integriert hatte, brauchte er nicht das Unterdrückt-Weibliche auf Frauen um ihn herum aggressiv zu projizieren.«[72] Auch der Theologe Döring meint (S. 33): »Zur Überraschung vieler pflegte der ehelos lebende Jesus einen unbefangenen Umgang mit Frauen und stellt sich entschieden den die Frauen diskriminierenden Gesetzen und Praktiken seiner Umgebung entgegen.«

– *Maria, die Mutter Jesu.* Das lateinische *mater*, griechisch *meter*, ist mit *materia* (= die Materie) verwandt und signalisiert Erdverbundenheit (vgl. ›Mutter Erde‹). Von Maria war schon verschiedentlich die Rede. Hier soll es nur noch um einen Aspekt gehen, der bei einer Betrachtung der Beziehung zwischen Jesus und seiner Mutter (sowie seinen Brüdern und Schwestern) deutlich zum Ausdruck kommt. Shalom Ben-Chorin hält diese Beziehung für gestört (S. 121). Nehmen wir die Aussagen des Neuen Testamentes wörtlich, zum Beispiel Lk. 2,41–52 und Jh. 2,4 oder auch den folgenden Text (Mk.

3,20–21,31–35), so liegen Vermutungen wie die von Ben-Chorin nahe, dürften aber – aus psychologischer Perspektive gesehen – das Ziel verfehlen: »(20) Jesus ging in ein Haus, und wieder kamen so viele Menschen zusammen, daß er und die Jünger nicht einmal mehr essen konnten. (21) Als seine Angehörigen davon hörten, machten sie sich auf den Weg, um ihn mit Gewalt zurückzuholen; denn sie sagten: Er ist von Sinnen. (...) (31) Da kamen seine Mutter und seine Brüder; sie blieben vor dem Haus stehen und ließen ihn herausrufen. (32) Es saßen viele Leute um ihn herum, und man sagte zu ihm: Deine Mutter und deine Brüder stehen draußen und fragen nach dir. (33) Er erwiderte: Wer ist meine Mutter, und wer sind meine Brüder? (34) Und er blickte auf die Menschen, die im Kreis um ihn herumsaßen, und sagte: Das hier sind meine Mutter und meine Brüder. (35) Wer den Willen Gottes erfüllt, der ist für mich Bruder und Schwester und Mutter.« Die Aussageabsicht des Textes dürfte in den Versen 33 bis 35 liegen. Schon in den apokryphen Petrus-Akten (10,58) sagt Jesus: »Die mit mir sind, haben mich nicht verstanden.« Der Lukas-Text »unterstreicht nicht nur – exoterisch –, daß die geistigen Verwandtschaftsbande über den leiblichen stehen, sondern darüber hinaus – esoterisch (Kap. 33) –, daß die Erkenntnis der Gotteskindschaft die Erwachten im höchsten kosmischen Sinne zu innerlich Geeinten macht oder richtiger: ihnen diese ewige Wahrheit inneren Einsseins wieder bewußt macht. Der indische Mystiker meint die gleiche Erfahrung höchsten Einsseins, wenn er sagt: Tat twam asi! Das bist du! Der andere ist Dein Anderes Selbst!« (Schmidt 1984, S. 209). Die Fragen, die sich uns heute anhand der Texte stellen und über die es sich – gerade auch in manchen Therapien – nachzudenken lohnt, sind: Wer hat die Erfahrung noch nicht gemacht, daß nahe Verwandte einen für ›verrückt‹ erklären und mit mehr oder weniger sanfter Gewalt wieder ›zur Vernunft bringen‹ wollen, wenn wir uns ihrer Ansicht nach ›daneben benehmen‹ oder ›unvernünftig‹ sind – nach dem Motto: ›Wir meinen es ja nur gut mit dir!‹ oder ›Was denken die Leute!?‹ (21)? Wie sieht unsere Beziehung zu unseren leiblichen Verwandten aus? Haben wir – bei aller Achtung, Aufrechterhaltung von Kontakten und, wenn notwendig, ›Für-Sorge‹ – einen notwendigen Ablöseprozeß geschafft oder, anders formuliert: Haben wir unser ›Kindheits-Ich‹ mit seinen ›Über-Ich-Normen‹ so klar vor uns, daß unser ›Erwachsenen-Ich‹ (Berne) nicht blockiert wird (33)? Inwieweit sind wir willens und fähig, auf Grund dieser ›Ent-Wicklung‹ stabile

Kontakte zu anderen Menschen aufzubauen bzw. wahr- und anzunehmen (34)? Welches sind die Kriterien für unser Verhältnis zu anderen Menschen (35)? Das alles hat mit gestörten Beziehungen zwischen Jesus und seiner Mutter nichts zu tun; im Gegenteil: im Sinne des obigen Zitates von Franz Alt ist hier von den Fragen eines ›reifen Menschen‹ (an uns!) die Rede. Nebenbei bemerkt: Der Text sagt nichts darüber aus, wie der Konflikt (21: »Er ist verrückt!«) gelöst wurde. Solchem Druck ›um des lieben Friedens willen‹ einfach nachzugeben, wäre damals wie heute sicher nicht klug (gewesen).

Die in den letzten Jahren innerhalb der katholischen Kirche erbittert geführten Diskussionen um die sogenannte ›Jungfrauengeburt‹ muten eher komisch an: die Bibel ist doch kein Lehrbuch der Gynäkologie! Dabei beschreibt das Dogma von der Unberührtheit Marias – wie auch andere Dogmen – eine grundlegende Wahrheit. Begriffe wie ›Jungfräulichkeit‹ und ›Keuschheit‹ haben in unserer Kultur einen Bedeutungswandel durchgemacht, der ihren ursprünglichen Sinn manchmal ins Gegenteil verkehrt. Als anstößig haben Feministinnen die (Wieder-) Entdeckung der Virginität als einer unerläßlichen Voraussetzung von Freiheit und weiblicher Selbstbestimmung durch die französische Philosophin und Psychoanalytikerin Luce Irigaray empfunden. Für Irigaray ist Virginität kein physisch-psychischer Zustand, noch weniger ein moralisches Ideal, sondern ein Autonomiekonzept. ›Jungfräulich‹ zu sein bedeutet, in unserer Tiefe offen, empfänglich – oder anders ausgedrückt: ›empfängnisbereit‹ – zu sein für den (heiligen, heilenden, ganz-machenden) ›Geist‹, für neue, überraschende Konzepte, für einen grundsätzlichen, nicht nur partiellen Standortwechsel, damit wir Neues, ein ›Kind‹, empfangen und gebären können. Ur-Bild ist hier die biblische Maria, wie sie bei Lukas (Lk. 1,26–38) geschildert wird. Sie symbolisiert als Empfangende unseren weiblichen Anteil, der aus seinem Schoß die Frucht gebiert, die vom ›Geist‹ stammt. Im Neuen Testament ist mit Maria zwar *auch* eine historische Person gemeint, die Mutter Jesu. Es geht aber zugleich um andere Aspekte. Mehrere Mütter großer Gottessöhne oder Propheten trugen ähnliche Namen wie Myriam oder Myrrha. Das Wort Maria ist mit dem lateinischen *mare* (Meer, Mehrzahl: *maria*) verwandt. Wie in anderen Religionen symbolisieren das Meer, das Wasser oder die Flut auch in der Bibel unsere psychisch empfangende, prägbare Ebene.

Über Geschwister Jesu ist wenig bekannt (vgl. Mk. 6,1–4). Im Galaterbrief (G. 1,19) bezeichnet Paulus einen Jakobus als »Bruder des Herrn«. Der Text des Jakobusbriefs (J. 5,13 – 16) ist für unser Thema aus einem formalen und zwei inhaltlichen Gründen wichtig: Er ist in gutem Griechisch geschrieben, und da Sprache keine leere Hülse ist, transportiert sie offen oder unterschwellig in ihren inhaltlichen Aussagen das ihr je eigene Welt- und Menschenbild mit, in diesem Falle griechische Denk- und Empfindensweisen (Einleitung), die mit der ursprünglichen Botschaft Jesu nicht in Widerspruch stehen müssen. Es werden bereits die Krankensalbung, dann aber auch Gebet (Kap. 31), das Aussprechen von Belastendem (Kap. 50) und Singen als kognitive und emotionale Strategien zur *Heilung* genannt. Interessant ist, daß hier der mit Berührung verbundenen Krankensalbung (des ganzen Körpers!), die in der katholischen Kirche über Jahrhunderte hinweg nur noch als religiöser Ritus, als ›Letzte Ölung‹ (reduziert auf die Stirn) vor dem Sterben praktiziert, deswegen von vielen als Signal ›Jetzt ist's endgültig soweit!‹ angesehen und daher so lange wie möglich hinausgeschoben wurde, ursprünglich eine genau entgegengesetzte Absicht und Wirkung zugeschrieben wird. Ähnlich heilende Wirkung wird einem offenen Gespräch zugeschrieben, das Belastendes wirklich beim Namen nennt: auch hier eine psycho-somatische Sichtweise, die heute allmählich als ›sprechende Medizin‹ wiederentdeckt wird. Jakobus betont jedoch auch das Tun: »Hört das Wort nicht nur an, sondern handelt danach; sonst betrügt ihr euch selbst. Wer das Wort nur hört, aber nicht danach handelt, ist wie ein Mensch, der sein eigenes Gesicht im Spiegel betrachtet: Er betrachtet sich, geht weg, und schon hat er vergessen, wie er aussah. Wer sich aber in das vollkommene Gesetz der Freiheit vertieft und an ihm festhält, wer es nicht nur hört, um es wieder zu vergessen, sondern danach handelt, der wird durch sein Tun selig sein« (J. 1,22 – 25). Hier treffen wir einen Menschen an, der mit beiden Beinen auf der Erde steht und die damalige Gemeinde vor einem einseitigen Spiritualismus bewahrt, indem er in Anlehnung an die Bergpredigt – »So leuchte euer Licht vor den Menschen, damit sie eure guten Werke sehen und euren Vater preisen, der im Himmel ist« (Mt. 5,16) – die Notwendigkeit von ›Tun‹, von ›Werken‹ betont, zum Verdruß Luthers, der von einer ›recht strohernen Epistel‹ spricht. Das ›Wort‹ ist ein wichtiges Medium auch in der Psychotherapie, denn es kann heilen oder verletzen; zu fragen ist, ob es uns auch zum Handeln motiviert (vgl. oben ›Maria und Martha‹).

IV. Wege

20. Bibelauslegung[73]/Apokryphen

Gott hat uns fähig gemacht, Diener des Neuen Bundes zu sein, nicht des Buchstabens, sondern des Geistes. Denn der Buchstabe tötet, der Geist aber macht lebendig (2 K. 3,6).

In diesem Buch gilt das Zitat aus dem zweiten Brief des Paulus an die Gemeinde in Korinth durchgängig als Motto. Ergebnisse historisch-kritischer Forschung werden zur Kenntnis genommen, stellen aber nur eine Auslegungsebene dar.[74] Schon Origenes (185–253), Schüler des großen Kirchenlehrers Klemens von Alexandrien, sagte: »Was nützt es dir, daß Christus *einstens* im Fleische kam, wenn er nicht auch in deiner Seele kommt? Beten wir, daß seine Ankunft *in uns* sich *täglich* vollziehe, so daß wir sagen können: ›Ich lebe, aber nicht mehr ich, es lebt Christus in mir!‹ Und wenn Christus in Paulus lebte und nicht in *mir*, was nützt *mir* das?« Nicht die tatsächliche historische Existenz biblischer Gestalten oder Situationen, die in den äußeren Bildern umschrieben ist – die ›körperliche‹ Bedeutungsebene der Bibel –, steht im Vordergrund, sondern ihre ›seelisch-geistige‹ Bedeutung, ihr ›Bewußt-Sein‹. Wie ein Körper ohne Seele tot und eine Seele ohne Körper kein vollständiger Mensch ist, so sind auch in der Bibel beide Elemente aufeinander angewiesen. Die seelische Ebene ist für den Menschen die wichtigste, wenn ihm die biblische Botschaft auf seinem Weg konkret helfen soll.

Vor allem die griechische, in zweiter Linie die lateinische Fassung der neutestamentlichen Schriften[75] sind Ausgangspunkt für die Interpretationen dieses Buches, dessen Anliegen *nicht* eine historische Analyse ist. Bezüglich der historisch-kritischen Methode stimme ich weitgehend dem Standpunkt von Eugen Drewermann (1991 I, S. 11–28) zu. Er schreibt u. a. (S. 12) »(...) die Bibelexegese in ihrer monopolisierten Form als historisch-kritische Methode der Schriftauslegung (...) [ist] zutiefst ein Ausdruck eben jener Geisteshaltung (...), die in der rationalistischen Verstandeseinseitigkeit des 19. Jh. vom Menschen und seiner Geschichte allein die Welt der objektiven

Fakten als historisch wirklich gelten lassen mochte.« Auf S. 19 ff. schreibt er weiter: »Da sie [die historisch-kritische Methode] alle psychologischen Gesichtspunkte kategorisch glaubt vernachlässigen zu müssen, ist sie einzig an der *bewußten* Aussageabsicht des jeweiligen Tradenten (…) interessiert. (…) Selbstredend ist die Frage nach der bewußten Aussageabsicht unter historischem Gesichtspunkt wichtig und berechtigt; aber in der Schule der historisch-kritischen Methode ignoriert man methodisch konsequent die tiefenpsychologische Erkenntnis, daß die Mythen, Märchen, Legenden, Wundererzählungen, kurz: alle Zeugnisse wirklicher Gottesbegegnung unendlich tiefer und weiter sind, als es mit den Mitteln bewußter Reflexion zu irgendeiner Zeit gesagt werden kann. (…) Die Seher, nicht die Theologen stehen im Zentrum religiöser Erfahrung, und nur im Mitvollzug solcher Erfahrung durch die Überzeugung eines neuen Sehens sind ihre vielschichtigen Bilder ›einsichtig.‹« Für Martin Dibelius, einen klassischen Vertreter historisch-kritischer Bibelauslegung, zählen einige Heilungserzählungen zur Erzählform ›Novelle‹, deren eigentlicher Zweck es ist, nach dem immer gleichen Muster antiker Heilungsgeschichten »die Überlegenheit des Herrn Jesus [zu] erweisen und die Konkurrenz aller anderen Kultgötter aus dem Felde [zu] schlagen (1961, S. 90 + 93)«. Lassen sich auf diese Weise alle Heilungsgeschichten – einige zählt Dibelius zur Erzählform ›Paradigma‹ – über einen Leisten schlagen und im Prinzip als Tendenz-Traktate in den theologischen Papierkorb werfen? Oder gibt es zwar eine Verwandtschaft zwischen den Heilungserzählungen in verschiedenen Religionen, die aber eine je spezifische Struktur und einen eigenen Inhalt, schon allein von der Sprache her, durchaus zuläßt? Kann eine strukturelle Ähnlichkeit von Heilungsgeschichten in vielen Traditionen nicht auch daher kommen, daß Heilung eben in allen Kulturen und zu allen Zeiten den gleichen psychologischen und physiologischen Gesetzmäßigkeiten folgt, während die Art der Darstellung kulturellen Eigenarten entspringt? Die Deutungen neutestamentlicher Texte in diesem Buch gehen von folgenden Überlegungen aus:

– Die Sprache ist keine leere Hülse. Ein wichtiges Medium zur Analyse neutestamentlicher Heilungsgeschichten und anderer antiker Texte ist ihre sprachliche Form. Offen oder unterschwellig transportiert die jeweilige Sprache in ihren inhaltlichen Aussagen das ihr eigene Welt- und Menschenbild, ihre ›Lebensphilosophie‹, ihren ›Code‹ (van Lamoen, 1993; Kap. 53) und bereichert damit bisherige

Sichtweisen um neue. Dies geschieht vor allem in Form von Schlüsselbegriffen (termini technici). Eben nicht »jede Übersetzung übt Ersetzung«, wie Pinchas Lapide schreibt (1986, S. 12) und damit wohl meint, daß jede Übersetzung minderwertiger oder informationsärmer als der sprachlich frühere Text sei.

– Das Buch geht von der ältesten uns vollständig erhaltenen Textversion der vier Evangelien, der griechischen, aus. Den neutestamentlichen Redaktoren war griechisches Denken nicht nur vertraut, sie kannten wohl auch nahöstliche Mysterienkulte und gnostische Philosophie und redigierten ihre Quellen auch auf diesem Hintergrund. Einiges spricht dafür, daß das Lukas-Evangelium bereits in seiner ersten Fassung in griechischer Sprache redigiert wurde. Bisher wurden biblische Texte, wenn überhaupt unter psychologischen Aspekten, dann fast ausschließlich unter tiefenpsychologischen interpretiert (vgl. z. B. die Bücher von Eugen Drewermann). Tiefenpsychologische Modelle im strengen Sinn – auf der kausal-objektiven Ebene – spielen in den Kapiteln 1–7 nur eine untergeordnete Rolle. Schwerpunktmäßig sollen die Texte durch die Übertragung griechischer und lateinischer Schlüsselbegriffe, durch Darstellung ihrer emotionalen Konnotationen und etymologische Überlegungen aufgeschlüsselt und in eine heute verstehbare Form gebracht werden. Außerdem werden relevante Passagen mit Hilfe griechisch-lateinischer Fragetechnik (F) auf ihre Struktur und ihren Hintergrund untersucht.

– Aufgrund der echten Mehrdeutigkeit griechischer und lateinischer Begriffe (siehe jeweils den Abschnitt ›Textvergleich‹) ist eine Auslegung im übertragenen Sinne, wie sie schon bei den Kirchenvätern nachzulesen ist, kein Ausweichen (zum Beispiel vor ›Wundern‹), sondern legitim. Gleichzeitig ist jedoch festzuhalten: Die im Neuen Testament erzählten ›Zeichen und Wunder‹ sind zum Teil tatsächlich geschehen, aber nicht im Sinne der Außerkraftsetzung von Naturgesetzlichkeiten zu verstehen. »Wer nicht an Wunder glaubt, der ist kein Realist. (...) Wer nicht wahrnimmt, was jeder sehen kann, gibt damit seinen Anspruch als Wissenschaftler auf, weil er an der Realität vorbeischaut. Unerwartete Genesungen sind eine Realität – auch in der Medizin des 20. Jahrhunderts.«[76] Wer um sogenannte Spontanheilungen, die medizinisch (noch) nicht erklärbar, wohl aber psychologisch nachvollziehbar sind – in den Heilungserzählungen wird immer wieder auf die Kraft unseres Glaubens, unserer ›Über-Zeugungen‹, die etwas in uns *zeugen*, hingewiesen, vgl. zum Beispiel Kapitel 1 – und wer um (früher so genannte) ›hysterische‹ Blindheit und Lähmungen weiß, wird einer Tendenz zur radikalen ›Entmythologisierung‹ biblischer Wundererzählungen (weil im westlich-wissenschaftlichen Code nicht sein kann, was nicht sein darf![77]) zumindest reserviert gegenüberstehen (Kap. 40).

– Nicht nur die Gleichnisse, sondern auch die Heilungserzählungen und andere Perikopen sind voll von Bildern, Symbolen und Paradoxien. Es wäre ein grober Kunstfehler, diese Ebene zu unterschlagen.[78] Grün (1992) hat in der spirituellen Bibelauslegung der monastischen Tradition schon ähnliche Prinzipien gefunden und formuliert fünf Regeln[79]: »Die historisch-kritische Methode hat oft ein zu enges naturwissenschaftliches Weltbild zur Voraussetzung. (...) Es hat keinen Zweck, nach der subjektiven Meinung des Verfassers zu fragen. (...) Auslegung hat sich der Sache selbst zu stellen, die im Text zur Sprache kommt. (...) Und die Sache selbst stellt sich eben in archetypischen Bildern dar. (...) Es ist nicht nötig, tiefenpsychologische Kenntnisse zu haben. Es genügt, wenn wir wie die Kirchenväter in Bildern denken und die Bilder selbst sprechen lassen. Wir bräuchten nur auf den Volksmund zu hören, der immer in solchen Bildern spricht. (...) Das Bild ist wie ein Fenster, durch das die ganze Wahrheit hindurchleuchtet und aufscheint. (...) Das Ziel soll immer die offenere und intensivere Begegnung mit Gott sein ... Die Schriftauslegung muß nach Origenes immer mystagogisch sein. (...) Mystagogisch heißt aber auch, daß die Schriftauslegung zu einer neuen Selbstbegegnung führt.« In der Bibel soll man die Personen zunächst auf der *Objektstufe* als verschiedene Typen von Menschen deuten, in denen ich mich wiederfinden kann; dann erst kann ich sie auch auf der *Subjektstufe* als Anteile meiner eigenen Seele sehen (Kap. 25). Die Erzählungen sind innere Entwicklungsgeschichten; ihr Ziel ist die Reifung und Entfaltung psychischer Einheit, die Entfaltung des Selbst (Kap. 49), nicht des ›Ego‹!

»Vielleicht ist die psychologische Fragestellung überhaupt die Weise, wie wir *heute* fragen müssen, wenn wir suchende Menschen erreichen wollen, die eben den Sinn und Inhalt eines Buches kennen möchten« (Wachinger, S. 61). Was hier in einer Deutung von Dantes Inferno gesagt wird, gilt auch von unseren Heilungsgeschichten und anderen biblischen Texten und reicht damit weit über Hypothesen historisch-kritischer Exegese hinaus. Eine anregende Beschreibung subjektiven Zugangs zu Texten bringt Wachinger (S. 62): »Tiefenpsychologisch gelesen, wird die ›Göttliche Komödie‹ nicht als objektiver Bericht genommen, sondern wie ein innerseelisches Geschehen, etwa einem Traum vergleichbar, zu dessen Inhalt es keinen anderen als den subjektiven Zugang durch den Träumer selbst gibt. Ich lese also das Inferno, wie wenn ich es selbst durchwanderte; wie wenn ich selbst spürte, was die Bilder in mir auslösen und wie ich von ihnen gemeint bin. Nicht um einen fremden Menschen mit merkwürdigen Phantasien geht es, sondern um mich. Das Inferno ist nicht die Beschreibung einer absonderlichen Örtlichkeit, durch die ein Fremdenführer mich leitet; es schildert, in vielerlei Bildern, meine eigene Auseinandersetzung mit dem Bösen in mir – und damit eine schmerzhafte Erfahrung.« »Bibelpsychologie, die nach den Auslegungen von Bibeltexten bei unterschiedlichen Subjekten fragt und diese Rezeptionsprozesse mit psychologischen Theorien zu erklären versucht, verzichtet damit notwendig auf den Anspruch, jeweils *die* richtige Deutung von Bibeltexten zu erbringen. Sie ist deskriptiv und hat in der Zone zu bleiben, für die sich die Psychologie zuständig erklären kann und muß: für die Beschreibung, das Verstehen und das Erklären von menschlichem Verhalten im weitesten Sinn, selbstverständlich ohne behaupten zu wollen, daß es eine Beschreibung gibt, die vorurteilsfrei wäre. (...) Jeder Theologe, der – mit Luther gesprochen – dem Volk aufs Maul schaut, wenn eine Beschäftigung mit biblischen Texten erfolgt, und sich dazu seine (psychologischen) Gedanken macht, ist ein (impliziter) Bibelpsychologe in dem bisher geschilderten Sinn« (Bucher, S. 168 f.).

Als **Apokryphen** (gr.: *apokryphos* = unecht) werden Schriften bezeichnet, die im jetzigen biblischen Kanon nicht anerkannt sind. Zu ihnen zählen beispielsweise das Ägypterevangelium, das Nazaräerevangelium, das Hebräerevangelium, das Judasevangelium, der Essäer-Brief und die Petrus-Akten. Im 3. Jahrhundert wurden ›Korrektoren‹ »von den kirchlichen Behörden beauftragt, den Text der Schrift im Interesse dessen, was als Orthodoxie betrachtet wurde, zu korrigieren«, wie Eberhard Nestle in seiner Einleitung zur Textkritik des griechischen Neuen Testamentes schreibt.[80] Der ›Säuberung‹ fielen auch eine Reihe frühchristlicher Schriften zum Opfer. »Hierzu zählt auch das Thomas-Evangelium, das Helmut Köster, Professor für neutestamentliche Literatur an der Harvard-Universität, auf das Jahr fünfzig nach Christus datiert und das damit etwa 20 Jahre älter wäre als das älteste neutestamentliche Evangelium. Hinzu kommen das

Philhippus-Evangelium, das Gespräch des Erlösers, das Apokryphon Johannis und die Paulus-Apokalypse. Die Bücher wurden offenbar aus der Bücherei des ältesten Klosters in Ägypten gerettet, nachdem der Erzbischof von Alexandria befohlen hatte, alle Bücher zu vernichten, die er als ›ketzerisch‹ betrachtete, das heißt alle christlichen Quellen, die die Kirchenbehörden nicht anerkannten« (Thich Nhat Hanh, S. 17 f.). Vor allem seit dem Fund der Schriftrollen bei Nag Hammadi 1947 sind einige dieser ›gnostischen‹ Schriften wieder aufgetaucht; auch in alten Handschriften sind Varianten erhalten.

21. Heilung

Wenn euer Glaube denn auch nur so groß ist wie ein Senfkorn, dann werdet ihr zu diesem Berg sagen: Rück von hier nach dort!, und er wird wegrücken. Nichts wird euch unmöglich sein (Mt. 17,20).

Markus erklärt uns in einem Bild (Mk. 11,23), das Matthäus aufgreift, drei psychologische Gesetzmäßigkeiten bezüglich des Zusammenhangs von Glaube und Heilung, die für die Praxis von großer Bedeutung sind:

– »*Amen, das sage ich euch: Wenn jemand zu diesem Berg sagt: Heb dich empor und stürz dich ins Meer!, und wenn er in seinem Herzen nicht zweifelt, sondern glaubt, daß geschieht, was er sagt, dann wird es geschehen.*« Wirksamer Glaube besteht darin bzw. kommt dadurch zustande, daß der *Berg* sich *hinweghebt* und ins *Meer* stürzt (vgl. Grün 1992, S. 64 ff.). *Meer* und *Wasser* sind seit alters her ein Symbol für den Teil unseres Bewußtseins, der unterhalb unserer Wahrnehmungsschwelle liegt (Kap. 32). Es geht also darum, daß unsere bewußten Gedanken und Gefühle sich von ihrem bisherigen ›Stand-Punkt‹, dem Glauben an das, was wir im nicht-meditativen Bewußtseinszustand ›für-wahr-nehmen‹, *hinwegheben* und sich im Bewußtsein der Gegenwart Gottes (*Berg*) ohne jeden Zweifel in unsere Tiefenschicht (*Meer*) einsenken (vgl. Gordon Globus: Verschiedene Eindrücke in verschiedenen Zuständen, in: Walsh/Vaughan, S. 244 ff.). Dies bedeutet, daß wir eine radikale, an der Wurzel ansetzende Einstellungsänderung in allen Schichten unseres Bewußtseins oder, wie Johannes es ausdrückt, ein »Wiedergeboren werden aus Wasser und Geist« (Jh. 3,5) für möglich halten. William James meint:

»Ich habe keinerlei Zweifel daran, daß die meisten Menschen in körperlicher, intellektueller und moralischer Hinsicht nur einen sehr
beschränkten Bereich ihres potentiellen Seins tatsächlich ausfüllen.
Sie nutzen nur einen verschwindend kleinen Teil ihres möglichen
Bewußtseins – etwa wie ein Mensch, der sich angewöhnt, von seinem
gesamten körperlichen Organismus nur den kleinen Finger zu benutzen. Wir alle verfügen jedoch über Reservoire des Lebens, von denen wir nicht einmal träumen.« Sehr praxisorientierte Vorschläge und
Regeln, die zur gedanklichen und gefühlsmäßigen Einstellungsänderung führen können, bringt z. B. Rauch (1992).

– »*Darum sage ich euch: Alles, worum ihr betet und bittet, glaubt
nur, daß ihr es schon erhalten habt, dann wird es euch zuteil*« (Mk.
11,24). Hier geht es um ein seit Jahrtausenden bekanntes wichtiges
psychologisches Gesetz, das im vergangenen Jahrhundert von Sugges-
tions- und Hypnoseforschern wiederentdeckt wurde: Daß unser
Bemühen die erhofften Ergebnisse bringt, setzt voraus, daß wir unser
Ziel genau bestimmen und es uns in unserer Vorstellung bildhaft und
gefühlsmäßig als *schon erreicht* vergegenwärtigen. In neuerer Sprache
würden wir von ›schöpferischer Vorstellung‹ oder ›kreativer Imagination‹ sprechen (BP, S. 157 ff.). Warum ist eine solche ›Technik‹ (*he
techn*e = die Kunst!) sinnvoll? Glaube muß in unserer Tiefenschicht,
in unserem ›Herzen‹ verankert sein, soll unser Tun zum Erfolg führen. Dies gilt für Patient und Therapeut gleicherweise. Mit Gefühl
und ›mit vollen Sinnen‹ aufgeladene, also ›Sinn-volle‹ Glaubensvor-
stellungen, gleich welchen Inhalts, prägen sich tief in uns ein und beginnen unsere Wahrnehmung, unser Denken und Fühlen, unsere körperlichen Funktionen und unser äußeres Verhalten zu steuern. Nur
unter diesen Bedingungen können sie auch heilen.

– »*Und wenn ihr beten wollt und ihr habt einem anderen etwas vor-
zuwerfen, dann vergebt ihm, damit auch euer Vater im Himmel euch
eure Verfehlungen vergibt*« (Mk. 11,25). Dieser Vers nennt eine weitere, unvermutete Bedingung: Wirksamer Glaube und in seinem Gefolge Heilung ist nur möglich, wenn die Energien unserer Tiefenschicht nicht durch Irritationen im zwischenmenschlichen Bereich
blockiert sind (Kap. 26 + 51). In der Bergpredigt sind die Zusammenhänge näher dargelegt.[81] Beten kann als Heilfaktor wirken. So schreiben Hirshberg / Barasch (S. 176): »Es ist interessant festzustellen, daß
Beten oft mit jenen seelischen Zuständen einhergeht, die wir bei un-
gewöhnlichen Heilungen ausgemacht haben: die besondere Konzen-

tration auf einen Gegenstand, seelische Entspannung und Entlastung, Ausschalten des rationalen Denkens, Visualisierungen, aktive Imagination und einheitliche Intentionen; ganz zu schweigen von noch unbekannten Energien oder dem Wirken höherer Mächte, wie manche es nennen würden. Mit anderen Worten: Beten scheint wie dafür geschaffen, das Heilsystem zu stimulieren.« »Ein wichtiger Schritt, der unseren Patienten zu Heil und Heilung verhelfen kann, ist die Bereitschaft des Arztes, zum Beter und Fürbittenden zu werden«, schreibt der Arzt Jochen Gleditsch und weist auf die Basistherapie des Schweizer Psychiaters Balthasar Staehelin hin (in: Ausserer/Paris, S. 132). Im gleichen Buch beschreibt der Arzt Wolfgang Schuler »Das Geheimnis des Heilens aus der Sicht des Neuen Testaments« und erörtert die »klinische Relevanz des Heilungskonzeptes Jesu« (S. 106–128). Wie wirksam in unserem Alltag Beten für andere Menschen auch über Entfernungen hinweg sein kann, zeigt u. a. ein Artikel in der Internationalen Wochenzeitung »Medical Tribune« vom 21. Februar 1986 mit dem Titel: »Doppelblindstudie: Beten lassen hilft.«[82]

»SAN FRANCISCO – Beten hilft Kranken, gesund zu werden. Wer bisher noch daran gezweifelt hat, sollte sich von Dr. Randy Byrd, einem Kardiologen aus San Francisco und früheren Professor der University of California, eines Besseren belehren lassen. Er hat es wissenschaftlich hieb- und stichfest nachgewiesen. In einer doppelblinden, randomisierten Studie organisierte Dr. Byrd für 192 Patienten der Koronarstation des San Francisco General Hospital Gebetsgruppen, 201 vergleichbare Patienten bildeten die Kontrollgruppe. Den im ganzen Land mobilisierten Fürbittern – Protestanten, Katholiken und Juden - wurden die Namen, die Diagnose und der Gesundheitszustand der Patienten mitgeteilt, für die sie beten sollten. Auf jeden Patienten der ›Verumgruppe‹ entfielen schließlich 5–7 allein oder in Gruppen Betende. Und Gott erhörte die Gebete. Patienten, die bei der Randomisierung Glück hatten und nicht in die Kontrollgruppe gerieten, benötigten laut Dr. Byrd signifikant seltener Antibiotika (3 gegenüber 16), erlitten seltener Lungenödeme (6 gegenüber 18) und mußten (im Gegensatz zu 12 Patienten der Kontrollgruppe) in keinem einzigen Fall intubiert werden. ›Diese Studie liefert den wissenschaftlichen Beweis für das, was Christen seit jeher glauben – daß Gott sie erhört‹, erklärte Dr. Byrd, heute medizinischer Direktor der Fellowship for World Christians (FWC). Zwei weitere amerikanische Kardiologen,

Dr. Arthur Kennel, Mayo Medical School, Rochester, und Dr. John E. Merriman, ehemals Professor an der University of Saskatchewan School of Medicine und jetzt am Doctors Medical Center in Tulsa, Oklahoma, finden Dr. Byrds Ergebnisse keineswegs erstaunlich. Beide beten regelmäßig für ihre Patienten und haben, wie sie versicherten, durchaus den Eindruck, daß es hilft. Laut Dr. Merriman schnitten Patienten, die in Gebete eingeschlossen worden waren, besser ab als solche, für die niemand an Gott appelliert hatte. Wie die Bibel sagt (Jakobus 5, 16): ›Betet füreinander, daß ihr gesund werdet. Des Gerechten Gebet vermag viel, wenn es ernstlich ist.‹ Die Fakten der Untersuchung wurden von der American Heart Association als Vortrag angenommen.«

Geht nun bei einer solchen Fernwirkung von einem Betenden als ›Sender‹ ein *Signal*, eine wenn auch noch nicht meßbare *Energie* zum Kranken als dem ›Empfänger‹? Dies ist die landläufige Annahme. Walter von Lucadou, Physiker und Psychologe, hat solche *Signale* bis jetzt nicht gefunden. Er schreibt (1989, S. 129): »Das Modell der pragmatischen Information besagt (...), daß es sich (...) nicht um eine Energie oder Kraft handelt, sondern ›bloß‹ um eine *nichtlokale Korrelation*[83] zu bestimmten Fluktuationen des Systems.« So gesehen wäre statt von einem Ursache-Wirkung-Verhältnis, die das Beten im obigen Experiment als unabhängige Variable und die beobachtbaren signifikanten Unterschiede als abhängige Variablen ansehen würde, bei einer *korrelativen* Beziehung lediglich ein Zusammenhang anzunehmen, dessen Art unbekannt ist. Eine Subjekt-Objekt-Spaltung und ein Gegensatz zwischen Zufall und Kausalität, wie sie im Modell von abhängigen und unabhängigen Variablen vorausgesetzt wird, gibt es allerdings nur im wissenschaftlichen Code, und selbst da wird diese Voraussetzung zunehmend zum Glaubenssatz. Eine Messung eventueller *Signale* oder *Energien* würde voraussetzen, daß Information in jedem Fall einen quantitativen Charakter haben und an Energie als ihren Träger gebunden sein muß. Dazu schreibt van Lamoen (S. 16): »Anhand des Begriffs Information sind wir in der Lage, eine Reihe von Erfahrungsgegebenheiten aus verschiedenen Wirklichkeitsregionen einzuordnen.« Beim Resultat der Studie ›Beten lassen hilft‹ handelt es sich um eine solche ›Erfahrungsgegebenheit‹. Von Wichtigkeit ist, ob sich das Resultat in einer neuen Studie durch andere Forscher wiederholen läßt, nicht so sehr, wie es erklärbar ist: »Es ist nichts weiter als ein weit verbreiteter Glaube, dem vor allem Physiker anhängen, daß im Prinzip alles mit physikalischen Gesetzen erklärt werden kann. Dieser sogenannte ›Reduktionismus‹ gehört eigentlich schon lange in die Mottenkiste der Wissenschaftstheorie«, schreibt Walter von Loucadou (S. 52). »Eines der Grundprobleme der Biophysik läßt sich etwa so formulieren: ›Reicht das begriffliche und methodische Repertoire der Physik zum Verständnis der Zustände und Zustandsänderungen von Lebewesen aus?‹ Die neuesten physikalischen und informationstheoretischen Erkenntnisse über offene Systeme, über deren kohärente Zustände und deren Phasenübergänge haben uns einem physikalischen Verständnis von Lebenszuständen und Lebensvorgängen bedeutend näher gebracht. Aus prinzipiellen erkenntnistheoretischen Gründen wird diese Frage aber weiterhin ein Grundproblem der Biophysik bleiben« (Klima, S. 51). Willigis Jäger schreibt (S. 333, 335): »Es gibt Strukturen, energetische Prozesse, die allen Formen des Lebens und der Materie zugrunde liegen. Diese Energiestrukturen sind unsichtbare Kraftfelder, nach denen sich das Sichtbare ordnet. (...) Aufgrund des weltweiten Einflusses, den diese Felder haben, liegt es nahe anzunehmen, daß auch unser Sitzen [Kap. 39] im Zen oder unsere Kontemplation einen starken Einfluß auf diese Metastrukturen hat, d.h., wir ändern den Menschen, die Gesellschaft und die Welt durch unser Sitzen, indem wir uns selbst ändern. Wer sich auf einen der esoterischen Wege der großen Religionen einläßt, leistet die eigentliche Arbeit für die Bewußtseinsveränderung der Welt.«

22. Innen-Ansicht und Ein(s)-Sicht[84]

Matthäus beschreibt (Mt. 6,6), wie wir in drei Stufen unsere ›Wahr-Nehmung‹, unser Denken und Fühlen, unsere ›Ein-Stellungen‹ so erweitern können, daß erfahrbare Konsequenzen für uns und andere resultieren:

1. **Achtsamkeit:** »*Geh in deine Kammer und schließe die Türe zu!*« *To tameion* (gr.) ist die Vorratskammer und die Schatzkammer, im palästinensischen Bauernhaus der damaligen Zeit die einzige Kammer, die man verriegeln kann. Wer diese »Kammer« mit unserem Unbewußten identifiziert, mag in Anlehnung an Freudsche Deutungen fürchten, daß dort viel ›Unrat‹ aufbewahrt wird. Mag sein, doch es können in ihr auch Schätze verborgen sein, die wir noch gar nicht

wahrgenommen haben! Bei *diesem* Schritt geht es gerade *nicht* – wie in anderen Meditationsübungen – darum, gedanken-*leer* zu werden; im Gegenteil: wir sollen, nachdem wir die ›Tür‹ (Augen, Ohren) ›geschlossen‹ haben, uns bewußt werden, was alles in unserer Kammer ist. Es geht um die Erweiterung unserer ›Wahr-Nehmung‹ (Kap. 52) durch ›Achtsamkeit‹[85]. Im einzelnen heißt das:[86] Wir setzen uns möglichst entspannt hin und schließen die *Augen*. Wir beobachten einige Minuten, welche leisen und lauten *Geräusche* wir draußen und im Raum hören, und *akzeptieren*, daß sie da sind. Hier kommt das Prinzip der ›Widerstandslosigkeit‹ (BP, S. 40–43) zum Zuge, denn alles, gegen das wir uns ›wehren‹, nimmt uns bei dieser Art des Betens erst recht in Beschlag. Lassen wir es aber zu, wird es uns bald nicht mehr so stark wie bisher in unserer Konzentration stören. Wir hören die Geräusche zwar noch, aber es ist, wie wenn sie draußen vor der geschlossenen Tür seien. Sehr hilfreich kann hier die Formel[87] sein: ›Alle (Geräusche, Gefühle und Empfindungen, Gedanken) dürfen jetzt sein. Sie gehören *jetzt* dazu (zu mir). Ich *höre* jetzt Geräusche (*habe* jetzt Gefühle, Empfindungen, Gedanken), aber ich *bin* nicht die Geräusche. Ich bin *jetzt* Beobachter / Beobachterin der Geräusche. Wir beobachten unsere *körperlichen Empfindungen*, die wir jetzt haben, und was wir fühlen. Wir werden gewahr, wie sich unsere Lippen, die sich berühren, anfühlen, unsere Augenlider, die Zunge im Mund, Brust und Rücken, die von der Kleidung berührt werden, die Hände, die im Schoß oder auf den Oberschenkeln liegen, usw. So können wir auch ins Körperinnere gehen und ›wahr-nehmen‹, wie sich einzelne Organe anfühlen. In einigen Minuten können Gefühle und Empfindungen schon anders sein, aber *jetzt* gehören diese Gefühle und Empfindungen zu uns, werden wahrgenommen und *jetzt* akzeptiert: ›Alle Gefühle und Empfindungen dürfen *jetzt* sein ... Ich bin *jetzt* ihr Beobachter / ihre Beobachterin.‹ »*Jetzt* ist die Zeit des Heils!« schreibt Paulus an die Korinther (2 K. 6,2). Wir verschließen unsere Ohren[88] für etwa zehn Atemzüge mit den Kuppen der Mittelfinger und nehmen wahr, was sich in unserem Körper tut. Wir hören unser Herz schlagen und / oder unseren Blutkreislauf rauschen. Das ist unser Leben! Für die Hebräer zur Zeit Jesu stand ›Blut‹ für ›Leben‹; so kann auch das Wort Jesu ›Das ist mein Blut!‹ verstanden werden. Wir beobachten, welche *Gedanken* kommen und gehen, als würden wir aus dem Fenster schauen und Fußgänger, Radfahrer, Autos vorübergehen und -fahren sehen. Wir rufen die Gedanken nicht herbei, empfinden sie aber auch nicht als konzentrationsstörend und schieben sie daher auch nicht fort. Im Gegenteil: Wir beobachten mit Interesse, was alles uns durch den Kopf geht, und sind dankbar dafür. Auf diese Weise kommen manchmal sehr kreative Einfälle! De Mello schlägt einen weiteren Schritt vor (S. 33): »Nachdem du (...) eine Zeitlang deine Gedanken beobachtet hast, werde dir bewußt, daß du denkst. Du kannst sogar innerlich sagen: ›ich denke ..., ich denke ...‹, oder noch kürzer: ›denken ..., denken ... ‹, damit dir der Denkprozeß, der in dir abläuft, bewußt bleibt. Wenn du bemerkst, daß du nicht denkst, dann warte, bis der nächste Gedanke auftaucht. Werde dir seiner bewußt, oder werde dir der Tatsache bewußt, daß du denkst.« Nach einigen Minuten, wenn wir das Empfinden haben, daß es gut ist oder keine neuen Gedanken mehr kommen, denken wir: »Alle Gedanken dürfen jetzt sein. (...) Ich bin jetzt ihr Beobachter/ihre Beobachterin.« Nun können wir uns noch unseres *Atmens* bewußt werden: wir können beobachten, wie es sich anfühlt, wenn die Luft durch unsere Nasenlöcher fließt. Vielleicht werden wir uns der unterschiedlichen Empfindungen beim Ein- und Ausatmen bewußt. Wenn Gedanken kommen, beobachten wir diese, akzeptieren sie und kehren dann wieder zur Beobachtung der Atmung zurück. Diese wird nicht gesteuert: so, wie sie *jetzt* ist, darf sie *jetzt* sein!

Diese Schritte können auch unabhängig von der im folgenden beschriebenen zweiten und dritten Stufe praktiziert werden; umgekehrt ist es nicht notwendig, bei jedem Beten all diese Schritte zu tun. Außerdem gibt es ganz andere Arten des Betens, die hier nicht erwähnt sind. »Im Buddhismus sind wir vor allem bestrebt, in jedem Augenblick Achtsamkeit zu üben, zu wissen, was in uns und um uns vorgeht. Als der Buddha einmal gefragt wurde: ›Herr, was übt Ihr und Eure Mönche?‹, gab er zur Antwort: ›Wir sitzen, wir gehen und wir essen.‹ Der Fragesteller beharrte: ›Aber Herr, jeder sitzt, geht und ißt‹, worauf der Buddha ihm antwortete: ›Wenn wir sitzen, *wissen* wir, daß wir sitzen. Wenn wir gehen, *wissen* wir, daß wir gehen. Wenn wir essen, *wissen* wir, daß wir essen«‹ (Thich Nhat Hanh, S. 37 f.). Das Üben von Achtsamkeit dient zur Vorbereitung auf die zweite Stufe wirksamen Betens:

2. Sprechen: »*Bete zu deinem Vater, der im Verborgenen ist!*« Das griechische *krypte* (verborgen) erinnert an eine Krypta, die in einer Kirche immer *unterhalb* des für alle zugänglichen Raumes (oben) liegt; es kann auch eine Höhle bezeichnen, die tief ins Innere eines

Berges führt. Das zeigt schon, daß ›beten‹ hier kein *ober*-flächliches Daherreden mit vielen Worten (Mt. 6,7), sondern ein In-unsere-Tiefe-Gehen meint. Der griechische Text gibt eine weitere wichtige Verstehenshilfe. Die Wortstellung in ihm legt nahe, daß er nicht im Sinne von »Bete im Verborgenen« – das heißt, vor den Blicken anderer Menschen verborgen – »zu deinem Vater« zu verstehen ist, sondern als »Bete zu deinem Vater, der im Verborgenen ist«. Im weiteren Wortlaut (Stufe 3) heißt es auch nicht »und dein Vater, der *ins* Verborgene sieht« (gleichsam von außen in etwas hineinsehend), sondern »dein Vater, der *im* Verborgenen sieht«. Der Sinn ist also: Wenn du betest, so suche deinen ›Vater‹-Gott, den liebenden, intelligenten, allmächtigen Ur-Grund allen Seins und Wirkens, nicht irgendwo weit entfernt außerhalb von dir: Er ist *in dir*! Meister Eckhart meint (Schelp, S. 29): »Man soll Gott nicht als etwas betrachten, was außerhalb von einem ist, sondern als sein Eigentum und als das, was in einem ist.« Wenn der Vater in *mir* ist, dann ist er in *allen* Menschen. Wer das verstanden hat, weiß um die soziale, soziologische und weltweite Dimension dieses Ansatzes. Es hängt sehr von dem Bild ab, das jemand sich – bewußt oder unbewußt – von ›Gott‹ macht, ob und wie er diesen Ansatz akzeptieren und in die Praxis umsetzen kann (BP, S. 57 f.; Kap. 42). Die Praxis ist im Abschnitt ›Wege‹ der Herzensmeditation (Kap. 24) beschrieben. Sie kann im Atemrhythmus, im Rhythmus des Herzschlags oder des Gehens, in Gedanken, leise sprechend, laut sprechend oder singend kontempliert werden. Das rhythmische Kontemplieren kann uns die Konzentration erleichtern. Die Atmung wird nicht gesteuert, sondern fließt von selbst, analog der aus dem Autogenen Training bekannten Formel ›Es atmet mich‹. In der natürlichen Pause zwischen Ein- und Ausatmen warten wir – ›Nicht tun‹! – und ›horchen‹. Zur Übung im Atemrhythmus mag folgender Vorschlag anregend sein, wobei die Wortwahl jedem persönlich überlassen bleibt:

Beim Einatmen	Beim Ausatmen	Pause
›Vater‹	›unser‹	›Nicht- tun‹
oder: – – – – – – – –	›Vater unser‹	
oder: ›Vater unser‹	›Du bist Leben‹[89]	›Nicht-Tun‹
›Vater unser‹	›Ich bin Leben‹	
›Vater unser‹	›Du bist mein Leben‹	
– – – – – – –	›Amen‹[90]	

3. Sehen: »*Und dein Vater, der im Verborgenen sieht, wird dir vor aller Augen*[91] *zurückgeben!*«[92] Wenn wir auf der Grundlage kontemplativer Erfahrung uns selbst, andere Menschen und die ganze Schöpfung mit den Augen des Vaters *sehen*, wird uns eine für alle *sichtbare* Erfahrung geschenkt: in *diesem* Leben. Das heißt konkret: Hinter der durch unsere selektive ›Wahr-Nehmung‹ bedingten Kategorisierung von Menschen in *gut – böse, gerecht – ungerecht* etc. (Mt. 5,45), hinter ihrer ankonditionierten Maske ihren Wesenskern (Kap. 16 + 49) zu sehen. Wenn es um die Veränderung einer Beziehung geht, können wir die Person(en) kontemplativ ›mit den Augen des Vaters *sehen*‹, indem wir sie zum Beispiel in einer goldenen Sonne am Horizont stehend – die Sonne ist Licht, Wärme und Leben und strahlt das alles auch aus – ›visualisieren‹ und dabei die Kontemplation erweitern (Kap. 26 + 51):

Beim Einatmen	Beim Ausatmen	Pause
›Vater unser‹	›Du bist Licht / Leben‹	›Nicht-Tun‹
– – – – – – –	›Ich bin Licht / Leben‹	
– – – – – – –	›Er / Sie ist Licht /	
– – – – – – –	Leben‹	
	›Wir sind … ‹	
– – – – – – –	›Amen‹	

23. Be-Geist-erung / Erleuchtung: *A. 1,13 – 14; 2,1 – 4; 2,6 – 8; 2,37.41*

(1,13) Als sie in die Stadt (Jerusalem) kamen, gingen sie in das Obergemach hinauf, wo sie sich nun ständig aufhielten: Petrus und Johannes, Jakobus und Andreas, Philippus und Thomas, Bartholomäus und Matthäus, Jakobus, der Sohn des Alphäus, und Simon, der Zelot [»Eiferer«], sowie Judas, der Sohn des Jakobus. (14) Sie alle verharrten dort einmütig im Gebet, zusammen mit den Frauen und mit Maria, der Mutter Jesu, und mit seinen Brüdern. (...) (2,1) Als der Pfingsttag gekommen war, befanden sich alle am gleichen Ort. (2) Da kam plötzlich vom Himmel her ein Brausen, wie wenn ein heftiger Sturm daherfährt, und erfüllte das ganze Haus, in dem sie waren. (3) Und es erschienen ihnen Zungen wie von Feuer, die sich verteilten; auf jeden von ihnen ließ sich eine nieder. (4) Alle wurden mit dem heiligen Geist

erfüllt und begannen, in fremden Sprachen zu reden, wie der Geist es ihnen eingab. (...) (6) Als sich das Getöse erhob, strömte die Menge zusammen und war ganz bestürzt; denn jeder hörte sie in seiner Sprache reden. (7) Sie gerieten außer sich vor Staunen und sagten: Sind das nicht alles Galiläer, die hier reden? (8) Wieso kann sie jeder von uns in seiner Muttersprache hören? (...) (37) Als sie das hörten, traf es sie mitten ins Herz, und sie sagten zu Petrus und den Aposteln: Was sollen wir tun, Brüder? (...) (41) An diesem Tag wurden (ihrer Gemeinschaft) etwa dreitausend Menschen hinzugefügt.

Aus ängstlichen, immer wieder versagenden Schülern (›Jüngern‹: Männern und Frauen) wurden am ersten Pfingstfest ›Selbst-bewußte‹ Zeugen (A. 2,1 ff.). Für den, der die Bildsprache des Neuen Testaments versteht, werden in der Apostelgeschichte konkrete Schritte beschrieben, wie wir uns für die Erfahrung dieser Kraft öffnen können (A. 1,12–14): *Das Obergemach (...), wo sie sich nun ständig aufhielten* (1,13): Im deutschen spricht man vom ›Oberstübchen‹. Die Begriffe ›Haus, Gemach, Kammer‹ usw. symbolisieren in heiligen Schriften verschiedener Religionen häufig unser Bewußtsein. Das ›Ober‹-Gemach meint wie der Ausdruck ›seine Augen nach oben richten‹ (Jh. 11,41;17,1) die Konzentration auf das sogenannte ›Dritte Auge‹ (Mt. 6,22–23) in der Gegend der Stirnmitte, eine Technik, die als Einleitung der Meditation dient. *Sie alle verharrten dort einmütig im Gebet* (1,14): Es gilt, in der Sammlung nach innen zu verweilen (Kap. 22) und Ausdauer zu zeigen. Außerdem wird Klarheit über das gemeinsame Ziel, das ein einzelner oder eine Gruppe auf der bewußten und un(ter)bewußten Ebene anstrebt, als gewichtiges Element genannt. *Petrus und Johannes (...) zusammen mit den Frauen* (1,13–14): Alle Personen symbolisieren – was ihre mögliche Historizität nicht ausschließt – Seelenkräfte in jedem von uns (Kap. 19). Nur wenn der *ganze* Mensch mit seinen männlichen und weiblichen ›Anteilen‹ dabei ist (Kap. 27), kann es zur ›Zeugung‹ in uns kommen, die Kommunikation ermöglicht. *Und mit Maria, der Mutter Jesu* (1,14): Sie repräsentiert als *Empfangende* das mütterliche Prinzip, das aus seinem Schoß die *Frucht* gebiert, die vom *Geist* stammt. In unserem Zusammenhang will uns die Anwesenheit von ›Maria‹ (lat. *maria* = die Meere) sagen: Zur Realisierung eines ›Pfingst-Erlebens‹ und dessen Ausstrahlung auf andere Menschen müssen unser bewußtes Denken, Fühlen und Vorstellen und unsere tiefen seelischen Schichten für überraschende, ja sogar ›unmögliche‹ Angebote und Lösungen empfänglich sein. Das erinnert an buddhistische Aussagen über ›Leerheit‹: »Als Menschen haben wir die Möglichkeit, unseren Geist zu entwickeln. Die drei Hauptaspekte des Pfades – Entsagung, Erleuchtungsgeist und Erkenntnis der Leerheit – sind die zentralen Übungen auf dem Wege zur Erleuchtung« (Geshe Thubten Ngawang 1996, S. 4; Kap. 29). *Brausen* und *Feuer [Licht]* (2,2–3): Die Wahrnehmung von Geist, Seele und Körper (»das ganze Haus«: 2,2) erfüllenden, durchdringenden Tönen und von Licht wird von vielen Meditierenden berichtet, am intensivsten jedoch in Grenzsituationen wie z. B. einer Nahtod-Erfahrung (Kap. 32) erlebt. *Zungen wie von Feuer, die sich verteilten: auf jeden von ihnen ließ sich eine nieder* (2,3): Die Quelle des Lichtes wird als *eine* erfahren, zeigt sich jedoch in jedem Menschen individuell. *Alle wurden von Heiligem Geist erfüllt* (2,4): Hier wird kein Unterschied zwischen Männern und Frauen gemacht, auch nicht zwischen ›Amtsträgern‹ (Apostel) und anderen Personen: *jedem* kann unmittelbar ›ein Licht aufgehen‹. *Sie begannen, in fremden Sprachen zu reden. (…) Wieso kann sie jeder von uns in seiner Muttersprache hören? (…) Es traf sie mitten ins Herz. (…) Was sollen wir tun?* (2,4.8.37): Für den, der solche ›Erleuchtung‹ erfährt, werden Gesetzmäßigkeiten selektiver Wahr-Nehmung (Kap. 52) durchsichtig und ›Abwehrtendenzen‹ überflüssig. Dies ermöglicht eine Kommunikation, die Mißverständnisse und Blockaden beseitigt, als Basis für ein neues Fragen und Verstehen, das in verändertes Verhalten einmündet.

War dies alles nur eine Angelegenheit, die sich vor 2000 Jahren abspielte? Was geht sie dann *uns* an? Oder wird hier, in das Gewand einer Erzählung gekleidet, eine Erfahrung beschrieben, die *jeder* Mensch und *jede* Gruppe unter den oben genannten Voraussetzungen machen kann: ›be-GEIST-ert‹ zu werden, sich seines Selbst (Kap. 49) bewußt, ›erleuchtet‹ zu werden? Es dürfte die Mühe lohnen, dies – als einzelner und in der Gruppe / Gemeinde – in der Praxis zu erproben.

24. Herzensmeditation (Kap. 30, 31 + 39)

»*Glücklich, die lauteren Herzens sind, denn sie werden Gott schauen.*« (Mt. 5,8)

Die Wurzeln dieser Meditationsform sind bis zu den ägyptischen

Wüstenvätern des 4. Jahrhunderts zurückzuverfolgen; die Entwicklung geht weiter über die orthodoxen Kirchen und Klöster, vor allem auf dem Berg Athos, auch über protestantische Mystiker wie z. B. Gerhard Tersteegen, bis zum Rußland des 18. und 19. Jahrhunderts. Sie wurde in den zwanziger Jahren auch (wieder) bei uns aufgegriffen. Massa weist in seinem Artikel ›Das Namensgebet als universale Praxis‹ (S. 9–33) darauf hin, daß diese Übung in mehreren großen Religionen zu Hause ist: als Namajapa im Hinduismus, als Nembutsu und Koan MU im Buddhismus, als Dhikr im islamischen Sufismus.

– **Herz.** In den biblischen Schriften ist oft vom *Herz* die Rede. Das griechische Wort *kardia* bedeutet: ›Herz als das inwendige Leben nach seiner Einheit: sowohl Denken als auch Wollen; Herz als Sitz des Lebens, der Leidenschaft, der Gefühle; Herz als Sitz des Denkvermögens, von Verstand und Unverstand.‹ Schon allein diese breite Palette von Bedeutungen zeigt, daß es bei diesem Begriff um sehr existentielle, tiefe Schichten mit rationalen, emotionalen und vitalen Komponenten geht. Es fällt auf, daß an vielen Stellen das Herz zusammen mit Verstand und Denken genannt wird. Diese Komponenten bilden eine untrennbare Einheit. Oft ist von der ›Höhle des Herzens‹ (gr.: *krypte*) die Rede. »Die Höhle ist seit alters ein Symbol für das Unbewußte (Kap. 32) und auch Stätte für die Begegnung mit Gott. In den Upanishaden wird sie Guha genannt. Es ist das innere Heiligtum, der Ort, der dem Denken nicht zugänglich ist, die Wohnung des Göttlichen. Teresa von Avila hat diese Stätte die ›innere Burg‹ genannt, Tauler ›Grund‹, Eckehart ›Seelenfunke‹. Es ist der Sitz oder das Symbol für den Sitz des Lebens, von dem alle Erscheinungsformen ausgehen« (Jäger, S. 146). »Christen betonen das Gebet des Herzens und Buddhisten sprechen von der ›Einspitzigkeit des Geistes« (*cittasekagata*)‹ (Thich Nhat Hanh, S. 191).

– **Merkmale.** Die Herzensmeditation, auch Namens- oder Jesusgebet genannt, ist, von *psychologischer* und *psychotherapeutischer* Warte aus gesehen, ein hervorragendes Mittel zu Konzentration und tiefgehender Einstellungsänderung. Sie zeigt mehrere charakteristische Merkmale:

– *Die rhythmische Wiederholung*: Der Name ›Jesus‹, der Satz ›Herr Jesus Christus, Sohn Gottes, erbarme dich meiner!‹ (so der russische Pilger) oder ein anderer Text, in dem der Name ›Jesus (Christus)‹ vorkommt, wird im Herzschlag-, Atem- oder Schrittrhythmus wiederholt, meist allein. Dies kann in Gedanken, flüsternd oder laut geschehen. Dabei kann eine Gebetsschnur eine Konzentrationshilfe sein und einen gleichmäßigen Rhythmus erleichtern: die Schnur dient nicht zum Zählen, denn es geht nicht (primär) um die Quantität, sondern um die Qualität der Wiederholungen.

›Sinn-voll‹, weil mit Beteiligung weiterer Sinnesqualitäten und damit den ›Ein-Druck‹ verstärkend, kann ès auch sein, die Worte zu *singen*. Jeder weiß aus Erfahrung, wie bestimmte Melodien und damit auch deren Texte uns manchmal den ganzen Tag über oder tagelang nicht aus dem Kopf gehen. Seit über 1000 Jahren singen christliche und (noch länger) nichtchristliche Mönche nach sehr rhythmischen und einprägsamen Melodien. So können wir zum Beispiel die Worte auf die rhythmische Melodie eines gregorianischen Psalmtons singen. Oder wir können einen einfachen Singsang, der uns anspricht, selbst erfinden oder auch von selbst durch Summen kommen lassen. Die Resonanz, welche gesprochene und gesungene Vokale im Körper auslösen, führt zu einer Konzentrierung des Gefühls. Einen sehr interessanten Hinweis bringt Jans (S. 109 f.) unter Berufung auf Inayat Khan »Mystik von Laut und Ton«[93] und auf die Chladnischen[94] Klangfiguren: »Von der Körperdimension her werden die Vokale mit folgenden Bereichen in Verbindung gebracht, wobei sie an den entsprechenden Orten auch eine heilende Funktion ausüben, wenn sie in Verbindung mit dem Atem in der entsprechenden Tonhöhe gesungen oder gesummt werden: I – Kopf, Stirnhöhle, Scheitel, Zirbeldrüse; E – Stimmbänder, Hals, Kehlkopf, Lungenspitzen, Schilddrüse; A – Brust, Lungenflügel, Herz, Thymusdrüse; O – Sonnengeflecht, Herzgegend, Magen; Ö – Zwerchfell, Leber, Magen, Galle; Ü – Nieren; U – Unterleib, Därme, Geschlechtlichkeit. Die Verbindung von Vokal und Atem ermöglicht es, die ganze Gestimmtheit, die aus einem Wort strömt, in den entsprechenden Bereich des Körpers zu lenken.[95] Sie können selber überprüfen, was in Ihnen ausgelöst wird, wenn Sie sich nur auf die Vokale des Jesusgebetes einlassen, indem sie diese in Verbindung mit ›m‹ oder ›n‹ ansummen und die verschiedenen Klangfarben und Tonebenen auf sich wirken lassen. Weil jedem Ton eine bestimmte Klangfigur entspricht, hat das Summen eines Vokals eine ordnende Wirkung, was sich psychisch als innere Ausgeglichenheit äußert. (…) Innerhalb der Körpersymbolik gilt das Herz als Zentrum. Das Wort ›Jesus‹ umspannt den gesamten Vokalbereich und umfaßt die ganze Leibgestalt in der klanglichen Resonanz (J/I: Kopf, bis U: Unterleib, der von den Füßen her getragen wird). Der Übende soll sich aber weder im Kopf noch im Unterleib fixieren, sondern aus der Mitte des Herzbereiches den Namen Jesu ›singen‹.« Die durch die Stimmlippen erzeugten Schwingungen der Luft bringen den ganzen Körper mehr oder minder zum Mitklingen. Jeder kann selbst ausprobieren, wo im Körper der betreffende Vokal ›sitzt‹. Wie Rainer Hilkenbach, Chorregent der Kiedricher Chorbuben, bestätigt, spielen Vokale und Semivokale (m, n: auch in ›Om – Aum‹ und ›Amen‹!), sogenannte ›Klinger‹, nicht nur in der Stimmbildung eine große Rolle, sondern auch für die Wiederherstellung bzw. Aufrechterhaltung körperlicher und seelischer Harmonie. Im Gregorianischen Choral gehen sogenannte ›Melismen‹ manchmal in einen ›Jubilus‹, meist auf den ›strahlenden Vokal‹ a, über: »Der Vokal -a- verschafft uns den Zugang zu dieser unserer personhaften Dimension. Das -a- ist der Laut des Erwachens, der Laut, der alle unsere größeren Gemütsbewegungen begleitet, ob er hörbar oder unhörbar erklingt« (Riesch, S. 46). Nicht umsonst werden in Taizé alte Gesänge lateinisch gesungen. Jans macht darauf aufmerksam (S. 109), daß »dies klanglich im griechischen Urtext noch besonders deutlich zum Ausdruck kommt: *Jesous Christos, hyios tou theou, eleison hemas* – Herr Jesus Christus, Sohn Gottes, erbarme dich unser«: in diesen Worten sind alle Vokale enthalten. Das erinnert mich an die ›Fünf Wandlungsphasen‹ in der chinesischen Medizin, die der Akupunktur zugrunde liegen. Die chinesische Musik ist eine 5-Ton-Musik; Urtöne korrelieren entsprechend den ›Fünf Wandlungsphasen‹ mit den zugehörigen Regelkreisen im Organismus und haben damit eine spezifische Wirkung auf bestimmte Energiezentren und Organe.[96] Es ist nicht unwichtig, uns solcher Weisheit bewußt zu werden, die auch in der Herzensmeditation verborgen ist.

– *Die Atmung*: In der Meditation »bleibt der Atem als die letzte Bewegung des körperlichen Organismus. Auch er beruhigt sich, wird immer feiner. Der Atem ist der Rhythmus des Körpers, der uns zugleich mit dem Geist verbindet. Und wenn wir in diesem Gebet, in dieser Hinwendung zu Gott den Atemrhythmus einbeziehen und das Gebet mit dem Atem koppeln, dann ist das eine ganz natürliche, selbstverständliche Angelegenheit. Es wird auf diese Weise der ganze Mensch, nicht nur der Geist und die Seele, sondern auch das Körperliche einbezogen in die Hinwendung zu Gott. Die Ganzheit des Menschen wird erfaßt« (Scharf, in: Massa 1982, S. 45). Wer das Gebet ohne einen fachlich qualifizierten Lehrer alleine einübt, sollte natürliche

Körperrhythmen nicht verändern, sondern das Gebet diesen Rhythmen anpassen. Die Atmung zum Beispiel soll nicht künstlich gesteuert werden, sondern einfach fließen können. Es sei hier nochmals an die bekannte Formel ›Es atmet mich!‹ aus dem Autogenen Training erinnert. In der Pause, die zwischen Ausatmen und Einatmen ganz natürlich eintritt, stellen sich Ruhe und Sammlung ein. Die folgenden Beispiele können vielleicht als Anregung dienen:

Beim Einatmen	Beim Ausatmen	Pause
›Herr Jesus Christus (Sohn Gottes),	erbarme dich meiner / unser.‹	›Nicht-Tun‹
oder: ›Jesus	Christus‹	
oder: ›Je-	-sus‹	
oder:	›Jesus‹	
oder: ›Jesus Christus,	Du bist der Weg,‹,	
›Jesus Christus,	Du bist die Wahrheit,‹,	
›Jesus Christus,	Du bist das Leben.‹	
oder: ›Jesus Christus,	Du lebst in mir / uns.‹	

– *Der Herzschlag*: »Vom Starez hat der Pilger die Anleitung empfangen, daß das Wesentliche im Herzen vorgeht, zumal das innere Gebet ausschließlich mit dem Herzen verrichtet wird. Nun gilt es, daraus die Konsequenz zu ziehen, die darin besteht, das Denken aus dem Kopf ins Herz zu verlegen. Das Herabsteigen aus dem Kopf in das Herz ist das Entscheidende, ein Vorgang, der nicht genug betont werden kann. Ganz buchstäblich ist dieses Herabsteigen aus dem Kopf in das Herz zu verstehen, indem der Pilger die Augen schließt, mit dem Geist ins Herz hineinblickt und sich vorzustellen versucht, wie das Herz da in der linken Seite eingebettet ist und schlägt, so daß er dessen Wärme spürt. Wenn er auf diese Weise den Geist ins Herz versenkt hatte, ›lichtete sich mein sonst so dumpfer Verstand, und ich vermochte mühelos Dinge zu erfassen und zu ergründen, an die ich zuvor niemals hatte denken können.‹ (...) Der Pilger hatte das Mittel entdeckt, wie man mit dem Geist das Herz auffinden kann« (Nigg, S. 195 f.). In der orthodoxen Tradition »wird das Herz als das Zentrum des ganzen Menschen verstanden, sowohl des Leibes als auch der Seele. Wie der ›Pilger‹ sagt, soll man sich das Herz vorstellen. (...) Allerdings sollte man sich das Herz nicht als Organ vorstellen, sondern eher in Anlehnung an die indische Tradition als Raum. Die tantrische Konzeption der Leibeszentren kann hier hilfreich sein« (Küpper, S. 87f.). Auch hier soll das Gebet, wie bei der Atmung, dem vorhandenen Rhythmus fließend angepaßt werden. Die Erfahrung zeigt, daß beispielsweise langsame Barockmusik die Herzschlagfrequenz von selbst ihrem Rhythmus anpaßt. Menschen mit Herzproblemen, z. B. mit Herzrhythmusstörungen, sollten vorher mit ihrem Arzt oder klinischen Psychologen sprechen, ob diese Form des Meditierens für sie gut ist. In solchen Fällen wird auch beim Autogenen Training die Formel geändert, oder diese Übung wird an das Ende der Übungsreihe gestellt oder ganz ausgelassen.

– **Geist und Körper**. Die Herzensmeditation kann, was die Meditations-›Technik‹ angeht (das griechische *he techne* bedeutet ›die Kunst‹!), durchaus mit östlichen Methoden mithalten; *inhaltlich* jedoch unterscheidet sie sich fundamental von diesen. *Die psychologische Ebene*: Für den *Anfänger* ist es ratsam, während der ersten Monate immer am gleichen Platz zu meditieren. Vielleicht können Sie sich in Ihrer Wohnung eine ruhige Ecke reservieren, die Sie nur zu diesem Zweck benutzen. Der Grund für die Beibehaltung des gewohnten Raumes ist: Schon bei dessen Betreten werden Sie auf das Kommende eingestimmt. Psychologen sagen, der Raum werde zum ›konditionierten Stimulus‹. Wie stark dieser wirkt, hängt von der Häufigkeit und der Intensität der ›Kopplung‹ von Raum und Übung ab. Ähnliches gilt auch von der *Zeit* der Übung, von der *Körperhaltung* und anderen ›Neben-Sachen‹ wie z. B. Weihrauch, wenn Sie ihn lieben. Diese Erklärung klingt zwar sehr nüchtern, hat aber den Vorteil, daß Sie sie an Ihrer Erfahrung überprüfen können. Sie ist auch nicht neu; schon Hesychios vom Batos-Kloster sagt im 7.–8. Jahrhundert: »Die beharrliche Anstrengung erzeugt eine Gewohnheit und diese eine ständige Wachsamkeit [Achtsamkeit]. (…) Bei der Tugend wie bei dem Laster erzeugt die Wiederholung Gewohnheit, und sie ist wie eine zweite Natur« (Kleine Philokalie, S. 98 + 109). Es empfiehlt sich, zunächst zweimal täglich 10 bis 15 Minuten im Sitzen zu üben. Sie bekommen diese Zeitdauer allmählich ins Gefühl. Lassen Sie aus dieser Empfehlung jedoch keinen Zwang werden. Sie brauchen kein schlechtes Gewissen zu haben, wenn einmal eine Übung ausfällt oder zu einer anderen Zeit stattfindet. Mit zunehmender Erfahrung werden Sie auch von festen Zeiten unabhängiger. »Unter dem Gesichtspunkt einer modernen psychologischen Betrachtungsweise gehört das Herzensgebet in den Bereich der Autosuggestion. (…) Die religionspsychologische Betrachtungsweise ordnet das Herzensgebet den mantrischen Verfahren zu, als die Ingangsetzung eines psychischen Prozesses der seelisch-religiösen Dimension durch ausdauernde Wiederholung des gleichen religiösen Inhaltes. Als religiöses Phänomen liegt das Herzensgebet dann auf gleicher Ebene wie z. B. der Rosenkranz, die Litanei, der religiöse Kanon, als das ständige Wiederholen des gleichen Liedes oder die Antiphon innerhalb des Psalmengebetes usw.« (Jans, S. 97 f.). Auf der *physiologischen Ebene* unterscheiden sich die Wirkungen der Herzensmeditation nicht wesentlich von anderen Verfahren, die mit einem Mantra arbeiten. Objektiv meßbare Variablen, verbunden mit subjektivem Entspannungsgefühl, wirken sich allmählich positiv auf die körperliche Gesundheit aus. Küpper (S. 86) spricht von einer ›Inkarnation des Gebetes‹. »Die leibliche Reaktion auf diese innere Aufmerksamkeit ist die ›Hesychia‹: der Frieden, die Ruhe, die Harmonie von Geist und Leib« (Jans, S. 107). Insofern kann die Herzensmeditation auch in einer Psychotherapie eine große Hilfe sein. Doch dies ist nicht ihr Ziel. Wer lange und intensiv genug einen kontemplativen Text mit seinem Atemrhythmus verbunden hat, kann eine erstaunliche Erfahrung machen. Es fällt ihm auf, daß, wenn er gar nicht daran denkt, ihm dieser Text von selbst im Atmen bewußt wird, daß er sogar im Traum eine Rolle spielt. Mit anderen Worten: Der kontemplative Text ist – ähnlich dem Figur-Grund-Phänomen – im Hintergrund immer anwesend und wirksam; er ist in unser ›unterbewußtes‹ Repertoire eingegangen. Das zeigt sich auch daran, daß die gefühlsmäßige Stimmung und damit das seelische und körperliche Befinden, die Art und Intensität von Kontakten und das berufliche Tun aus dieser Tiefe geprägt werden. Dies gilt nicht nur für die Herzensmeditation.

– **Name.** In der Herzensmeditation wird statt des Namens Gottes (Kap. 41) oder des Vaters der Name ›Jesus‹ oder ›Jesus Christus‹ gesprochen. Dies ist durchaus legitim, sagt doch Jesus selbst im Johannesevangelium auf die Bitte des Philippus (»Herr, zeige uns den Vater; das genügt uns«): »Schon so lange bin ich bei euch, und du hast mich nicht erkannt, Philippus. Wer mich gesehen hat, hat den Vater gesehen. Wie kannst du sagen: Zeig uns den Vater? Glaubst du nicht, daß ich im Vater bin und der Vater in mir ist?« (Jh. 14,8–10). Der Name ›Jesus‹ erleichtert auch heute manchen Menschen in der Anfangsphase eine beseelte Beziehung, denn bei Jesus handelt es sich um einen konkreten Menschen, mit dem sich seit Kindheit lebendige Gefühle verbinden. »Wenn wir den Namen des Buddha anrufen, rufen wir die Buddha-Eigenschaften in uns selbst wach. Wir üben, damit der Buddha in uns lebendig wird und wir von Leiden und Anhaftungen befreit werden. (…) Im Christentum – und im Buddhismus ebenso – haben viele Menschen bei ihren Übungen wenig Freude, Leichtigkeit, Entspanntheit, Lockerheit oder Weite des Geistes. Sie werden nicht in Berührung mit dem lebendigen Buddha oder dem lebendigen Christus kommen, auch wenn sie einhundert Jahre in dieser Weise üben. Wenn Christen, die den Namen Jesu anrufen, sich mit den Worten zufrieden geben, können sie den Kontakt zum Leben und zur Lehre Jesu verlieren. Sie praktizieren nur die Form, nicht die Essenz. Wenn man die Essenz praktiziert, wird der Geist klar, und man erlangt Freude« (Thich Nhat Hanh, S. 148 f.).

– **Wege**. Sie sind in Kapitel 22 ausführlich beschrieben. Jean-Yves Leloup beschreibt folgende Schritte, die er bei Starez Séraphim vom Berge Athos gelernt hat: Meditieren wie ein Berg (Verwurzelung in einem guten Sitz), wie eine Mohnblume (Ausrichtung der Wirbelsäule); wie der Ozean (Atemrhythmus), wie ein Vogel (mit leiser Stimme murmeln, wie eine Turteltaube), wie Abraham (Bindung des Bewußtseins und des Herzens an ein ›Du‹), wie Jesus (Sohn werden als ›kosmischer Mensch‹). Das Herzensgebet ist ein ›östlicher‹ und ›westlicher‹, für den Abendländer leichter nachzuvollziehender, weil in seiner Kultur wurzelnder Weg zu diesem erlebenden Erfahren.

– **Ziel**. *Reinen Herzens sein* (Mt. 5,8), das letzte Ziel der Herzensmeditation (Jäger, 89 f.), bedeutet: Gott, die allumfassende Wirklichkeit, auf allen Ebenen unseres Seins als die einzig wirkliche Ur-Sache zu erkennen, die sich in allem Geschaffenen manifestiert. Diese Erfahrung wird auf einer höheren Ebene geschenkt; wir können uns durch Übungen bestenfalls dafür öffnen, aber sie nicht herbeizwingen. Sie geht weit über die oben beschriebenen psychologisch-physiologischen Wirkungen hinaus. Der Grund der Einheit ist schon immer in uns (Jh. 14,20): »An jenem Tage werdet ihr erkennen, daß ich im Vater bin und ihr in mir und ich in euch.« Dies ist so, auch wenn wir uns dessen nicht bewußt sind. *Reinheit des Herzens* bedeutet auch Nonkonformismus: sich nicht von dem, was ›die Welt‹, was ›man‹ denkt, was ›in‹ ist, vom kollektiven Bewußtsein bestimmen zu lassen. »Paßt euch nicht an ›die Welt‹ an, sondern wandelt euch durch neues Denken!« schreibt Paulus an die Römer (R. 12,2). Wer ein *lauteres Herz* (gleichbedeutend mit *reines Herz*) hat, wird nicht nur in jedem Menschen, sondern in jedem ›An-Teil‹ der Schöpfung eine Manifestation des Schöpfers sehen. Es gehört wirklich ein ›reines‹ Herz dazu, hinter die Fassaden zu sehen und jeden Menschen, mag er äußerlich noch so böse oder elend erscheinen – »hungrig, durstig, nackt, krank, im Gefängnis« (Mt. 25,31–46) – aus der Perspektive des ›Vaters im Himmel‹ zu sehen, »der seine Sonne aufgehen läßt über Böse und Gute und regnen läßt über Gerechte und Ungerechte« (Mt. 5,45: BP, S. 43) und entsprechend zu handeln. Ohne diese Erfahrung können wir andere Menschen und die ganze Natur nur als etwas außerhalb von uns selbst – als anthropozentrisch erlebte ›Um-Welt‹ statt als ›Mit-Welt‹, deren Teil wir Menschen sind! – erleben, als ›Objekte‹, die wir entweder, je nach Weltanschauung und Lebensphilosophie unterschiedlich, aus ethischen und / oder ökologischen Gründen respektieren müssen oder die wir ausbeuten können, eine Einstellung, die direkt in einen Machbarkeitswahn und damit auch in eine ökologische Katastrophe einmündet. Hier wird schon deutlich, daß Beten – und damit auch das Herzensgebet – nicht einer individualistischen ›Selbstbefriedigung‹ dient, sondern wesentliche soziale Folgen hat.

25. Visionen und Träume

»Ich werde von meinem Geist ausgießen über alles Fleisch. Eure Söhne und eure Töchter werden Propheten sein, eure jungen Männer werden Visionen haben, und eure Alten werden Träume haben. Auch über Knechte und Mägde werde ich von meinem Geist ausgießen in jenen Tagen, und sie werden Propheten sein.« (A. 2,17 f.)

Petrus zitiert hier aus dem Propheten Joel. Bemerkenswert ist an diesem Text unter anderem, daß es keine Standesunterschiede gibt: Die Erleuchtung wird auch ›Knechten und Mägden‹, also allen ohne Ansehen der Person, geschenkt. Wer diese Aussagen ernst nimmt, für den werden nicht alle ›Ein-Fälle‹ (Intuitionen, Visionen) und Träume nur ›Schäume‹ sein. Vielmehr gilt: ›Den Seinen gibts der Herr im Schlaf!‹ »Dann schläft er und steht wieder auf, es wird Nacht und es wird Tag, der Samen keimt und wächst, und der Mann weiß nicht wie«, heißt es bei Markus (Mk. 4,27): Des Nachts kann unsere ›Saat‹ im Traum aufgehen, über Tag kann uns plötzlich etwas klar werden, und wir wissen nicht, wie uns geschieht. Nach C. G. Jung können

Träume sowohl auf der Objekt- wie auf der Subjektstufe gedeutet werden:[97]

– Auf der *Objektstufe* sagen die Träume und Geschichten etwas über andere Personen oder Situationen aus; sie geben eine ergänzende Sichtweise gegenüber der Sicht des Bewußtseins; sie zeigen, was wir über diese Personen oder Situationen wirklich fühlen und denken.

– Auf der Subjektstufe beschreiben Personen nie bloß verwandtschaftliche Verhältnisse, sondern sie können Aspekte der eigenen Seele aufleuchten lassen:

– ein *Mann* kann auf den männlichen Seelenanteil in uns, den ›animus‹ (Kap. 27), als Vaterfigur das Zeugende, hinweisen;

– eine *Frau* mag den weiblichen Seelenanteil, die ›anima‹, in ihrer verschiedenen Ausformung als das Mütterliche, das Schwesterliche, das Empfangende und Gebärende, symbolisieren;

– *Haus* und *Tempel*, *Zimmer* und *Wohnung* können ein Bild für das eigene Seelenhaus, das Bewußtsein, sein. Was darin geschieht, geschieht in mir;

– *Tiere* stellen die Weisheit meiner instinkthaften Seite dar;

– *Engel*, *Geisterwesen*, *Riesen* und *Zwerge* sind als innere Kräfte unserer Psyche zu sehen;

– *Gegenstände*, die im Weg liegen, sagen etwas über unseren inneren Zustand aus.

»Als Grundregel der Psychologie C. G. Jungs gilt, daß der Träumende im Traum sich selber sieht, so daß seine eigene Psyche sich in der Bühne, der Handlung und den Akteuren des Traumes selbst gegenübertritt. Statt in den Träumen und in den Ausdrucksgestalten des Religiösen also Entstellungen und Ersatzbefriedigungen ursprünglicher Triebwünsche zu sehen (so die reduktive und objektale Methode der Psychoanalyse nach Freud), gelten in der finalen Auslegung der komplexen Psychologie (C. G. Jung) die Symbole der Träume und der Religion mithin als unerläßliche und wesentliche Vermittlung zum Unbewußten[98] des Einzelnen ebenso wie der Gesellschaft. Eine ›symbolistische‹ Betrachtung – als Ausdruck transzendenter, mit dem Bewußtsein niemals ganz zu erfassender und daher prinzipiell nur im Symbol aussagbarer Inhalte – erkennt in den Traumbildern, in den mythischen Motiven und in den Riten und Dogmen der Religion wesentlich nicht Verstellungen triebhafter Wünsche, sondern sie erblickt in ihnen Darstellungen bestimmter bewußter und unbewußter Inhalte, die des symbolischen Ausdrucks gar nicht bedürfen, wenn sie in einer anderen Form als im Symbol mitgeteilt oder durch etwas eigentlich Bekanntes ersetzt werden könnten.«[99]

26. Loslassen

Selig, die Frieden stiften, denn sie werden Söhne Gottes genannt werden (Mt. 5,9). Selig die Trauernden, denn sie werden getröstet werden (Mt. 5,4).

Diese beiden ›Seligpreisungen‹ aus der Bergpredigt werden vielleicht in einer anderen Form (ein-)leuchtender: »Glücklich, die Frieden ausstrahlen und so Frieden stiften, denn sie werden Kinder Gottes genannt werden. Glücklich, die Trauer zulassen und Schmerz ausleben können, denn ihre Trauer wird sich in Freude verwandeln« (BP, S. 16 ff.). Hier werden zwei Grundrichtungen des Loslassens angesprochen: die Verarbeitung verletzender Gefühle gegenüber einer Person, zu der wir unsere Beziehung verändern oder wiederaufnehmen wollen und die ›end-gültige‹, zu einem Ende führende Verabschiedung von einem Menschen nach einer Trennung durch Scheidung / Auseinandergehen oder Tod. Zunächst zur ersten Perspektive:

Wie sinnvoll Vergebung für beide Teile sein kann, wird in Kapitel 51 beschrieben. Wir möchten vielleicht unsere eigene Einstellung, die *uns selbst* schadet, ändern, ohne daß der andere etwas davon ahnt: Hier geht es nicht um ›brav sein‹, ›Anpassung‹ oder ›Moral‹, sondern um die eigene Psycho- und Physio-Hygiene. Oder wir möchten eine gestörte Beziehung, an der uns etwas liegt, verbessern. Aber *wie* können wir diesem Ziel näher kommen? Nur äußerlich, verbal, ohne eine eigene Einstellungsänderung ›Frieden zu stiften‹, nützt wenig, da unsere Körpersprache und unser Tonfall (›Metakommunikation‹) eine andere Sprache sprechen. Um ›Frieden ausstrahlen‹ und so ›Frieden stiften‹ zu können, müssen wir *uns* zuerst innerlich mit dem anderen Menschen ›ver-*Söhn*-en‹ – nicht den *anderen* mit *uns*, was manchmal nicht möglich ist! –, ihn wie uns selbst innerlich als *Sohn / Tochter* (›Kind‹) des ›Vaters im Himmel‹ annehmen und dann *sehen*: Unsere Tiefenschicht, unser ›Unbewußtes‹ (Kap. 32) *agiert* in ›Sinn-vollen‹ Bildern und *re*-agiert auf solche Bilder. Wie wir neue Gedanken und Gefühle in unsere Tiefenschicht ›einsäen‹ können, damit sich *unsere eigene* Kommunikation und Metakommunikation ändern und die andere Person vielleicht re-agiert, wird in Kapitel 8 und im Abschnitt ›Sehen‹ von Kapitel 39 beschrieben. Folgende Beispiele können vielleicht Anregungen für die individuell je unterschiedliche Praxis geben:

– Zur erleichterten Einübung *sehen* (visualisieren) Sie vor Ihrem inneren Auge in Entspannung zunächst einmal einen anderen Menschen, dem sie sich verbunden fühlen oder mit dem Sie Angenehmes oder Beglückendes erlebt haben. Vielleicht steht diese Person vor dem Hintergrund einer Sonnenscheibe am Horizont oder in einem Strahlenkranz, der Licht und Wärme ausstrahlt. Werden Sie sich nach Möglichkeit der Gefühle bewußt, die Sie jetzt empfinden oder mit ihr einmal in einer bestimmten Situation empfunden haben. Sie können Ihr Gegenüber mit Ihren eigenen Worten ansprechen, zum Beispiel: »N., ich liebe dich … ich danke dir …, ich freue mich darauf, dich wiederzusehen …,« usw. Vielleicht *hören* Sie den anderen antworten, essen zusammen (*schmecken*), *berühren* ihn oder werden berührt, gestreichelt, geküßt, schlafen miteinander: Sie können visualisierend in Gedanken und Bildern das ›tun‹, was Ihren *beiderseitigen* ethischen Einstellungen entspricht, und dabei erleben Sie sich gegenseitig ›Sinnvoll‹, mit vollen Sinnen. Wenn Sie religiös orientiert sind, möchten Sie vielleicht hinzufügen oder sprechen: »Du bist wie ich Kind / Sohn / Tochter Gottes / des Vaters im Himmel …, dein Wesenskern ist göttlicher Natur … (2 P. 1,4), du bist Licht für die Welt (Mt. 5,14) und für mich …« Verweilen Sie in diesem *Schauen und Fühlen* einige ›Augen-Blicke‹. Vielleicht möchten Sie auch singen. Die günstigste Zeit sind die Minuten vor dem Einschlafen, so daß Sie Ihr Erleben mit in den Schlaf nehmen (Kap. 22 + 24). Sie können diese Einübung variieren, bis Sie spüren, daß sie für Sie ›echt‹ ist, und sie dann so oft wiederholen, bis Sie den ›Ein-Druck‹ haben, deutlich *sehen und fühlen* zu können.

Erst nach dieser einübenden *positiven Erfahrung* können Sie beginnen, Gedanken und Gefühle gegenüber einem anderen Menschen loszulassen, von dem Sie sich verletzt fühl(t)en, indem Sie andere Informationen in Ihre Tiefe ›einsäen‹, damit sie dort Wurzeln schlagen und allmählich – zunächst in Ihnen – spürbare Früchte tragen: zur eigenen Ent-Lastung und / oder zur Verbesserung oder Wiederaufnahme einer Beziehung. Es geht nicht um das Aufsetzen einer rosaroten Brille im Sinne eines oberflächlichen ›positiven Denkens‹, geschweige denn um ein ›Vergessen‹ oder ›Verdrängen‹ von Verletzungen, sondern um deren angemessene Verarbeitung. Ziel ist, an diese Person und das mit ihr oder durch sie Erlebte und vielleicht Erlittene denken und damit umgehen zu können, ohne sich selbst und den anderen dauernd wieder zu verletzen und ›Sprachlosigkeit‹ zu verewigen (BP, S. 29–33, 40–47). Zunächst können Sie den anderen Menschen *sehen*, wie oben beschrieben, sich Ihrer verletzten Gefühle bewußt werden und ihn ansprechen: »N., du hast mir sehr weh getan / wir haben uns sehr weh getan. Ich kann und will das nicht vergessen, im Gegenteil: Wir könnten sonst nichts daraus lernen und würden uns nur immer im Kreise drehen. Wer von uns ›im Recht‹ oder ›im Unrecht‹ war, das immer wieder neu zu erleben, bringt mich nicht weiter, denn so verletze ich mich selbst immer wieder neu. Ich möchte meine Einstellung dir gegenüber ändern, mich innerlich mit dir versöhnen und eine neue Seite in unserem gemeinsamen Lebensbuch aufschlagen...« Wenn Sie nun den anderen ›in der Sonne sehen‹, können Sie ihn weiter ansprechen: »Was du mir auch angetan haben magst: Ich sehe hinter unseren ›Masken‹ und ›Rollen‹ deinen inneren Wesenskern, der in dir leuchtet; er strahlt symbolisch aus dir hervor als Licht und Wärme.« Wenn Sie es nachempfinden können, möchten Sie vielleicht ergänzen: »Ich sehe dich mit den Augen des Vaters im Himmel, der seine Sonne scheinen läßt über ›Gute‹ und ›Böse‹ und der regnen läßt über ›Gerechte‹ und ›Ungerechte‹ (Mt. 5,45). Du bist wie ich sein Sohn / seine Tochter. Ich segne dich: ›Der Herr segne und behüte dich; er lasse sein Antlitz leuchten über dir und sei dir – und uns allen – gnädig. Er wende dir sein Angesicht zu und schenke dir und mir Heil und Heilung« (4 M. 24ff.). »Ich vergebe dir (und mir) ...« Wenn Sie dies – oder ein Ihnen entsprechendes ähnliches bildhaftes Vorgehen – mehrmals, vielleicht über einige Wochen abends, praktiziert haben und spüren, daß Ihre Gedanken, Gefühle und Empfindungen sich langsam geändert haben, können Sie einen weiteren *inneren* Schritt tun und ›Früchte ernten‹: Gehen Sie bildlich auf die andere Person in der ›Sonne‹ zu, reichen ihr die Hand, erleben, wie Sie innerlich ruhig mit ihr sprechen können. Das Ziel dieses Loslassens ist es nicht unbedingt, dem anderen positive *Gefühle* entgegenzubringen, sondern im Sinne von ›agape‹ (Kap. 38) *gelassen* miteinander sprechen und innerlich relativ angst- und aggressionsfrei miteinander umgehen zu können, so daß Ihre Gefühle Sie nicht bei dem blockieren, was Sie nach reiflicher Überlegung oder manchmal auch spontan für richtig erachten.

Womöglich erscheint es Ihnen angebracht, zusätzlich und / oder alternativ zu diesem ›Loslassen‹ nach der gleichen Methode Durchsetzungsverhalten zu üben. Wenn Sie den anderen als *Person* innerlich akzeptieren, können Sie zu seinem *Denken* und *Verhalten* ›ja‹ oder ›nein‹ sagen, klar und mit Nachdruck Ihre Meinung ausdrücken, vielleicht auch deutlich Grenzen setzen. Es geht nicht um kritiklose Anpassung, um eine faule Harmonie ›um des lieben Friedens willen‹ (BP, S. 37–40). Spontaneität, Leidenschaftlichkeit (Kap. 10) und auch ein ›dem anderen deutlich die Meinung sagen‹ gehören durchaus zum biblischen Repertoire (vgl. z. B. Mt. 23,1–36).

Was Sie innerlich erleben, können Sie nun auch in der Realität probieren. Ob und wie der andere reagiert, bleibt offen: Vielleicht kommt ihre ›Botschaft‹ (veränderte Kommunikation und Metakommunikation) bei ihm an; auf jeden Fall aber haben Sie *sich* entlastet. Vielleicht kennen Sie einen Menschen, der nicht in den Konflikt verwickelt ist, mit dem Sie Ihre inneren und äußeren Erfahrungen, auch eventuelle ›Ent-Täuschungen‹, besprechen und gegebenenfalls objektivieren können. Bei Problemen, die bereits in psychosomatische Beschwerden, schwere Ängste oder Depressionen eingemündet sind, ist es ratsam, einen Psychotherapeuten (Arzt oder Klinischer Psychologe), zu konsultieren, bei religiösen Problemen vielleicht auch einen Geistlichen, der für solche Ansätze offen ist. Vielleicht verlangen Sie innerlich nach Vergebung durch eine ›Höhere Instanz‹ (Gott), die ein Mensch (früher sagte man in der katholischen Kirche ›Beichtvater‹!) Ihnen durch eine (sakramentale?) ›Los-Sprechung‹ erlebbar macht. Welchen Weg Sie wählen, ist Ihre ureigenste Entscheidung. Was hier zum ›Loslassen‹ einer anderen Person gesagt wurde, gilt auch für Vorwürfe wegen vergangener Ereignisse, die Sie *sich selbst* machen, für Schuldgefühle, von denen Sie nicht loskommen, die vielleicht Ihr Fühlen und Handeln blockieren. Sie können sich dann – analog dem oben beschriebenen Vorgehen – selbst in der ›Sonne‹ *sehen* und erleben, wie sich der innere Block langsam löst. Auch hier können Ihnen womöglich andere Menschen zur Seite stehen.

Folgende Einsichten sind wichtig, wollen wir mit unseren Übungen nicht scheitern: Wir müssen unser Ziel als *schon erreicht* ansehen und daher diesbezügliche Gedanken und Bilder in der *Gegenwartsform* formulieren und *sehen*; wir sollten niemals das visualisieren, was wir *nicht* möchten oder *loswerden* wollen. Viele Menschen haben das Gefühl, daß sie sich in die Tasche lügen, wenn sie sich ein Ziel als schon erreicht vorstellen, während ihre gegenwärtige Erfahrung ganz anders aussieht. Hier gilt es, sich die psychologischen Gesetzmäßigkeiten zu vergegenwärtigen, die bei bewußter oder nichtsahnender Einspeicherung einer Zielvorstellung in unseren tiefen gefühlsmäßigen seelischen Schichten ablaufen: Unser ›Unterbewußtsein‹ hört aufs Wort und reagiert aufs Bild, so wie es ist; es arbeitet nicht ›logisch‹, sondern ›psycho-logisch‹. Wir machen uns also nichts vor, wenn wir einen Zustand, der erfahrbar erst noch eintreten soll, als schon erreicht visualisieren. Wir wenden lediglich – wie in anderen Wissenschaften auch – eine Gesetzmäßigkeit an, diesmal eine psychologische. Ihre Wirkweise ist jenseits aller theoretischen Diskussion an unserer Erfahrung überprüfbar. Das oben beschriebene Vorgehen erinnert an die Technik der ›systematischen Desensibilisierung‹ in der Verhaltenstherapie (Kossak, S. 427). Wie im Neuen Testament, so sind diese Gesetzmäßigkeiten auch in den Schriften anderer Religionen bekannt. Es ist wichtig, daß wir diese und die anderen psychologischen Gesetzmäßigkeiten klar verstehen *und innerlich akzeptieren* (›glauben‹: Mt. 8,13), bevor wir mit dem *Sehen* beginnen. Jeder gedankliche oder gefühlsmäßige Zweifel gleicht einem Störfeuer, das unsere Bemühungen abschwächt oder zunichte macht (Mt. 6,24). Im Markus-Evangelium heißt es (Mk. 11,24): »Alles, um was ihr bittet und betet, glaubt, daß ihr es (schon) empfangen *habt*, und es wird euch zuteil werden.« Schon seit mindestens zweitausend Jahren ist also bekannt, was in den letzten hundertfünfzig Jahren in Autosuggestions- und Hypnoseforschung wiederentdeckt wurde.[100] Kossak beispielsweise schreibt unter der Überschrift »Altersprogression als Hilfe zur Problemlösung« (S. 257): »Nach meiner Ansicht bietet hier die Hypnose die Möglichkeit, gegenwärtige Denkblockaden oder emotionale Hindernisse zu umgehen, um auf diese Weise eine zeitlich vorgezogene Konsequenz der eigenen Gefühle, Denk- und Handlungsweisen vorzunehmen.« Svoboda beschreibt die »therapeutische Nutzung induzierter Träume« (S. 161 ff.) und die »Erfolgsvisualisierung und Projektionen in die Zukunft« (S. 179 ff.): »Das Grundprinzip besteht hier in der Erschaffung des eigenen Ebenbildes, das die momentan erst gewünschten und angestrebten Eigenschaften oder Ziele bereits besitzt oder erreichte«; er schildert als Beispiel die ›Gedächtnisleinwand‹, die als Vorübung für ›kreative Imagination‹ geübt wird.[101]

Nun wenden wir uns der Aussage »Glücklich, die Trauer zulassen und Schmerz ausleben können, denn ihre Trauer wird sich in Freude verwandeln« zu. Sie kann uns bei ›end-gültigen‹ (äußeren) Trennungen und nach dem Tod eines Menschen zu innerem Abschiednehmen führen. Wenn wir in einer lebensbedrohlichen Krankheit oder im hohen Alter den eigenen Tod herannahen fühlen, gilt es, sich auf ein würdiges Sterben vorzubereiten. ›Abschied‹ ist verwandt mit ›Abscheiden‹, ›Scheidung‹ und ›Ent-Scheidung‹. Die Parallelstelle im Lukas-Evangelium (Lk. 6,20) lautet: »Selig seid ihr, die ihr jetzt weint, denn ihr werdet lachen.« Und im Johannes-Evangelium (Jh. 16,20–24) heißt es: »Ihr werdet trauern, doch eure Trauer wird sich in Freude verwandeln.« Hier wird sichtbar, daß Trauer kein *Selbstwert* sein sollte, denn der Schmerz würde verewigt, Ablösung – und damit auch das Anknüpfen neuer Beziehung(en) – erschwert oder unmöglich gemacht. Wer Trauer jedoch als ›Not-wendende‹ Durchgangsstufe akzeptiert, wird zunehmend ein Gefühl der Befreiung und der Freude erleben: Ängste, Depressionen und dadurch bedingte psychosomatische Symptome lösen sich allmählich; auf der Beziehungsebene zeichnet sich immer mehr eine Veränderung ab, die es gestattet, Nähe und Distanz, Gemeinsamkeit und Unterschied, Verbundenheit und Ablösung (Peseschkian) gelassener wahrzunehmen, zu akzeptieren und zu realisieren. Noch einmal sei gesagt, daß es nicht um eine Unterdrückung von Gefühlen wie Trauer oder auch Wut und Enttäuschung geht. Sie sind in einer Übergangzeit notwendig und legitim.

Mancher hat schon erfahren, wie schwer es fällt, nach einer Trennung von einem geliebten oder auch verhaßten Menschen oder von einer Gruppe, für die man sich engagiert hatte, innerlich loszulassen, beispielsweise nach einer Scheidung oder nach einem ›plötzlichen‹ Verlassenwerden ›wie aus heiterem Himmel‹ (?). Das Problem verfolgt einen bis in sich wiederholende quälende Träume hinein. Manchmal ist professionelle Hilfestellung sinnvoll. In der Sprache der Psychotherapie wird dann oft von (›abnormer‹) ›Trauerreaktion‹ gesprochen, es muß ›Trauerarbeit geleistet‹ werden, und dies nicht nur nach dem Tod eines Partners. Erziehung, Umwelteinflüsse und vor allem religiöse Einstellungen können die Problematik verstärken, zum Beispiel durch das Erzeugen zusätzlicher Schuldgefühle, oder sie können die (Er-) Lösung des inneren Konflikts herbeiführen oder erleichtern, wenn jemand zum Beispiel an einen vergebenden Gott oder an ein ›Weiterleben nach dem Tode‹ glaubt. Ob mit oder ohne Begleitung, die eigentliche ›Arbeit‹ kann nur der Betroffene selbst leisten. Aber wie?

– Im Falle einer Trennung ist es wichtig, sich und dem anderen innerlich zu vergeben und ihn loszulassen. Die oben beschriebenen Übungen können dabei eine Hilfe sein. Statt jedoch die andere Person, die zum Beispiel mit Ihnen in einer Landschaft an einer Weggabelung steht, zum Schluß auf sich zukommen zu *sehen* oder ihr entgegenzugehen, verabschieden sie sich von ihr: »N., was immer wir uns auch angetan haben mögen (was immer ich dir/du mir angetan hast), im Guten wie im Bösen; ich kann und möchte nicht vergessen, aber ich möchte jetzt einen Schlußstrich ziehen. Ich vergebe dir (und mir). Ich lasse dich los. Du entfernst dich aus meinem Leben. Ich achte dich als Person, deshalb wünsche ich dir alles Gute auf deinem zukünftigen Lebensweg. Du lebst dein Leben, und ich lebe mein Leben. Und wenn wir uns später, vielleicht nach Jahren, einmal begegnen, möchte ich gelassen und ohne Haß mit dir wie mit einem Menschen umgehen, den ich gut kenne … Nun: Leb wohl!« Nun sehen Sie, wie der andere sich umdreht und auf seinem Weg fortgeht. Sie schauen ihm nach, bis er als kleiner Punkt am Horizont verschwindet. Dann gehen Sie den anderen Weg. Vielleicht möchten Sie auch – wie oben beispielhaft formuliert – Ihrer Überzeugung entsprechend religiöse Formulierungen oder einen Segenswunsch in die Abschiedszeremonie einflechten.

Beim inneren Loslassen eines verstorbenen Menschen spielt eine Rolle, ob der Zurückgebliebene an ein ›Leben nach dem Tode‹ glaubt, und wenn ja, in welcher Form. Wer beispielsweise von Reinkarnation (Kap. 47) überzeugt ist, wird der Ansicht sein, daß nach einer Übergangszeit eine Wiederverkörperung, womöglich auch ein Wiedersehen in anderer Form und damit auch eine Aufarbeitung dessen, was in vorangegangenen Inkarnationen versäumt oder an Fehlern begangen wurde, möglich ist. Für ihn wird das Ableben eines geliebten Menschen vielleicht schmerzlich, aber nie eine Katastrophe sein. Ähnliches mag für einen Christen gelten, für den es eine Weiterexistenz des Personkerns (individuelles Bewußtsein mit all seinen Eigenschaften: Seele und Geist) und eine Wiedervereinigung mit einem ›verklärten‹ Leib als Wesensbestandteil des Menschen bei einer zukünftigen Auferstehung gibt. In der Zwischenzeit hat der Verstorbene – in der Sicht des Überlebenden je nach dessen religiös-konfessioneller Prägung unterschiedlich – die Chance der Reinigung (volkstümlich ›Fegefeuer‹ genannt), wie dies auch aus anderen Religionen bekannt ist. Für das Thomas-Evangelium (Nr. 51) existiert die Frage eines ›Wei-

terlebens nach dem Tode‹ bzw. einer ›Auferstehung‹ zu einem *zukünftigen* Zeitpunkt nicht: »Seine Jünger fragten ihn: (…) An welchem Tage kommt die neue Welt? Er antwortete ihnen: Die, nach der
ihr ausschaut, ist schon da; aber ihr kennt sie nicht.« In diesem Sinne
heißt es auch im Johannes-Evangelium (Jh. 6,47): »Wer an mich
glaubt, *hat* ewiges Leben!« Der ›Jüngste Tag‹ ist *jetzt*! Wer den Leib
für ein ›Gefängnis der Seele‹ hält, wird sich bei aller Trauer sogar
freuen, daß das Wesentliche des anderen von dieser ›Fessel‹ befreit
wurde. Auch für den, nach dessen Ansicht mit dem Zerfall des Ge-
hirns das Bewußtsein endgültig erlischt, kann das Leben des Gestorbenen oder mit dem Gestorbenen erfüllt und sinnvoll (gewesen) sein,
und er kann Abschied nehmen. Wie ist unsere Einstellung zu Sterben
und Tod? »Der gläubige Mensch macht eine grundlegende Erfahrung: Wer das Leben erfährt oder wenigstens daran glauben kann,
verliert die Angst vor dem Tod. Das Leben kann nicht sterben. Sterben kann nur eine Form des Lebens sein. Das ist der Grund aller
Erfahrung und die Erkenntnis jeder Mystik. Sterben und Auferstehen gehören zum Strukturprinzip der Schöpfung. Unser Ich sträubt
sich gegen diesen Prozeß des Werdens und Vergehens. Es klebt an
der Form. Es will diese Form der Existenz festhalten. Es klammert
sich an eine Hülle und vergißt darüber den Inhalt. Wir sind wie ver-
zaubert. Im Hinduismus nennt man das die große Zauberin Maya«
(Willigis Jäger, S. 26).

In verschiedenen Religionen gibt es Riten, die dem Sterbenden den
Übergang erleichtern sollen. Im Tibetanischen Totenbuch spricht
man zum Sterbenden: ›Ehrwürdiger, gehe ins Licht … !‹ In der katholischen Kirche gibt es die volkstümlich so genannten ›Sterbesakra-
mente‹. Die Liturgie bei der Beerdigung, die ›Seelenmesse‹, das
›Sechswochenamt‹ und das ›Jahrgedächtnis‹ haben auch den Sinn, den
Zurückbleibenden die Ablösung zu erleichtern. Nach etwa einem
Jahr ist die erste Phase der Trauerarbeit abgeschlossen; es folgt das
zweite Jahrgedächtnis usw., bis der Verstorbene endgültig losgelassen
ist. Außerdem ist es dem noch auf dieser Erde Weilenden möglich,
den anderen beim Hinübergang und danach in seiner weiteren Entwicklung durch sein Gebet aktiv zu unterstützen, eventuell sogar
Antwort zu bekommen, zum Beispiel in Form eines Traums. Mancher hat das Gefühl, bei einem Gespräch mit dem geliebten Verstorbenen am Grab oder vor seinem Bild innerlich zu erfahren, was ihm
dieser mitzuteilen hat, oder er hört den Verstorbenen sprechen, sieht

ihn auf sich zukommen im Licht. Je nach Standpunkt wird dies von Außenstehenden, auch von Fachleuten, als ›Einbildung‹, manchmal sogar als ›krankhaft‹ abgelehnt, oder als ganz persönliche Erfahrung für durchaus möglich und begrüßenswert angesehen und respektiert. Entscheidend ist, wie der Sprechende dies erfährt und welche Früchte dieses Tun für ihn zeitigt: als allmähliche Lösung und damit ›Er-Lösung‹ oder als Verstärkung einer Bindung, die krank macht. Alles Festhaltenwollen des Verstorbenen mag diesen auch hindern, sich in seiner neuen Existenzform zurechtzufinden, so glauben viele Menschen. Wer also den Toten wirklich liebt, tut auch um dessentwillen gut daran, ihn innerlich zu verabschieden, ganz abgesehen davon, daß ›verewigte‹ Trauer dem Zurückbleibenden das Anknüpfen neuer Beziehungen, zum Beispiel zu einem potentiellen Partner, erheblich erschwert, wenn nicht gar unmöglich macht, mit all den Folgen, die aus ›abnormen Trauerreaktionen‹ in der Psychotherapie bekannt sind. Sätze in Todesanzeigen wie ›Von Beileidsbesuchen bitten wir Abstand zu nehmen‹ sind zu respektieren. Sie stellen allerdings eine noch sehr junge und typisch westliche Haltung dar. Zu fragen ist, ob sie nicht möglicherweise den Trauerprozeß erschwert. Vielen Menschen sind Kontakte in dieser Situation willkommen, geben sie doch Trost, zeigen, daß der Zurückgebliebene nicht allein ist, und lindern den ersten Schmerz. Nicht nur der Leichenschmaus, auch die orientalischen Klageweiber kommen dem entgegen. In manchen Kulturen wird nach der Beerdigung oder Verbrennung des Leichnams ein Fest gefeiert, ein Brauch, der in unseren Breiten von den meisten vermutlich mit Empörung registriert würde. Wäre das nicht auch für Menschen, beispielsweise für Christen, die glauben, daß der Verstorbene nun in einer höheren Wirklichkeit lebt, angemessen?

Meditative Übungen wie die oben beschriebenen können dabei helfen, der Loslösung langsam näher zu kommen, immer vorausgesetzt, daß dieses Ziel wenigstens mit dem ›Kopf‹ akzeptiert wird. Bilder wie das der ›Sonne‹ oder der ›Weggabelung‹ können mit einer Verabschiedung verbunden werden, etwa so: »N., wir hatten wunderschöne Jahre zusammen. Ich danke dir für alles, was wir zusammen erlebt haben, für Freud und Leid, für alles, was du mir geschenkt hast, und was ich dir schenken durfte ... Ich möchte jetzt so weiterleben, wie du es mir aus Liebe anraten würdest, könntest du noch mit mir sprechen; gerade weil ich dich immer noch liebe, weiß ich, daß es nicht in deinem Sinne wäre, mich für immer an dich zu klammern ...

Ich werde weiter an dich denken (für dich beten, mit dir sprechen ...). Ich verabschiede mich jetzt von dir, wie ich dich bisher gekannt und geliebt habe, und wünsche dir, daß du in deiner neuen Existenz glücklich wirst ...« Bei ›Unerledigtem‹ wie einer Beziehungsstörung, die vor dem Sterben nicht mehr in Ordnung gebracht werden konnte, oder bei Schuldgefühlen gegenüber dem Verstorbenen, kann, um ›die Gestalt zu schließen‹, um Verzeihung gebeten oder diese angeboten werden. Eventuell beschließt man auch, Versäumtes an anderen Menschen ›gutzumachen‹.

Schon im Tibetanischen Totenbuch heißt es: »Wer nicht das Sterben gelernt hat, kann nicht das Leben lernen«, und im Matthäus-Evangelium (Mt. 10,39): »Wer das Leben gewinnen will, wird es verlieren; wer aber das Leben um meinetwillen verliert, wird es gewinnen.« Was immer jemand bei diesen Zitaten denkt und empfindet, sicher ist, daß jeder einmal stirbt. Wer über sie nachdenkt und lernt, sie zu akzeptieren, für den werden Sterben und Tod kein Tabu mehr sein. Die Lektüre entsprechender Literatur[102] und die Beschäftigung mit der eigenen und anderen Kulturen und Religionen,[103] angefangen vom Tibetanischen Totenbuch über taoistische, buddhistische und hinduistische Quellen und die Bibel bis zum Koran, kann uns zeigen, wie einseitig unser gewohnter westlich-wissenschaftlicher Code (Kap. 53) ist, unseren Gesichtswinkel weiten und Verkrampfungen lockern. Wer möchte, mag in einer Art ›Projektion in die Zukunft‹ (Svoboda 1984, S. 179) ein ›Paradies‹ oder einen ›Himmel‹ gedanklich und bildhaft vorwegnehmen, vielleicht auch sein eigenes Sterben, um sich auf dieses Ereignis vorzubereiten und es, wenn es kommt, bewußt und angstfreier zu erleben, eine Wohltat und Erleichterung der Trauerarbeit auch für die Zurückbleibenden. Vielleicht wird er aber auch vorher schon zunehmend ein Gefühl der Befreiung empfinden: ›Was kann mir dann noch passieren, wenn selbst der Tod mir keine Angst mehr macht?‹ Ein solcher Mensch wird nicht nur risikofreudiger sein, er kann engagierter, sinnvoller – mit vollen Sinnen – leben, ein nicht gering zu schätzendes Plus für seine psychische und physische Gesundheit und für seine Umgebung. Es ist sicher nicht jedermanns Sache, wie Paulus zu denken, der in seinem Brief an die Philhipper schreibt (P. 1,23 f.): »Es zieht mich nach beiden Seiten: Ich sehne mich danach, aufzubrechen und bei Christus zu sein – um wieviel besser wäre das! Aber euretwegen ist es notwendiger, daß ich am Leben bleibe.« Auf jeden Fall zeigt der Text einen Menschen, der keine Angst vor Sterben und Tod hat, der daher in einem erfüllten, von Abenteuern und Gefahren überreichen Leben trotz vieler Leiden (er war vermutlich sehr krank und hatte große Schmerzen) sich bewußt für diese Existenz entscheiden kann. Dieser ›Stand-Punkt‹ ist nicht nur meilenweit entfernt von einer Verlängerung des Lebens um jeden Preis, wenn Sterben und Tod ein Tabu sind. Er hat auch nichts zu tun mit depressiver Resignation, die in Krankheiten und vielleicht auch in einen Suicid einmünden können; von sogenannter ›aktiver Sterbehilfe‹, wie sie in Australien und in den Niederlanden unter bestimmten Bedingungen gesetzlich erlaubt ist, ganz zu schweigen. ›Wer gelernt hat, zu sterben, hört auf, Knecht zu sein!‹, sagt Seneca (1. Jh. n. Chr.). Der Buddhist Thich Nhat Hanh schreibt (S. 161 f.): »Manche Wellen auf dem Meer sind hoch, manche niedrig. Wellen scheinen geboren zu werden und zu sterben. Wenn man jedoch genauer hinsieht, sieht man, daß die Wellen, auch wenn sie kommen und gehen, ebenfalls Wasser sind, das immer da ist. Begriffe wie ›hoch‹ und ›niedrig‹, ›Geburt‹ und ›Tod‹ können auf Wellen angewandt werden, während das Wasser frei ist von solchen Unterscheidungen. Erleuchtung wäre für eine Welle der Augenblick, in dem sie erkennt, daß sie Wasser ist. In diesem Augenblick fällt alle Todesfurcht von ihr ab. Wenn man nur intensiv genug übt, wird man eines Tages erkennen, daß man frei ist von Geburt und Tod, frei von vielen der Gefahren, von denen man sich bedroht fühlte. Wenn man dies erkennt, kann man mühelos ein Boot bauen, das über die Wellen von Geburt und Tod trägt. Lächelnd wird man verstehen, daß das Nirvana, das Himmelreich, hier und jetzt verfügbar ist.«

Ein Sinnspruch aus dem Rubaijat des persischen Dichterphilosophen Omar Chajjam (1054–1122), genannt ›der Zeitmacher‹, lautet: ›Seltsam, nicht wahr, daß Menschen ohne Zahl vor uns durchschreiten schon das finstere Portal, und keiner kehrt zurück und kündet uns den Weg, den wir erst kennen, gehn wir selber ihn einmal‹ (zit. in Moody, S. 6). Es stimmt: *Wir* werden den Weg erst in eigener Erfahrung kennen, wenn wir ihn gegangen sind. Im Glauben der Christen ist *einer* zurückgekehrt, der die Pforte durchschritten hat. Auf diesem Hintergrund heißt es in der Geheimen Offenbarung (O. 21,4), dem letzten Buch der Bibel: »Gott wird alle Tränen von ihren Augen abwischen: Der Tod wird nicht mehr sein, keine Trauer, keine Klage, keine Mühsal. *Denn was früher war, ist vergangen.*«

V. Be-Deutungen

27. Anima – animus: *»Als Mann und Frau erschuf er sie.«* (1 M. 1,27)

– *Anima* (lat.): das empfangende Prinzip.
– *Animus* (lat.): ursprünglich: das selbständige Leben und Wirken des Menschen im ganzen wie im einzelnen; der Inbegriff des Denkens, Fühlens und Wollens; das Herz, das Gemüt, die Gesinnung; die Stimmung, Gemütsbewegung, der Mut. Diese ganzheitliche Bedeutung von *animus* ging erst in der römischen Kaiserzeit infolge der Einengung des Begriffs auf das Verstandesmäßige, rein Gedankliche, verloren.
– C. G. Jung knüpft in seiner Psychologie an die ursprüngliche Bedeutung beider Begriffe an.[104] *Anima* ist im Unbewußten des Mannes ein von Urzeiten herkommendes überindividuelles Bild (Kap. 28) von allen Erfahrungen weiblichen Wesens, *animus* das im Unbewußten der Frau wirksame Bild der Erfahrungen männlichen Wesens.[105]
– Die *anima* hat eine Parallele in der islamischen Mystik.[106]
– »Der Tantrismus (...) leitet die durch die Schöpfung hindurchgehende Polarität des Männlichen und Weiblichen von ihrem göttlichen Archetyp ab, wo der Gott mit seiner Sakti, seiner weiblichen Energie, vereint ist. (...) Sakti: (...) die kosmische und spirituelle Kraft und Energie, die von Siva nicht verschieden ist und doch als sein schöpferischer und dynamischer Aspekt von ihm ausgeht. (...) Als die *dynamis* Gottes wurde sie mit dem Heiligen Geist in der christlichen Trinität verglichen, der ja auch von der Theologie heute wieder in ›seinem‹ ›weiblichen‹ Aspekt entdeckt wird (vgl. die alttestamentlichen Begriffe *schechina* und *ruach*)«.[107] Franz Alt (1991, S. 34 f.) konkretisiert die Jungsche anima-animus-Konzeption am Beispiel des biblischen Jesus (Kap. 19).

– *He arche* (gr.) bedeutet nicht in erster Linie einen zeitlichen Anfang, sondern das Prinzip (lat.: *principium*), die Ursache, der Ursprung, die Quelle, die jetzt wirksam sind; Kap. 29 zu ›Pneuma‹.

– Archetypen sind Bilder der menschlichen Seele, die sich in allen
Menschen zu allen Zeiten finden, wenn auch in verschiedener konkreter Ausgestaltung.

– Das ›kollektive Unbewußte‹ (C. G. Jung) hat die Erfahrungen der
ganzen Menschheit, an der wir alle teilhaben, in sich gesammelt. Dabei ist weniger an eine biologische Kette als an eine ›kollektive Da-
tenbank‹ zu denken (vgl. Sheldrakes Begriff ›Morphogenetische Felder‹; Jäger, S. 34); in ihr stoßen wir auf die archetypischen Bilder.

– Auch die Autoren der Bibel greifen unbewußt zu solchen Bildern,
um für uns bedeutungsvolle Geschichten zu erzählen; diese zwingen
uns nicht zur Anerkennung von Sätzen oder Theorien. Wir müssen
nicht etwas ›für wahr halten‹ oder ›daran glauben‹.

– Die Geschichten decken uns auf, wer wir sind, was sich in unserer
Seele tut (Kap. 40).

Norbert Copray schreibt in ›Publik-Forum‹ (3.12.1993): »Jungs
Theorie von den Archetypen, den unbewußten, zeitlich und kulturell
überdauernden Strukturen der individuellen Psyche, verführt ihrer-
seits zu abgehobenen Deutungen, die die konkrete gesellschaftliche
Situation vernachlässigen. (...) Die Entwicklung in der Psychotherapie läuft auf eine größere Integration dieser Ansätze [gemeint sind die
Ansätze von Freud und Jung] zugunsten eines gesamt-tiefenpsycho-
logischen Ansatzes zu.« In die vorliegende Arbeit fließen jedoch auch
andere Ansätze, z. B. lerntheoretisch fundierte sozialpsychologische,
mit ein.

29. ›Armut im Geiste‹: *»Selig die Armen im Geiste, denn ihrer ist das Himmelreich.«* (Mt. 5,3)

Im griechischen Text sind *hoi ptochoi* = ›die Bettelarmen‹, eigentlich:
›die sich Verbeugenden‹; *to pneumati* ist Dativ, wobei Pneuma ›der
Anhauch, das Wehen, belebendes Prinzip, Gesinnung, Geist, Kraft,
die den inneren Bestand des Lebens hervorbringt, bedeutet. Gemeint
sind also Menschen, *die sich vor dem Geist verbeugen*, das heißt, die

offen sind für die Wahrnehmung der Kraft innerhalb und außerhalb von uns, die das Leben hervorbringt. Es geht um eine erweiterte Sichtweise (Kap. 52) und ein daraus fließendes Denken, Fühlen und Handeln.

Meister Eckhart unterscheidet zwischen äußerer und innerer Armut (Predigt 33 zu Mt. 5,3; in: Quint 1979). Innere Armut meint zuerst ein ›Leersein‹. Nicht umsonst empfinden manche Buddhisten eine innere Verwandtschaft mit Meister Eckhart. Umgekehrt fühlen sich Menschen unserer abendländischen Kultur, die ›nach innen‹ gehen möchten, vom Buddhismus angezogen. Lange verpönte Begriffe sind inzwischen wieder ›in‹: Ökologische Ethik, Maß und Begrenzung, Verzichtsethik, neue Bescheidenheit bei Entwicklungs- und Konsumbedürfnissen[109]. Das alte Wort hieß: Askese.

30. Atmen: »Der Atem Gottes (pneuma) schwebte über den Wassern.« (1 M. 1,2)

– *anemos* (gr.): ›Hauch, Wind‹ und got. *uz-anan* ›ausatmen, sterben‹ zur idg. Wurzel *an* ›atmen, hauchen‹ gehörig, ursprünglich ›der Atem‹, ›das Wehende‹.

– *spiritus* (lat.), *pneuma* (gr.): Luft, Wind, Atemzug, Lebenshauch, Leben, Seele, Geist, der hebräischen *ruach* verwandt; übertragen: Begeisterung, Begabung, Gesinnung, Selbstbewußtsein, Stolz. Etymologisch verwandt sind: Esprit, Inspiration.

– Das hebräische *ruach* mit seinen Bedeutungen *Geist*, *Atem* und *Wind* ist weiblichen Geschlechts. Von daher kann mit einer gewissen Berechtigung im christlichen Sprachgebrauch von einer ›Heiligen Geistin‹ als gleichsam weiblichem Prinzip in der Gottheit[110] gesprochen werden: ein Akzent, der erhebliche praktische Auswirkung auf unser (einseitig) männlich geprägtes theologisches Denken und Empfinden (z. B.: *Vater-Mutter unser* statt *Vater unser*) und damit auf unser Leben haben könnte.[111]

– Das chinesische *Qi* bedeutet unter anderem *Luft*, *Atem* (Kap. 53).

– »Ist man im Ein- und Ausatmen nur einigermaßen geübt, stellt sich die Sicherheit des Raumgefühls während des Atmens ein. Ja, das Raumgefühl erweitert sich mit der Zeit über unseren ganzen Körper hinaus« (Riesch, S. 45).

31. Gebet:[112] *»Wenn ihr betet, sollt ihr nicht viel reden.«* (Mt. 6,7)

Die Worte *beten* und *Gebet* klingen heutzutage in manchen Ohren abgegriffen; ihr eigentlicher Sinn wird kaum noch erfaßt:
– Das griechische *proseuchomai* ›beten, zu einer Gottheit flehen‹ und *proseuche* ›das Gebet‹ sind verwandt mit dem Begriff *prosoche* ›Aufmerksamkeit‹ oder ›Achtsamkeit‹. Jesus fordert seine Schüler öfters auf, zu wachen; er setzt ›Wachsamkeit‹ oder ›Wachsein‹ in Bezug zum Beten: »Wachet und betet!« (gr. *gregoreite kai proseucheste*: Mt. 26,41; Mk. 13,33; Mk. 14,38); egeiro bedeutet außer ›wachen‹ auch (aus unserem hypnotischen Tiefschlaf) ›erwachen‹, ›aufwachen‹. Aus diesen Worten ist unschwer der Bezug zu buddhistischen Gedankengängen herauszuhören.
– Intention, Methodik und Grundmuster (das ›Vater unser‹: Mt. 6,9–15) christlichen Betens werden in der Bergpredigt beschrieben. In Mt. 6,5–8 heißt es: »[6a] Wenn aber du betest, so geh in deine Kammer, schließ' die Türe zu [6b] und bete zu deinem Vater im Verborgenen; [6c] und dein Vater, der im Verborgenen sieht, wird dir vor aller Augen (eine Erfahrung) zurückschenken.« ›Im Verborgenen‹ lautet griechisch ›en to krypto‹; Massa (1982, S. 32) deutet: »in die Krypta des Herzens. Damit ist die ›guha‹ der Hindus wieder aufgenommen, die Höhle, das innerste Innen, in dem Gott gegenwärtig ist und den Menschen anleuchtet mit seinem Blick. (…) Diese Krypta, das innerste Innen, entspricht der Herzenshöhle des Hinduismus, dem innersten Heiligtum. Ihr seid der Tempel Gottes, sagt Paulus« (Kap. 24).
– Küpper nennt als Merkmale des Gebetes (S. 83 f.) *Aufmerksamkeit* (gr. *prosoche*), die sich nach zwei Richtungen erstreckt: »auf den eigenen Geist als *teresis tou nou* (Beobachtung des Gedankens) und *phylake tes kardias* (Wachsamkeit des Herzens) auf Gott als Hören im Gebetsdialog. (…) *Teresis* ist Bewahrung und beobachtendes Zusehen. (…) Die Vereinigung mit Gott wird im Gedenken Gottes gesucht. Dazu wird der Geist aller Gestaltungen, seien sie bildhaft oder begrifflich, entleert. Das Gebet ist *apothesis noematon*, das Lassen aller Gedanken, auch der guten, selbst der Gedanken über Gott. (…) Durch lange Übung wird die *hesychia* ›Ruhe, Stille, Schweigen, Frieden‹ verwirklicht, in der das Gebet Zustand wird.« Solche Gedanken könnten analog in buddhistischen Texten oder bei christlichen Mystikern wie Meister Eckhart stehen (Kap. 24).

32. Bewußtsein[113]

Um der begrifflichen Klarheit willen wird zwischen verschiedenen Formen von Bewußtsein unterschieden:
– Das **Tages-Bewußtsein**.[114] Zu ihm gehören:
– unser *Wachbewußtsein* und
– unser *Unterbewußtsein / Unbewußtes*. Beide Begriffe werden hier synonym gebraucht und vom ›Nicht-Bewußten‹ (siehe unten) unterschieden. Sie meinen Inhalte unseres Langzeitgedächtnisses, die *derzeit* unterhalb der Wahrnehmungsschwelle liegen, aber unter bestimmten Voraussetzungen erinnert werden können. Nicht gemeint ist ein Speicher ›verdrängter‹ Kindheitserlebnisse, die unseren ›Abwehrmechanismen‹ zum Opfer gefallen sind, im Sinne tiefenpsychologischer Theorien. Wenn solche Begriffe im Text verwendet werden, sind sie immer in Anführungszeichen zu denken. Der Terminus ›Abwehrmechanismen‹ wurde durch ›Abwehrtendenzen‹ ersetzt, da er, ähnlich wie psychischer ›Apparat‹ etc., auf einem von mir nicht geteilten mechanistischen ›Menschen-Bild‹ fußt. Mit dem Begriff ›Verdrängung‹ ist in diesem Buch meist ›Unterdrückung‹ (unangenehmer) Inhalte gemeint. Diese können, müssen aber nicht sexueller Natur sein. Die Termini ›Unterbewußtsein‹ und ›Unbewußtes‹ werden im oben beschriebenen Sinne weiter benutzt, da sie sich in den allgemeinen Sprachgebrauch eingebürgert haben, ebenso ›Projektion‹, ›Verleugnung‹ und andere Abwehrtendenzen.[115]
– Das **Schlaf-Traum-Bewußtsein**: Es bringt u. a. vergessene, ins Langzeitgedächtnis abgesunkene Inhalte unseres ›Unbewußten‹ (im oben beschriebenen Sinne) bildhaft zur Wahrnehmung (Kap. 25).

Diese beiden Ebenen weisen eine individuelle Dimension auf, die auf unsere persönliche Lebensgeschichte zurückgeht, und eine in unserer kulturellen Vergangenheit und Gegenwart wurzelnde kollektive Dimension. Ein Aspekt des Tages- und des Schlaf-Traum-Bewußtseins ist das *Ich-Bewußtsein*: »Wenn ich mich von den Impulsen aller Sinnesorgane abschotten würde, also völlig den Kontakt zur Außenwelt und zu meinem Körper verlöre, so wäre ich mir meiner dennoch bewußt« (Warnke, S. 96).
– Das **Nicht-Bewußte**: In diesem Buch werden unser *Tages-Bewußtsein* mit seinen Komponenten *Wach-Bewußtsein* und *Unterbewußtsein / Unbewußtes* und das *Schlaf-Traum-Bewußtsein* als ›An-Teile‹ oder, besser gesagt, als winzige Ausschnitte eines *Ganzen*,

eines *umfassenden, universellen Bewußtseins* verstanden. Die Existenz und das Wesen *dieses* Bewußtseins ist uns aufgrund unserer selektiven ›Wahr-Nehmung‹ bestenfalls bildhaft, z.B. in Gottesbildern oder -vorstellungen der verschiedenen Religionen, meist jedoch *nicht bewußt.* In einem veränderten meditativen oder kontemplativen Bewußtseinszustand, vielleicht auch im Traum (Kap. 25), können uns jedoch Aspekte dieses universellen Bewußtseins erfahrbar werden (vgl. BP, S. 203–208). Untersuchungen im Bereich der Transpersonalen Psychologie belegen dies (Walsh 1985). Erst die Öffnung unserer ›Wahr-Nehmung‹ für dieses Nicht-Bewußte, das, da raum- und zeitunabhängig, nicht mehr von unserer individuellen oder kollektiven Biographie begrenzt wird, eröffnet uns ›Grund-Sätz-lich‹ neue und erweiterte Möglichkeiten des Denkens, Fühlens und Verhaltens.

Das sogenannte *Nahtod-Bewußtsein*[116] könnte eine Brücke zwischen dem Tages- und Schlaf-Traum-Bewußtsein einerseits und dem Nicht-Bewußten andererseits sein. Die Sinnesorgane sind in diesem Bewußtseinszustand (vorübergehend?) offenbar nicht an den Körper bzw. dessen Funktionen gebunden (vgl. Warnke 1997, S. 103), denn wir nehmen im Nahtod-Bewußtsein wahr. So können ›klinisch Tote‹ nach erfolgter Wiederbelebung exakt Gespräche der Ärzte und Schwestern sowie Örtlichkeiten angeben. Michael Schröter-Kunhardt[117] fragt: »Ist die Todesnähe vielleicht nur ein Auslöser für eine Matrix religiösen Erlebens, die tief in uns angelegt ist? (...) Nah-Todeserlebnisse sind deshalb so heilsam, weil sie diese innere Religiosität freilegen, die bei uns allgemein verdrängt wird. Marx (Religion als Opium für das Volk), Freud (Religion als Neurose) und Drewermann (Religion muß an die gängige Rationalität der Psychoanalyse angepaßt werden) haben sich meiner Meinung nach geirrt.« Als eine der ersten beschrieb Elisabeth Kübler-Ross Licht- und Tunnelerlebnisse und den ›Lebensfilm‹ klinisch Toter. »Asiatische Hochkulturen haben eine Vielzahl traditioneller Methoden entwickelt und Schriftstücke hinterlassen, die zur Arbeit mit der inneren Wirklichkeit, mit Geist und Bewußtsein, mit Gefühl und Denken anleiten« (Klaus Jork, 1995, S. 458).[118] Parallelen zu den oben genannten Bewußtseinsstufen finden sich beispielsweise auch in Texten des tantrischen Sivaismus aus Kaschmir (Bäumer, S. 53).

33. Esoterik / Exoterik: *»Ich sah ein Buch, beschrieben von innen und außen.«* (O. 5,1)

Der Benediktiner-Mönch Willigis Jäger schreibt (S. 71): »Der Unterschied in der Religion verläuft für mich nicht mehr zwischen den einzelnen Religionen, also nicht zwischen Buddhismus, Christentum, Islam und Hinduismus – um nur die großen zu nennen –, sondern zwischen esoterischer und exoterischer Spiritualität.«[119]

Das griechische Adverb *esothen*, von dem ›Esoterik‹ abgeleitet ist, bedeutet: von innen her, auf der inneren Seite, innerhalb (doch mit einer Beziehung nach draußen). Entsprechend meint das griechische *exothen*: von außen her, außen, äußerlich. Das Adjektiv *esoterikos* = ›innerlich‹ gehört zu *esotero* = ›weiter hinein‹, dem Komparativ von *eiso / eso* ›nach innen, einwärts, hinein‹. Schon die frühen griechischen Kirchenväter unterschieden eine ›esoterische‹, innere, von einer ›exoterischen‹ (äußere Maßstäbe wie etwa die Frage nach der Historizität anlegende) Interpretation der Bibel (Kap. 20), eine esoterische von einer exoterischen (von einer Institution verwalteten) Religion. Székely schreibt (S. 11f.): »In Palästina und Syrien waren die Mitglieder der Bruderschaft als Essener und in Ägypten als Therapeutae oder Heiler bekannt. Der esoterische oder innere Teil ihrer Lehre (…) scheint in der Zend Avesta von Zoroaster (Zarathustra), der sie in eine Lebensweise übertrug, die für Tausende von Jahren Gültigkeit hatte. Sie enthält die grundsätzlichen Vorstellungen des Brahmanismus, der Vedas und der Upanishaden. Und auch das indische Yoga-System entsprang dieser Quelle. Buddha gab dann später im wesentlichen die gleichen Grundideen von sich und sein Bodhi-Baum entspricht dem Lebensbaum der Essener. Und in Tibet fand die Lehre noch einmal Ausdruck im Tibetanischen Lebensrad. Die Pythagoräer und Stoiker im alten Griechenland folgten ebenfalls den Grundsätzen der Essener und vielem in ihrer Lebensweise. Und die gleiche Lehre war ein Element der Adonischen Kultur der Phönizier, der Alexandrinischen Schule der Geisteswissenschaft in Ägypten, und hat auch bei vielen Arten der westlichen Kultur weitreichend mitgewirkt – bei den Freimaurern, den Gnostikern, den Kabbalisten und den Christen. Jesus selbst gab eine Auslegung in höchster Feinheit und Schönheit in den sieben Seligpreisungen der Bergpredigt.« In der Scholastik gewann in der römischen Kirche immer mehr eine ›exoterische‹ spekulative Theologie an Boden. Exponent ist Thomas von Aquin, der jedoch *auch* als ein »Theologe der Liebe« (Christmann 1959) gilt. »Der Glaube verlangt die Vernunft«, schreibt Anselm von Canterbury (1033–1109). Andere Akzente setzt die Theologie früher Kirchen- und Mönchsväter und Ordensgründer wie Klemens von Alexandrien und Benedikt von Nursia, denen es mehr um Weisheit (lat. *sapientia*; *sapere* = schmecken, *sapor* = der Geschmack, *gustare* = kosten, genießen) und um Affekte (lat. *affectus* = Stimmung, Leidenschaft, Zuneigung, Gefühl) geht: um ›esoterische‹ Religion im Sinne lebendiger Erfahrung, eine Richtung, die bis heute in den orthodoxen Kirchen lebendig ist und die in unseren Breiten Martin Luther wieder aufgriff und mit neuem Leben erfüllte: »Allein die Erfahrung macht den Theologen«, sagt er. Bernhard von Clairvaux nennt einen Weg, der zur Erfahrung führt (Kap. 31). Er sagt: »Nur Leuchten ist eitel, nur Brennen ist zu wenig, Leuchten und Brennen ist vollkommen.« Dieses *und*, dieses *sowohl als auch* dürfte in der Auslegung der Bibel der Königsweg sein.

34. Glauben:[120] *»Dir geschehe, wie du geglaubt hast.«* (Mt. 8,13)

Das griechische *pisteuein* bedeutet: ›Vertrauen fassen, sich verlassen auf, zuversichtlich hoffen, überzeugt sein, für wahr halten, glauben‹; mit dem Dativ: ›jemandem glauben, vertrauen‹; mit dem Akkusativ: ›etwas oder an etwas glauben‹. Das mittelhochdeutsche *gelouben*, im Altsächsischen *gilobian*, hat als Faktitiv zu *lieb* die Grundbedeutung: ›sich etwas lieb, vertraut machen‹. Zur gleichen Wurzel *lub* gehören: ›erlauben, lieben und loben‹ (Kluge 1989). In diesen Beschreibungen werden verschiedene Komponenten sichtbar:
– Glauben kann als Beziehung zwischen Personen verstanden werden (›fides qua‹) und / oder als überzeugt sein von etwas (›fides quae‹).
– Glauben kann sich auf das ›Heiligste‹ (Gott) und / oder auf etwas ›Profanes‹ (z. B. auf ›unser tägliches Brot‹) beziehen.
– Glauben hat außer einer Denk- auch immer eine Gefühlskomponente.
– Glauben schließt immer auch eine aktive Komponente (lieben, loben) ein.
– Glaube hat oft eine ›Wenn …, dann … ‹-Struktur, wie sie auch in einigen Heilungserzählungen deutlich wird (Mk. 5,28 vgl. Kap. 1; Mt. 8,8 vgl. Kap. 7). In diesem Sinne hat Glauben eine beobachtbar ver-

ändernde Kraft, die sich z. B. als Wiederherstellung körperlicher Gesundheit zeigt.

Glauben heißt im Kontext dieses Buches *auch*: ausgehend von neuen Informationen neue Prämissen und neue Hypothesen zu bilden, diese zu überprüfen und so zu überraschenden Erfahrungen zu kommen (Nickel 1983 und 1994). Glaube in diesem Sinne verändert, verglichen mit jeder anderen Wissenschaft, unser Bezugssystem (Kap. 53) ›radikal‹ (= an der Wurzel). »Im Buddhismus bedeutet Glaube das Vertrauen in die eigene Fähigkeit und diejenige anderer, für die tiefste Liebe und das tiefste Verständnis wach zu werden. (…) Wenn man ruhig ist, tief blickt und an die Quelle seiner wirklichen Weisheit rührt, berührt man den lebendigen Buddha und den lebendigen Christus in sich selbst [sein ›Selbst‹, der Verf.; vgl. Kap. 49] und allen Menschen, denen man begegnet« (Thich Nhat Hanh, S. 36).

In einem Artikel der Zeitschrift ›Psychologie heute‹ (März 1996, S. 13 f.[121]) heißt es, daß »empirische Ergebnisse diverser Forschungsarbeiten, die David Larson, Psychiater und Präsident des National Institute for Health Care Research, und seine Kollegen durchgeführt haben, auf einen Gesundheitseffekt verweisen. (…) Eine Analyse von 200 epidemiologischen Studien zeigt, daß der Glaube einen positiven Effekt auf eine Vielzahl von Erkrankungen hat, darunter Herzinfarkt und Krebs.«

35. Goldene Regel[122]

– Im Hinduismus: »Füge deinem Nachbarn nichts zu, was du nicht von ihm erdulden möchtest.«
– Im Buddhismus: »Erweise anderen die gleiche Liebe, Güte und Barmherzigkeit, von der du dir wünschst, daß sie dir entgegengebracht wird.«
– Im Konfuzianismus: »Verhalte dich anderen gegenüber so, wie du von ihnen behandelt werden möchtest.«
– Im Taoismus: »Betrachte deines Nächsten Glück und Leid als dein eigenes Glück und Leid und trachte, sein Wohl wie dein eigenes zu mehren.«
– Im Judentum: »Was du nicht willst, daß andere dir zufügen, das tue du auch ihnen nicht.«
– Im Christentum: »Alles, was du willst, daß die Menschen dir tun,

das tue du ihnen ebenso. Das ist das Gesetz und die Propheten« (Mt. 7,12: BP, S. 109 ff.).

– Im Islam: »Der ist kein wahrhaft Gläubiger, der seinem Bruder nicht das gleiche zudenkt und erweist, was er sich selber zuliebe täte.«

– In der Baha'i-Religion: »Wenn du Gerechtigkeit übtest, dann würdest du für andere nur wählen, was du auch für dich selbst wählst.«

36. Körper – Seele – Geist: »*Da formte Gott, der Herr, den Menschen aus Erde vom Ackerboden und blies in seine Nase den Lebensodem. So wurde der Mensch zu einem lebendigen Wesen.*« (1 M. 2,7)

Anneliese Gleditsch beschreibt diese Begriffe im hebräischen, griechischen und lateinischen Denken: Auch »im Deutschen müssen wir [also] jedesmal – besonders bei Übersetzungen aus anderen Sprachen – hinterfragen, welche Bedeutung bei Verwendung des Wortes ›Geist‹ gemeint ist.«[123]

Dem hebräischen Denken ist der (griechische) Leib-Seele-Dualismus, der ein Fortleben einer vom Leib unabhängig existierenden Seele nach dem Tode kennt, fremd. Ob dies auch von den griechischen Endredaktoren der drei synoptischen Evangelien und von Paulus gilt, kann allerdings in Frage gestellt werden. So heißt es zum Beispiel im Matthäus-Evangelium (Mt. 10,28): »Fürchtet euch nicht vor denen, die den Leib (*to soma*) töten, die Seele (*ten psychen*) aber nicht zu töten vermögen; fürchtet vielmehr den, der Seele und Leib ins Verderben der Hölle zu stürzen vermag.« Auch Paulus kennt offenbar das Modell »Körper – Seele – Geist«. In seinem ersten Brief an die Korinther (1 K. 15,44) schreibt er: »Gesät wird ein irdischer Leib [*corpus animale – soma psychikon*], auferweckt ein geistiger Leib [*corpus spirituale – soma pneumatikon*].« Der Leib des Menschen ist bei Paulus kein (platonisches) ›Gefängnis der Seele‹, nicht etwas, was sich im Sterbevorgang wie ein bloßer Handschuh von der Hand abstreifen und wegwerfen läßt. Manichäische Deutungen der Leiblichkeit und die daraus resultierende Körper-, Erotik- und Sexualfeindlichkeit sind mit der hebräischen Auffassung, der christlichen Inkarnationslehre und der ›Auferstehung des *Fleisches*‹ (!) im Glaubensbekenntnis unvereinbar. In diesem Zusammenhang kann auch das 1954 von der katholischen Kirche definierte Dogma von der ›*leiblichen* Aufnahme Mariens in den Himmel‹ gesehen werden: gegen alle einseitige Spiritualisierung![124] C. G. Jung meinte damals, wenn die katholische Kirche dieses Dogma nicht definiert hätte, hätte man es erfinden müssen!

37. Leiden: »*Was mich erschreckte, das kam über mich; wovor mir bangte, das traf mich auch.*« (Hi. 3,25)

In neutestamentlichen Texten geht es wesentlich auch um Heilung von Krankheit. Es wird keine Leidensmystik propagiert, die Leiden um seiner selbst willen verherrlicht,[125] ohne zu durchschauen, daß damit im Sinne einer ›Sich-selbst-erfüllenden-Prophezeiung‹ gerade das heraufbeschworen wird, um das sich alle Gedanken drehen (Kap. 44). Um ein mögliches Mißverständnis zu vermeiden, sei an dieser Stelle deutlich gesagt, daß hinter diesem Buch mit seiner Betonung von Heilung weder eine Tendenz zur Leidvermeidung (vgl. dazu auch Fuchs 1989) noch das Postulat, Krankheit (und Leiden) seien in jedem Fall aufhebbar, steht. Es soll nicht behauptet werden, Krankheit und Leiden seien – etwa im Sinne von ›Karma‹ (Kap. 47) – ausschließlich vom Menschen selbst verursacht und daher auch mittels Selbsterlösung allein durch menschliche Kunst heilbar. Meines Erachtens müssen jedoch Leiden / Kreuz und Auferstehung zusammengesehen werden.

38. Liebe

Für dieses *eine* deutsche Wort gibt es in der griechischen Sprache *drei* Begriffe mit unterschiedlicher Bedeutung:

1. *Eros* (Verbform: *erao;* lateinisch: amor, cupiditas; Verbform: amare, cupere) bedeutet: Liebessehnsucht, geschlechtliche Liebe, Lust, Wollust, Wonne, Verlangen, Begierde.

2. *Philia* (Verbform: *phileo;* lateinisch: amicitia, benevolentia): Freundschaft, Ergebenheit, Wohlwollen, Zuneigung, Liebe; z. B. in Mt. 10,34 und Jh. 11,3.

3. *Agape* (Verbform: *agapao;* lateinisch: caritas, Verbform: diligere): hochschätzen und infolgedessen lieben im Sinne von »(gern) etwas *tun*«; das Empfinden oder Zeigen liebevoller *Gefühle* kann, muß aber nicht da sein; im Vordergrund steht hier nicht ein *Gefühl*

der Liebe, sondern praktisches *Tun*. Dieser Begriff kommt im Neuen Testament am häufigsten vor, wenn von ›Liebe‹ die Rede ist, z. B. in Mt. 22,37; Jh. 14,21; Mt. 19,19. Diese Form der Liebe geht bis zur Feindesliebe (vgl. BP, S. 43–46). In diesem Sinne ist auch zu verstehen, wie Paulus im 1. Korintherbrief (1 K. 13) Liebe charakterisiert. Es geht hier um die Hochschätzung einer *Person* und das daraus resultierende *Tun*; daß dies nicht bedeutet, jedes Verhalten gut zu heißen, zu tolerieren oder über sich ergehen zu lassen, zeigen die Evangelien eindeutig am Beispiel Jesu. *Diese* Form von Liebe kann sich auch im Zorn äußern (vgl. z. B. Mt. 23, 13–36)!

39. Meditation[126] – Kontemplation[127]: »*Maria aber bewahrte alle diese Worte, und erwog sie in ihrem Herzen.*« (Lk. 2,19)

In diesem Zitat werden die Hauptmerkmale von Kontemplation genannt: *syneterei – conservabat* = bewahren, im Gedächtnis behalten: eine kognitive Komponente; *symballousa en te kardia autou – conferens in corde suo* = in ihrem Herzen verschließend, erwägend: eine emotionale Komponente. Im Alten Testament wird *Meditation* mit der Wurzel *haga* bezeichnet. Das griechische *meletao* bedeutet: Sorge tragen, sich üben, über etwas nachdenken, nachsinnen, sorgfältig betreiben, sich einer Sache ergeben. Zerlegt man das lateinische ›meditari‹ in seine Bestandteile, so wird deutlich, was ursprünglich gemeint ist: *medium* = die Mitte, *iri*, die Passivform von *ire* = gehen, wörtlich also ›gegangen werden‹ oder – doppeldeutig – ›sich gehen lassen‹, hier im Sinne von ›sich fallen lassen können‹. Hier wird schon deutlich, daß es – bei allem ›Sorgfältig-etwas-Betreiben‹, wie eine griechische Bedeutung sagt – in der Meditation letztlich nicht um unser aktives Tun, sondern um ein Geschehenlassen geht. Jedes aktive Verfolgen eines Ziels, jede Anstrengung, jede bewußte Bemühung um Konzentration, auch jedes Ankämpfen gegen störende Gedanken verhindert, da sie gegen das Gesetz der Widerstandslosigkeit verstößt (BP, S. 40 ff.), das sich von selbst einstellende Ergebnis, daß nämlich die Aufmerksamkeit von der Außenwelt zurückgenommen wird und der Mensch sich so für seine eigene Mitte öffnet. Meditation läßt sich auf diesem Hintergrund beschreiben als *Sich-in-die-eigene-Mitte-fallen-Lassen*.

Das Wort *Kontemplation*, oft ›Betrachtung‹ genannt, kommt vom lateinischen *contemplari* (*id animo*) = ›etwas mit dem Geist betrachten‹ mit den Bestandteilen *con* von *cum* = zusammen bzw. mit; *templum* = der Tempel (in dem bei den Israeliten das ›Allerheiligste‹ hinter einem Vorhang verborgen war); *iri*: wie oben bei Meditation. Ziel der Kontemplation ist es, sich so fallen lassen, so loslassen zu können, daß wir mit dem, der im Tempel weilt, Kontakt aufnehmen, und dann zu warten, was uns an ›Ein-Sichten‹, Gedanken, Erfahrungen geschenkt wird. Dies kann schon während der Kontemplation sein oder auch später, zum Beispiel in einem Traum. Es geht um das Kennen- und Liebenlernen des ›Reiches Gottes‹ »inwendig in uns« (Lk. 17,21: gr. *entos*, lat. *intra* nos – nicht *inter*!)[128]. Im apokryphen Thomas-Evangelium heißt es (Schmidt, S. 44): »Jesus sprach: ›Das Königreich ist inwendig *in euch* und *außerhalb* von euch‹.« In diesem Sinne wird Kontemplation in diesem Buch als Weg zur Bewußtwerdung, zum Gewahrsein und zur Erfahrung unserer Einheit mit dem *Absoluten*, aber auch mit allem, was als ›Manifestation‹ (Schöpfung) *außerhalb* dieses Absoluten ist, verstanden.[129] Ein Buddhist spricht hier von ›Seinsverbundenheit‹ (Thich Nhat Hanh, S. 35). Diese Begegnung ist nicht erzwingbar; alle Methoden können nur vorbereitende Wege sein, die uns auf diese Erfahrung hin öffnen.[130] Dies ist im folgenden immer mitzubedenken.

Meditation und Kontemplation haben eine soziale Dimension. Thich Nhat Hanh schreibt (S. 34): »Die Fähigkeit, im Frieden mit anderen Menschen und mit der Welt zu leben, hängt sehr weitgehend von der Fähigkeit ab, im Frieden mit sich selbst zu leben. Wenn man mit seinen Eltern, seiner Familie, seiner Gesellschaft oder seiner Kirche im ›Krieg‹ lebt, dann tobt wahrscheinlich auch ein ›Krieg‹ im eigenen Inneren. Die grundlegende Friedensarbeit besteht also darin, daß jeder sich selbst zuwendet und Harmonie unter den Elementen im eigenen Inneren schafft, seinen Gefühlen, seinen Wahrnehmungen und seiner seelischen Verfassung. Deshalb ist die Praxis der Meditation, die tiefe Innenschau, so wichtig. Man muß die widerstreitenden Elemente in sich selbst und ihre tieferen Ursachen erkennen und akzeptieren. (...) Wenn man Frieden in sich selbst hat, dann ist ein echter Dialog mit anderen möglich.«

40. Mythos

Man kann Mythos umschreiben als ›*das, was niemals war und doch immer ist*‹:
– ›*Das, was niemals wa*r‹: Die in einem Mythos berichteten Ereignisse sind, historisch gesehen, so niemals geschehen. Der Mythos hat keinen historischen Kern. Bestenfalls lehnt er sich lose an historische Ereignisse an.
– ›*Das, was doch immer ist*‹: der eigentliche Sinn mythologischer Aussagen im Alten wie teilweise auch im Neuen Testament ist immer aktuell.

Das Typische mythischen Denkens ist es also, daß man scheinbar in lokalen und chronologischen Dimensionen denkt, in Wirklichkeit aber etwas allgemein Menschliches, Religiöses, Theologisches meint, etwas, das Antwort gibt nicht auf die Frage nach dem Wo oder Wann, sondern auf die Frage nach dem Sinn. »Der Mythos wirkt auch ohne Erklärung, ohne Berührung mit der Ratio unmittelbar auf den Seelengrund ein und ruft die dort schlummernden Urbilder wach [Kap. 28]. Durch die Wiederbringung des im Grunde unvergänglichen Mythos ist es möglich geworden, die dicke Kruste von Skepsis, falsch verstandener Rationalität und intellektueller Selbstbespiegelung zu durchbrechen. Denn Mythen sind ihrem Wesen nach sinndeutende Berichte von inneren oder äußeren Vorgängen. Sie wollen die Erscheinungen des Seins nicht durch Begriffe, sondern durch Geschichten aufschlüsseln – Mythen sind Botenberichte des Seins« (Hugo Rahner, S. XII).

41. Name Gottes: »*Dein Name werde geheiligt!*« (Mt. 6,9)

Der Name einer Person bezeichnet in der Bibel ihr Wesen, ihren Charakter. Der Name Gottes wird im Alten Testament genannt (2 M. 3,13 ff.): »Moses sprach zu Gott: ›Wenn ich nun zu den Kindern Israels komme und zu ihnen spreche: Der Gott eurer Väter hat mich zu euch gesandt!, und sie mich fragen: Wie heißt er?, was soll ich dann antworten?‹ Gott entgegnete dem Moses: ›Ich bin der: ICH BIN!‹ Er fuhr fort: ›So sollst du zu den Israeliten sprechen: der ICH BIN hat mich zu euch gesandt. (…) Dies soll mein Name für immer sein und dies mein Rufname von Geschlecht zu Geschlecht.‹« Martin Buber übersetzt (Lapide 1986, S. 34) ›ICH BIN da‹ in der Bedeutung ›ICH BIN immer bei euch, immer anwesend‹. Im Alten Testament werden zwei weitere Namen Gottes genannt: Elohiem (Macht) und JHWH (der Ewige, vgl. Kap. 42). Mit Elohiem ist alles Göttliche der Schöpfung verbunden (analog Brahman, Tao, Zeus etc.), und in der Mystik geht es um das ›Einheits-Erlebnis‹ mit Elohiem. Auch im Neuen Testament gibt es eine ganze Reihe von ICH BIN-Aussagen. Bei der Interpretation *aller* Gottesnamen – auch außerhalb der Bibel – ist äußerste Zurückhaltung geboten, denn *jede* Deutung, ob wir nun von Gott, Jahwe, Vater, Allah, Brahman etc. sprechen, ist an Erfahrungen unserer Sozialisation gebunden, daher sehr relativ und auf Grund unserer begrenzten und selektiven ›Wahr-Nehmung‹ (Kap. 52) eher falsch als richtig. So sagt denn auch Thomas von Aquin: »Von Gott können wir nicht wissen, was er ist, sondern nur, was er nicht ist.« Lao Tse sagt (Nr. 1): »Der Weg, von dem wir sprechen können, ist nicht der ewige Weg; der Name, den wir nennen können, ist nicht der ewige Name. Das Namenlose ist der Anfang von Himmel und Erde; das Namentragende ist die Mutter der zehntausend Dinge.«

42. Offenbarung / Gottesbild[131]:

> *»Ihr sollt euch keine Götzen machen, euch weder ein Gottesbild noch ein Steinmal aufstellen und in eurem Land keine Steine mit Bildwerken aufrichten, um euch vor ihnen niederzuwerfen; denn ich bin der Herr, euer Gott!«* (3 M. 26,1)

Dieses Bilder-Verbot zielt in erster Linie auf Götterstatuen, wie sie von frommen ›Heiden‹ angefertigt wurden. Es ist aber auch psychologisch nur allzu berechtigt, neigen wir doch dazu, ›Ab-Bilder‹ für die Wirklichkeit zu halten, statt ihre ›Ur-Bilder‹ zu suchen, wie schon in Platons Höhlengleichnis (Jäger, S. 149) gezeigt wird. Die Irrtumswahrscheinlichkeit steigt ins Unendliche, wenn wir uns eine bildhafte Vorstellung von *Gott* machen. Gefährlich wird es, wenn Menschen sich Gott gleichsam als überdimensionierte, ins Riesenhafte vergrößerte quasimenschliche ›Person‹ vorstellen. Wenn Gott zum Beispiel ›Unser *Vater*‹ genannt wird, taucht sofort das Bild eines menschlichen

Vaters in uns auf. Jeder projiziert mehr oder weniger bewußt seine persönlichen Erfahrungen mit dem eigenen oder anderen Vätern in dieses Bild. Völlig ausgeklammert bleibt dabei zum Beispiel der weibliche Aspekt Gottes; im Schöpfungsgedicht (1 M. 1,26f.; vgl. 1 M. 9,6) wird das ›Ab-Bild‹ des ›Ur-Bildes‹ jedoch ausdrücklich als ›Mann und Frau‹ beschrieben. Diese Einschränkungen gelten auch für das diesem Buch zugrunde liegende »grundlegend nicht-dualistische«[132] ›Gottes-Bild‹.

»Im Alten Bund ist die Offenbarung ein andauerndes Gespräch JHWH's mit den Menschen, durch sein Volk Israel. Das Credo fängt immer an mit ›Sjema, Israel – Höre, Israel!‹ Auch Jesus begann, als Er das höchste Gebot nannte, mit ›Höre, Israel!‹ (Mk. 12,29). (...) Jesus kann man sehen als den Vermittler zwischen Israel und den Völkern, zwischen Elohiem und JHWH. So ist Er ein Mystiker und ein Prophet. Für seine jüdischen Anhänger war er der große Prophet, für die Nichtjuden ein Mystiker. Aber Er war den Juden ein Grieche und den Griechen ein Jude. In seiner Größe hat er versucht, die Elohistische Tradition der Völker mit der Jahwistischen Tradition Israels zu versöhnen« (briefliche Mitteilung van Lamoens).

Die historisch-kritische Bibelforschung, ein Kind der Aufklärung, lehrt uns, daß der Begriff ›Offenbarung‹ nicht beinhalten kann, wir hätten in ihr ›das reine Wort Gottes‹ (= in der Formulierung und in der Aussageabsicht ohne menschliches Dazutun) vor uns. Das gilt nicht nur für die in den Schriften des Alten und Neuen Testamentes vorgefundenen literarischen Gattungen, sondern auch für deren historische Datierung.

43. Paradigma

Thomas Kuhn (1981) nannte die Begrenzungen unseres Denkens »Paradigmen« (gr.: Vorbilder, Muster, warnende Beispiele). Sie entstehen durch ›Welt-Bilder‹ (Kap. 53), festgefügte Weltanschauungen, konditionierte ›Denkgewohnheiten‹ und Selbstverständlichkeiten. Diese werden, da meist nur vorbewußt, nicht in Frage gestellt und wirken daher als ›Sich-selbst-erfüllende-Prophezeiungen‹ (Merton 1957) im Sinne von »Es soll geschehen, wie du geglaubt hast« (Mt. 8,13) oder: ›Du wirst das erfahren, was du erwartest!‹ In unserem ›normalen‹ wachbewußten Denken befinden wir uns gleichsam in einem Halbschlaf oder in ›Hypnose‹; daher mahnt schon Paulus im Römerbrief (R. 13,11), die Stunde sei da, vom Schlafe aufzustehen. Unsere Denkgewohnheiten sind nicht nur in unserem Gefühl verankert, sondern auch in unserem individuellen und kollektiven Unbewußten (Kap. 32). In diesem Bewußtseinszustand sind wir an die Erfahrungen unserer Vergangenheit gebunden. Uns »durch Erneuerung unseres Denkens umzuwandeln« (R. 12,2) meint, etwas Neues, das bisher außerhalb unseres Gesichtsfeldes lag und das deshalb – nicht, weil es nicht realisierbar wäre oder gewesen wäre! – von uns nicht erfahren wurde und nicht erfahren werden konnte, für möglich zu halten und so unser stereotypes Denken und Rollenverhalten zu entkonditionieren (Grün 1986).

44. Placebo – Nocebo: *»Dein Glaube hat dich gesund gemacht.«* (Mk. 5,34)

»Die Medizin kennt seit langer Zeit die sogenannten Placebos: Scheinmedikamente, die aufgrund des Glaubens an ihre Heilkraft wirken. (…) So wird bereits heute in den USA vorsichtig geschätzt, daß etwa ein Drittel aller verschriebenen Medikamente keine ›Arznei-Mittel‹ im engeren pharmakologischen Sinne sind, sondern Placebos – ›Schein-Medikamente‹ aus Zucker oder Wasserlösung. In der Fachwelt gilt es heute als bewiesen, daß positive Gedanken, Erwartungen und Überzeugungen im Sinne solcher ›Placebos‹ den Heilungsprozeß sehr vorteilhaft und wirkungsvoll unterstützen können. Sehr viel weniger bekannt ist dagegen die andere Seite dieser Medaille: Die Tatsache, daß auch negative Vorstellungen krank machen können. Nocebo (lat. ich schade, placebo – ich gefalle) bezeichnet daher das Phänomen, daß subjektive Krankheitserwartungen und damit verbundene affektive Zustände tatsächlich Krankheiten verursachen.«[133] Der ›Placebo-Effekt‹ – und damit ein Grundzug von Psycho-Somatik – wurde bereits im Mittelalter durch den syrischen Übersetzer und Wissenschaftler Qustá ibn Lúqá (um 830 bis 910) beschrieben: Seelische Störungen könnten sich oft in körperlichen Symptomen äußern: die Hoffnung sei es, die aufgrund des Zusammenspiels von Körper und Geist zur Heilung körperlicher Symptome führen könne (zit. in: FAZ 28.12.94, Nr. 301, Seite N5). In einer wortreichen Darstellung des Placebo-Effekts schreibt Dr. William Osler bereits 1914: »Der

Glaube an die Götter oder die Heiligen kuriert den einen, der Glaube an eine kleine Pille den anderen, hypnotische Suggestionen einen dritten, der Glaube an einen ganz gewöhnlichen Arzt den vierten. (...) Der Glaube, mit dem wir arbeiten, (...) hat zwar seine Grenzen, aber er ist uns eine sehr große Hilfe, ohne die wir schlecht dastünden.«[134]

45. Projektion: »*Was siehst du den Splitter im Auge deines Bruders, und den Balken im eigenen Auge beachtest du nicht? Oder wie kannst du zu deinem Bruder sagen: Laß mich den Splitter aus deinem Auge ziehen!, und siehe, in deinem Auge ist der Balken? Du Heuchler! Zieh erst den Balken aus deinem Auge und dann sieh zu, wie du den Splitter aus deines Bruders Auge ziehst*« (Mt. 7,3 – 5). »*Auch ein Gleichnis sagte er ihnen: Kann wohl ein Blinder einen anderen Blinden führen? Werden sie nicht beide in die Grube fallen? Der Jünger ist nicht über dem Meister; wenn er voll ausgebildet ist, wird jeder sein wie sein Meister.*« (Lk. 6,39f.)

Lukas stellt die beiden Verse seinem dem Matthäus-Text gleichlautenden Text voran. Das *Auge* gilt als Symbol unserer Wahrnehmung. Der Lukas-Text zeigt uns das ›Gesetz der täuschenden Wahrnehmung‹. Solange wir nicht *voll ausgebildet* und damit *Meister* sind, gleicht unsere Wahrnehmung der von Blinden, die sich unter ihresgleichen bewegen. Wir erkennen in keinem Fall die volle Wirklichkeit, sondern tappen mehr oder minder im Dunkeln. Da wir uns dessen nicht bewußt sind – wir haben gleichsam ein Brett vor dem Kopf oder einen Balken im Auge –, stolpern wir in offenstehende Fallen. Wir projizieren Probleme, von denen wir nicht wissen, daß es unsere eigenen sind – wir nehmen sie nicht als die unseren wahr, da wir sie ›verdrängt‹ haben! – auf andere Menschen und prangern sie dort an. Dies gilt in großem Maßstab unter Völkern, die sich gegenseitig oder einseitig mit stereotypen Meinungen belegen und entsprechend behandeln, genau so wie im kleinen zwischenmenschlichen Bereich. Kreppold (S. 39–47) spricht in Anlehnung an C. G. Jung vom *Schatten Jesu*: »Schatten wurde als der Bereich der ungelebten Möglichkeiten bezeichnet, der mit Energie aufgeladen ist. (…) Markus und Lukas berichten, daß Jesus vierzig Tage in der Wüste lebte und vom Satan versucht wurde [vgl. Mt. 4,1–11]. (…) Von psychologischer Seite darf man in dieser Stelle sehr deutlich Hinweise für die Auseinandersetzung mit dem Unbewußten sehen. (…) Weil sich Jesus mit den Kräften des Unbewußten in sich selbst auseinandersetzte, dem Bösen in sich selbst begegnete, hatte er es nicht nötig, das Böse auf andere zu projizieren«.[135]

46. Psychotherapie

Das aus dem Griechischen *therapeuter* entlehnte Wort *Therapeut* bedeutet in erster Linie *Diener*, nicht ›Heiler‹; *therapeuein* meint: ›als Pfleger beistehen, Diener sein, jemandem Aufmerksamkeit erweisen, ihn achten, schätzen, zu gewinnen suchen, Sorge auf etwas richten, gut sorgen für jemanden, ihn behandeln, ihn heilen‹. Hier klingt ein Grundmotiv neutestamentlichen Denkens an, das Dienen.[136] Es sollte wundernehmen, wenn das Motiv des Dienens nicht auch in den Heilungsgeschichten eine wesentliche Rolle spielt. Und ist diese Einstellung, die wohl kaum noch in unsere heutige Landschaft der ›Selbstverwirklichung‹ paßt, vielleicht auch ein wesentlicher Hintergrund wirksamen therapeutischen Handelns?[137] »Der Zweck des heilenden Eingreifens bei einem seelisch kranken Menschen besteht in der Wiederherstellung der inneren Harmonie und ist letztlich mehr ein religiöses Unterfangen als ein therapeutisches. Ich bin mir dabei bewußt, daß viele meiner Berufskollegen diese Ansicht nicht widerspruchslos teilen. Ein Blick in die Geschichte zeigt aber, daß die Psychotherapie ursprünglich nur im religiösen Rahmen als Seelenführung und Seelsorge angesiedelt war. Fast jede Religion hat gleichzeitig zu ihrer Theologie ein eigenständiges System der Seelsorge und Seelenführung entwickelt bis zu sehr differenzierten Anweisungen für eine psychotherapeutische Betreuung seelisch kranker Menschen (vgl. Yoga, Schamanismus, Alchemie, verschiedene konkrete Anweisungen innerhalb der mystischen Wege usw.)« (Jans, S. 96f.).

47. Reinkarnation

Dreht sich – wie fernöstliche Religionen sagen würden – das Rad der Wiedergeburten, das nur unter der Bedingung zum Stillstand kommen kann, daß wir alles ›Karma‹ nach wer weiß wie vielen Reinkarnationen aufgearbeitet haben? Ein Gedanke, der, wenn man so will, schon im Alten Testament anklingt: »Ich, der Herr, dein Gott, bin ein eifersüchtiger Gott, der die Schuld der Väter an den Kindern, am dritten und vierten Geschlecht, heimsucht bei denen, die mich hassen« (2 M. 20,5 f.). Sind Begriffe und Bilder wie zum Beispiel ›Erbsünde‹ und ›Fegefeuer‹ (Kap. 50) in der christlichen Theologie in diesem Sinne zu verstehen? Es stimmt: der Gedanke der Reinkarnation war zur Zeit Jesu auch in Palästina geläufig. Er wird im Neuen Testament nicht geleugnet (Pryse 1984). Wie dem auch sei, auch wenn es Reinkarnationen geben sollte, ist die Kette der Ursachen und damit das ›Rad der Wiedergeburten‹, was auch immer in welchem Sinne ›gesündigt‹ worden sein oder welches ›Karma‹ auch immer sich angesammelt haben sollte, in jedem Falle durch *Vergebung* (Kap. 51) zu durchbrechen, und zwar sofort.

Der Reinkarnations-*Glaube* fernöstlicher Religionen[138] ist nicht zu verwechseln mit heute mancherorts schon zur Mode gewordenen Reinkarnations-*Therapien*, in denen Menschen (angeblich?) in frühere Leben zurückgeführt werden. Solches Tun *kann* im Rahmen einer Psychotherapie sinnvoll – weil diagnostisch informativ und therapeutisch wirksam – sein, es *kann* jedoch *auch*, je nach Handhabung durch den Therapeuten und Problematik des Klienten oder Patienten, Verwirrtheitszustände oder Depressionen herbeiführen oder verstärken. Selbst wenn sich in Einzelfällen Daten an Ort und Stelle historisch verifizieren lassen, beweist dies noch nicht, daß es sich um ein früheres Leben des Zurückgeführten handelt. Eher spricht dies für die Hypothese eines unter bestimmten Bedingungen für jeden Menschen zugänglichen kollektiven Datenpools, wie ihn nicht nur Psychologen (z. B Walsh & Vaughan 1985), sondern auch Naturwissenschaftler (z. B. Sheldrake 1983) postulieren (vgl. BP, Kap. 36 + 37).

48. Satan / Teufel

Nach dem Jakobusbrief (J. 1,13−15) gibt es einen Zusammenhang zwischen *Versuchung* – das griechische *peirasmos* bedeutet *Erprobung, Prüfung mit fraglichem Ausgang* – und *Sünde*. Der gemeinsame Nenner der drei Versuchungen oder Proben Jesu in der Wüste (Mt. 4,1−11) ist die Frage: Gestaltet der Mensch Jesus seine Welt im Bündnis mit dem dualistischen Prinzip ›Teufel‹, indem er zum Beispiel die Menschen durch Schauwunder an sich zu fesseln versucht? Oder vertraut er darauf, daß er nicht vom *Brot* allein, dem äußerlich Sichtbaren, sondern vom *Wort Gottes*, seinem Selbst-Bewußtsein (Kap. 49), lebt und wirkt? Jesus entscheidet sich jeweils für die letztere Alternative und besteht damit die Probe. An diesem Punkt wird deutlich: Es geht nicht um Teilbereiche menschlichen Lebens, um moralische Verfehlungen etwa im Sinne unseres herkömmlichen Sündenbegriffs, sondern um eine Grundsatz-Entscheidung. Der *Satan* ist hier keine Instanz außerhalb von uns; er ist *in uns*, wie das Reich Gottes *inwendig in uns* ist (Lk. 7,21). Wie die *Engel*, die Jesus nach Bestehen seiner Probe dienen, *Geist* sind, so auch der *Satan*. Nur ist er nicht heiliger, heilender, ganzmachender Geist, sondern als ›diabolos‹ ein durcheinanderwerfender, verwirrender, trennender Geist. Das bedeutet: ›Ort‹ heiligen und un-heiligen Geistes ist unser eigenes Bewußtsein mit all seinen kognitiven und emotionalen Qualitäten. *Teufel und Engel* sind zwei Aspekte unseres eigenen Geistes. Satan ist »kein Gegen-Gott, sondern nur der Schatten Gottes, der als Frucht und Folge der geistigen Unerwachtheit und Nichterkenntnis, Ich-Verhaftung und Selbst-Verfinsterung in uns steckt« (Schmidt 1984, S. 161). Die philosophisch-theologische Fragestellung, ob der Satan und die ›Dämonen‹ nicht nur intrapsychisch zu verstehen sind – eine psychologische Perspektive – , sondern auch eine Eigenexistenz außerhalb des Menschen führen können, ebenso die Frage nach einer möglichen ›Besessenheit‹ durch solche ›Teufel‹, ›Dämonen‹, ›unreinen Geister‹ etc. sollen hier offen bleiben (vgl. Kap. 4 + 20, S. 103).[139]

Eine unsterbliche, allwissende Bewußtseinsinstanz in jedem Menschen wird in diesem Buch als *Selbst* bezeichnet: der immanente Aspekt der Transzendenz im Sinne Bernhards von Clairvaux: »Du mußt deinem Gott nur bis zu dir selbst entgegengehen – und das kann jeder.« Unser Ich, das der polaren Welt zugehört, wird als ein winziger Ausschnitt dieses umfassenden ›Selbst-Bewußtseins‹, das Einheit repräsentiert und nicht durch Raum und Zeit begrenzt ist, gesehen (Kap. 16 + 32).[140] Es geht um eine »grundlegend nicht-dualistische Erfahrungs- und Denkform« (Brück, S. 24).[141]

Die Mystiker des Mittelalters sprechen vom Seelengrund oder Seelenfünklein. Meister Eckhart sagt: »Alles, was Gott Vater seinem eingeborenen Sohne in der menschlichen Natur gegeben hat, das hat er alles auch mir gegeben: hiervon nehme ich nichts aus, weder die Einigung noch die Heiligkeit, sondern er hat mir alles ebenso gegeben wie ihm. Alles, was die Heilige Schrift über Christus sagt, das bewahrheitet sich völlig an jedem guten und göttlichen Menschen. (...) Alles, was der göttlichen Natur eigen ist, das alles ist auch dem gerechten und göttlichen Menschen eigen; darum wirkt solch ein Mensch auch alles, was Gott wirkt, und er hat zusammen mit Gott Himmel und Erde geschaffen, und er ist Zeuger des ewigen Wortes, und Gott wüßte ohne einen solchen Menschen nichts zu tun.«[142] Bei all dem ist an das Johannes-Evangelium zu erinnern: »Der Sohn kann nichts von sich aus tun, sondern nur, wenn er den Vater etwas tun sieht. Was nämlich der Vater tut, das tut in gleicher Weise der Sohn« (Jh. 5,19). Joachim Bieß (1995) zitiert Martin Luther, der vom Menschen als der »Larve Gottes« spricht und sagt, Gott sei der Kreatur »tiefer, innerlicher gegenwärtiger als die Kreatur sich selbst« (WA 23, 137, 33 ff.). Er zitiert weiter Angelus Silesius: »Ich weiß, daß ohne mich Gott nicht ein Nu kann leben; werd ich zunicht, Er muß von Not den Geist aufgeben!« und den Sufi Al-Halladsch (✝ 922): »Ich bin der, den ich liebe, und der, den ich liebe, ist ich.«

Analoge Gedankengänge gibt es in fast allen Religionen. Die Praxis des buddhistischen Koans MU z. B. führt den Schüler dahin, die Wirklichkeit mit neuen Augen zu sehen: »Hat der Schüler einmal erkannt, daß alles im MU eins ist, er selbst zum Universum gehört und daß das Universum er selber ist, dann beginnt die zweite Aufgabe seines Lebens. Er muß (...) das All-Eine in allen Dingen entdecken, in jedem menschlichen Gesicht den Vater, so würde ich als Christ sagen. Der Vater ist die Einheit, aber die Einheit hat jeweils ein anderes Gesicht in dem, in dem sie in Erscheinung tritt. Wir haben alle unterschiedliche Gesichter. Genau das müssen wir entdecken: den EINEN in den Unterschieden. Dann erst ist das MU vollständig. (…) Als Christen hören wir die Stimme unserer Mystiker, beispielsweise eines Evagrius Pontikus aus der Frühzeit der Kirche: ›Befreie dich von jeder Form und gehe zu dem, der ohne Form ist.‹ Das ist MU – Nichts – keine Form. – ›Dann wirst du verstehen!‹« (Le Saux, S. 55, 56, 153) Über den chinesischen Begriff des *Qi* schreibt Liu (S. 16): »Ein Sprichwort sagt: ›Die Menschen leben im Qi wie die Fische im Wasser.‹ ›Qi ist die Wurzel des Menschen‹ (Nan Jing); ›Die Menschen sind im Qi, Qi ist auch in den Menschen.‹ Die Menschen sind also nichts anderes als ›ein Teil des gesamten Qi von Himmel und Erde‹ (Bao Pu Zi und Tai Qing Tiao Qi Jing).«

50. Sünde

Das griechische *amartia* wird durch den Begriff *Sünde* in seiner uns geläufigen Bedeutung nur unzureichend wiedergegeben; es kann bedeuten: ›Fehler, Irrtum, Versehen, Vergehen‹; das Verb *hamartanein* meint: ›das Ziel verfehlen, nicht treffen, nicht erreichen, vom Ziel abkommen, sich irren, fehlen, Fehler begehen, abkommen von etwas, was man hat, verlieren, einbüßen‹. An mehreren Stellen ist im Neuen Testament die Rede von *Sündern.* Aufschlußreich ist, wie Jesus mit ihnen umgeht (Mt. 9,10 ff.; Lk. 18,9 – 14). ›Sünde‹ hat in diesem Buch folgende Bedeutung:
– Zum einen hat sie eine individuelle Komponente, die zum Entstehen eines Problems – z. B. einer Lähmung (Kap. 2) – wesentlich beiträgt. Zum anderen weist sie eine kollektive Dimension (›Ur-‹ oder ›Erbsünde‹) auf: das, was wir aufgrund unserer familiären und kulturellen Sozialisation, die wir ›mit der Muttermilch eingesogen‹ haben, an schädigenden Konzepten und Einstellungen mit uns herumschleppen. Willigis Jäger (S. 49) beleuchtet den Begriff von einer anderen Seite: »Alle Religionen wissen um den unvollkommenen Zustand des Menschen. Viele sprechen von einem ›Fall‹, von der ›Ursünde‹. Ursünde ist aber nicht der Fall von einem höheren Bewußtseinszustand in einen unvollkommeneren, sondern das Heraustreten aus einem

›vorpersonalen Himmel‹, das Erwachen aus der Dumpfheit des Vor-bewußten in eine Ich-Erfahrung, aus dem Zustand des Instinktes in den des Erkennens von Gut und Böse, wie die Schrift sagt. Das war ein großer Fortschritt in der Evolution, zog allerdings auch die ganze Belastung nach sich, die mit dieser Ich-Erfahrung verbunden ist, nämlich die Erfahrung von Krankheit, Leiden, Schuld, Einsamkeit und Tod. Der sogenannte Sündenfall brachte also nicht den Tod, son-dern die Erkenntnis der Sterblichkeit und des Wandels aller Dinge. Bis dahin lebte der Mensch gleichsam das Leben der Blumen und der Tiere. Nicht das Essen vom Baum der Erkenntnis ist also Sünde – das ist nur ein Bild –, sondern daß der Mensch sich bei der Ich-Werdung von Gott getrennt hat. ›Sie waren nackt‹, heißt es in der Schrift. Das hat nichts mit Kleidung zu tun; es will vielmehr sagen: Sie waren hin-ausgeworfen in die Einsamkeit des Ich. Die Vertreibung aus dem Pa-radies ist das Hinaustreten in den personalen Zustand ohne diese Ein-heitserfahrung mit Gott. Ursünde ist keine Schuld im eigentlichen Sinn des Wortes, das haben wir längst erkannt. Es ist ein Faktum, das sich aus der Entwicklung unseres Bewußtseins ergibt.«

– Beide Dimensionen, die individuelle und die kollektive, können uns *bewußt* oder zur Zeit *unterbewußt* sein (Kap. 32). Die *bewußte* Ebene beschreibt Paulus im Römerbrief (R. 14,22 f.) in anderem Zu-sammenhang so: »Die Überzeugung, die du selbst hast, sollst du vor Gott haben. Wohl dem, der sich nicht zu verurteilen braucht bei dem, was er für Recht hält. (…) *Alles, was nicht aus Überzeugung geschieht, ist Sünde.*«[143] Hier geht es um klare Gewissens-Entscheidungen, die wenigstens zum Teil durchschaubar und willentlich steuerbar sind. Die *unterbewußte* Ebene betrifft vor allem die Entstehungsge-schichte eines Problems und den Grund unserer empfundenen Machtlosigkeit, die Paulus in der Sprache seiner Zeit ebenfalls im Römerbrief (R. 7,15–24) so beschreibt: »Ich begreife mein Handeln nicht: Ich tue nicht das, was ich will, sondern das, was ich hasse. (…) Das Wollen ist bei mir vorhanden, aber ich vermag das Gute nicht zu verwirklichen. Denn ich tue nicht das Gute, das ich will, sondern das Böse, das ich nicht will. Wenn ich aber das tue, was ich nicht will, dann bin nicht mehr ich es, der so handelt, sondern die in mir wohnende Sünde. (…) In meinem Innern freue ich mich am Gesetz Gottes … Ich sehe aber ein anderes Gesetz in meinen Gliedern, das mit dem Gesetz meiner Vernunft im Streit liegt und mich gefangen hält im Gesetz der Sünde, von dem meine Glieder beherrscht werden.« Beim Lesen dieser Sätze kann man an einen in der Psychotherapie oft gehörten Satz erinnert werden: ›Ich möchte ja gerne, aber ich kann nicht!‹ Solche Äußerungen sind nicht einfach als ›Abwehrtendenz‹ zu disqualifizieren.

– Wenn von ›Sündenvergebung‹ die Rede ist, ist eine tiefgehende Einstellungsänderung gemeint, an der kein Weg vorbeiführt. Erst diese Vergebung bewirkt Heilung. Voraussetzung ist, daß uns die ›Ur-Sachen‹ und Komponenten des entstandenen Problems bewußt werden; oder um mit C. G. Jung zu sprechen: daß wir uns unserem ›Schatten‹ stellen (Kap. 45). Sehr hilfreich kann es sein, wenn jemand diese Sünden durch das gesprochene Wort vergibt (Kap. 1 + 2). So kann eine Vergebung im Rahmen einer sakramental verstandenen Beichte oder eines Gesprächs sehr ›Sinn-voll‹ und befreiend, weil erfahrbar und erlebbar, sein.

Dieses Verständnis von Sünde hat (fast) nichts mit den Sünden-Registern in Beichtspiegeln[144] zu tun, wie sie noch bis in die 50er Jahre z. B. in katholischen Gebetbüchern zu finden sind. Es hat im Laufe der Geschichte nicht an Versuchen gefehlt, ganze Kataloge detaillierter Vorschriften aufzustellen, deren Übertretung dann zum Teil als ›Sünde‹ unter Strafe gestellt wurde. Schon Paulus wettert im Brief an die Galater gegen diese wieder auflebende Tendenz und schreibt unter anderem (G. 5,1): »Für die Freiheit hat Christus uns befreit. Steht also fest und laßt euch nicht wieder unter das Joch der Knechtschaft bringen!« In der ›Goldenen Regel‹ (Kap. 35) werden keine einzelnen Vorschriften aufgezählt, die wir befolgen sollen, denn diese wären notgedrungen zeit- und kulturabhängig. Sie vermittelt vielmehr eine *Grundhaltung* und überläßt es unserer Phantasie, unserer Intelligenz und unserem Einfühlungsvermögen, wie wir sie in die Tat umsetzen. Jesus relativiert sogar das 3. Gebot, indem er feststellt (Mk. 2,27): »Der Sabbat ist für den Menschen da, nicht der Mensch für den Sabbat.« Konkretisiert für unser therapeutisches Handeln bedeutet das: Traditionen, Vorschriften von Institutionen und anerzogene Konzepte spielen eine wichtige Rolle. Sie sind daraufhin zu überprüfen, ob sie der ›Ent-Wicklung‹ eines Menschen im Wege stehen oder sie fördern. ›Tradition ist ein Sprungbrett, kein Ruhekissen!‹ (Rochus Spiecker)

51. Vergebung (Kap. 26)

Das griechische *aphiemi* kann transitiv ›wegsenden, entlassen, vertreiben, abstreifen, aufgeben, sein lassen, nicht achten, loslassen, freilassen, freisprechen, befreien‹ bedeuten, intransitiv ›nachlassen, aufhören‹. Das lateinische *dimittere* kann heißen ›ausschicken, entlassen, verabschieden, verstoßen, fallen lassen, weglegen, verzichten auf, aufgeben, hingehen lassen‹.

Im Matthäusevangelium (Mt. 6,12–15) heißt es: (12) »Vergib uns unsere Schulden, wie auch wir vergeben haben unseren Schuldnern. (...) (14) Denn wenn ihr den Menschen ihre Fehler vergebt, wird auch euch euer himmlischer Vater (eure Vergehen) vergeben. (15) Wenn ihr aber den Menschen nicht vergebt, wird auch euer Vater eure Verfehlungen nicht vergeben.« Allein schon der Kommentar zu Vers 12 in den Versen 14 und 15 weist auf die Wichtigkeit der Vergebung durch uns hin. Gemeint ist: Solange wir nicht loslassen, das heißt, solange wir Schuldgefühle, Vorwürfe, Haß oder Verbitterung in uns kultivieren oder zulassen, sei es gegen uns selbst oder gegen andere Menschen, werden wir selbst innerlich nicht frei. Dabei spielt es keine Rolle, ob unsere Gefühle ›objektiv‹ berechtigt sind oder nicht. Die Folgen zeigen sich in jedem Fall in Form geistiger, seelischer oder körperlicher Krankheit und / oder gestörter Beziehungen: alternativ oder kumulativ. Deutlicher kann es nicht mehr gesagt werden: Wer seine Beziehungen zu anderen Menschen nicht in Ordnung bringt, darf nicht erwarten, daß er auf ›höherer Ebene‹ entlastet wird. Ersteres ist Voraussetzung für das zweite. In neuerer Sprache ausgedrückt: Die Information und die Kraft des Ganzen kann den ›An-Teilen‹ nur zukommen, wenn diese untereinander harmonieren. Dies deshalb, weil die Empfänger-Teile sonst so gestört sind, daß sie die Wellen des ›Senders Ganzes‹ nicht empfangen können. Jesus illustriert diesen Sachverhalt auch im Gleichnis vom unbarmherzigen Knecht (Mt. 18,23–25).

In Psychologie und Psychotherapie waren ›Vergebung‹ oder gar ›Verzeihung‹ lange Zeit ein Tabu, setzte man sie doch mit ›Verdrängung‹ gleich. Einer der ersten Psychologen, die den Vorgang des Vergebens durch empirische Forschung zu klären versuchten, war Reinhard Tausch, Professor am Psychologischen Institut III der Universität Hamburg. Er stellte folgende Fragen:[145] »Wird Vergeben als hilfreich bei der Bewältigung und Verminderung von seelischen Verletzungen, von Schuldgefühlen, von Gefühlen der Verbitterung und von Haß erfahren?« Als Folgen des Vergebens für den Vergebenden nennt Tausch: »Eine Änderung der Gedanken, Auffassungen und Einstellungen; im gefühlsmäßigen Bereich tritt als Folge der geänderten Gedanken und Einstellungen ein starker Umschwung ein; die Auswirkungen auf das Verhalten ergaben sich besonders in einem ungezwungeneren offeneren Kontakt zu der Person, die verletzt hatte. Auch auf die Menschen, denen vergeben wurde, wirkte sich die Vergebung aus: Die Herstellung der bisherigen Art der zwischenmenschlichen Beziehungen gaben 85% der Befragten als unmittelbare Auswirkung an; positive Gefühle und Gedanken erlebten 83% der Befragten während und nach dem Vergeben; eine wichtige Auswirkung war, daß die Personen nicht mehr über das Ereignis grübelten, negative Selbstgespräche führten, sich selbst Vorwürfe machten. Zusammen mit den positiveren Gedanken und Gefühlen führte das überwiegend zu einer Minderung oder einem Fortfall psychosomatischer Beschwerden; die Befragten konnten anderen leichter und schneller vergeben. Eine Folge für die Personen in der Familie oder in der näheren Umwelt war schließlich: Mitmenschen sind vermehrt mit anderen Menschen zusammen, die sich nicht mit Schuldgefühlen plagen, sondern die freier sind und positiver denken.«

Heiko Ernst, Redakteur der Zeitschrift ›Psychologie heute‹, stellt im Editorial der Aprilnummer von 1993 (S. 3) kurz und bündig fest: »Das Nachtragen ist ein Nationalsport, der nicht gesund macht. Es ist selbstzerstörerisch, während das Vergebenkönnen eine heilsame Form des Egoismus ist: wer seine ›Rechtsansprüche‹ und Übelnehmereien aufgibt, tut sich selbst den größten Gefallen.«

52. Wahr-Nehmung: *» Was ist Wahrheit?«* (Pilatus zu Jesus, Jh. 18,38)

Nimmt man Forschungen aus dem Bereich der Wahrnehmungspsychologie zur Kenntnis, so läßt sich zusammenfassen: Wir nehmen im ›normalen‹ wachbewußten Zustand nur das wahr, für das wir ein Sinnesorgan besitzen; eine Fülle anderer Informationen nehmen wir unter den gewöhnlichen Bedingungen überhaupt nicht wahr. Den Bruchteil von Informationen, die wir verarbeiten, deuten wir noch einmal subjektiv auf Grund unserer individuellen und kollektiven Vergangenheit und Gegenwart. Wir sind ›voll‹ mit vorgefaßten Meinungen und mit ›Vor-Urteilen‹, mit ›Programmen‹, die in uns ›einprogrammiert‹ wurden und werden oder die wir selbst eingespeichert haben; sie verengen und färben unsere Wahrnehmung, unser Denken und unser Fühlen zusätzlich zu dem, was biologisch vorgegeben ist. So gesehen, sind wir alle – mehr oder minder – taub und blind (Kap. 5). Es gilt, uns einer ›Ent-Identifizierungs-Therapie‹ (Grün, 1987, S. 38 f.) oder einer ›Ent-Hypnotisierung‹ zu unterziehen.

In der Bergpredigt werden eine Reihe von Voraussetzungen genannt, wie wir unsere auswählende (selektive) Wahr-Nehmung erweitern, hinter unsere ›Abwehrtendenzen‹ kommen, Kommunikationsblockaden aufheben können. »Kann wohl ein Blinder einen anderen Blinden führen? Werden sie nicht beide in die Grube fallen? Der Jünger ist nicht über dem Meister; wenn er voll ausgebildet ist, wird jeder sein wie sein Meister«, schreibt Lukas (Lk. 6,39 f.). Es geht durchaus darum, ›Meister‹ zu werden: unsere Taubheit, Blindheit und Sprachlosigkeit hinter uns zu lassen. Dazu ist vor allem eine Voraussetzung wichtig: Um mit unserem inneren Zentrum Kontakt aufnehmen und geheilt werden zu können, müssen wir ›von der Menge weg‹, wie Markus sagt (Mk. 7,33) – der griechische Text verschärft: ›*kat idian* = ganz für sich‹ –, ›vor das Dorf hinaus‹, wie Lukas in der Geschichte von der Heilung des Blinden schreibt (Lk. 8,23, vgl. Kap. 5). Danach heißt es, ›nach Hause‹ (Haus ≈ Bewußtsein) und nicht wieder ›ins Dorf hinein zu gehen‹, um uns nicht wieder der Diktatur unreflektierter Mehrheits-Meinungen anzupassen und unsere ›Wahr-Nehmung‹ zu vernebeln.

In einem Text des Zen-Buddhismus heißt es: »Halte das Wissen, das du gegenwärtig besitzt, nicht für die absolute, unwandelbare Wahrheit. Vermeide es, engstirnig und deinen gegenwärtigen Auffassungen verhaftet zu sein. Lerne und übe Nichtanhaften an Auffassungen, um für die Wahrnehmung anderer Standpunkte offen zu sein« (Thich Nhat Hanh, S. 26).

53. Welt-Bild: *»Paßt euch nicht dieser Welt an, sondern wandelt euch und erneuert euer Denken!«* (R. 12,2)

»Unsere Wahrnehmungen und Erfahrungen implizieren Annahmen darüber, wie die Welt ist. Im Bereich der Wissenschaftsphilosophie sprach *Thomas Kuhn* von dem (bekannten) Paradigma. In der Psychologie kennen wir den Begriff ›mindset‹. In der fundamentalen Methodologie sprechen wir von ›Denkmodellen‹. (…) Der Informationstheoretiker Moles definiert einen Code prächtig als das, was a priori gegeben ist in einer Mitteilung (Botschaft)« (van Lamoen, S. 9+19). Van Lamoen unterscheidet aus phänomenologischer Sicht aufgrund unseres sozio-kulturellen Hintergrundes »fünf kulturelle Hauptcodes bzw. fünf fundamentale Weltanschauungen« (S. 10f.), hier wiedergegeben in der Fassung seines Vortrags, gehalten am 28.6.96 beim 6. Workshop des Bad Homburger Arbeitskreises für neue / alte Medizin der Deutschen Ärztegesellschaft für Akupunktur (DÄGfA) zum Thema ›Die Sprache (in) der Medizin: Symbolik – Kommunikation – Metasprache‹:

1. den chinesisch-japanischen Code
2. den indisch-tibetanischen Code
3. den Offenbarungs-Code (Judentum, Christentum, Islam)[146]
4. den schamanischen Code
5. den westlich-wissenschaftlichen Code.

Van Lamoen beschreibt das Wesentliche dieser fünf Codes so (S. 11):

1. »Der chinesisch-japanische Code zeigt uns den Weg, das *kosmische Gleichgewicht* zu stimulieren, durch wu-wei zu handeln (Nicht-Handeln) und der ganzen Welt die Qualität des Tao zu geben.

2. Der indisch-tibetanische Code sagt uns, wie wir die höchste Form von *Bewußtheit* (samadhi, moksha, nirwana) erreichen und unser Bewußtsein reinigen können.

3. Der biblisch-islamische Code lehrt uns den Willen Gottes, er hilft uns, für die Welt von morgen, für die *Zukunft* zu arbeiten.

4. Der schamanische Code öffnet den Weg zu den inneren Kräften des Menschen.

5. Der westlich-wissenschaftliche Code hilft uns, eine Antwort auf die Frage zu finden: ›Was hast du getan, um die *Wahrheit* zu finden und mehr Wahrheit in die Welt zu bringen?‹

Lassen sich die zyklisch orientierten Codes 1, 2 und 4 eher durch ›Der Mensch auf der Suche nach Gott / Bewußtheit / Gleichgewicht‹ charakterisieren, so der linear orientierte Code 3 durch ›Gott auf der Suche nach dem Menschen‹: Von einem geschichtlich gedachten Beginn verläuft die Entwicklung auf ein Ziel hin, bei Teilhard de Chardin z. B. vom Punkt Alpha zum Punkt Omega. Auch Code 5 ist linear konzipiert. Es gilt, das Wesentliche zwischen den einzelnen Codes zu unterscheiden,[147] ohne sie zu scheiden. Ein Anliegen dieses Buches ist es ja gerade, Gemeinsames zwischen den einzelnen Welt-Anschauungen aufzuzeigen. Daher werden Parallelen ausführlich zitiert. »Wenn der Dialog fruchtbar sein soll, muß man zutiefst in seiner eigenen Tradition leben und zugleich anderen intensiv zuhören. (…) Dialog ist kein Mittel der Assimilation in dem Sinne, daß sich die eine Seite ausdehnt und die andere in ihr ›Selbst‹ eingliedert. Der Dialog muß auf der Grundlage des ›Nicht-Selbst‹ geführt werden. Man muß es zulassen, daß man von dem Guten, Schönen und Bedeutungsvollen in einer anderen Tradition transformiert wird.« Diese Meinung von Thich Nhat Hanh (S. 31, 33) gilt meines Erachtens analog für das Verhältnis zwischen den einzelnen Codes 1–5. Eine vollständige Trennung zwischen ihnen erscheint mir weder möglich noch sinnvoll:

– Einerseits reichen Elemente aus den Codes 1, 2 und 4 in den Offenbarungscode hinein. Die Fragen nach der höchsten Form von Bewußtheit (Code 2) und nach dem Weg des Nicht-Handelns (Code 1) stellen sich den Mystikern aller Religionen. Auffallend sind die vielen Parallelen zwischen dem Tao-Te-King und dem Neuen Testament (vgl. etwa Walf, im Nachwort). Gerade die Heilungserzählungen im Neuen Testament weisen Parallelen zum schamanischen Code auf (vgl. z. B. in Kapitel 1 die Ausführungen zu ›Kraft / Energie‹ und ›Glaube‹). Die sogenannte ›Goldene Regel‹ (Kap. 35) in der Bergpredigt (Mt. 7,12) finden wir in allen Religionen. Die Herzensmeditation, auch Namensgebet genannt, finden wir im Hinduismus, im Buddhismus, im Christentum und im Islam (Massa 1982, S. 13–34; vgl. Kap. 24, 31).

– Andererseits ist zu beobachten, daß Elemente aus anderen kulturellen und religiösen Codes, die heute noch die Praxis des Heilens mitbestimmen, in den westlich-wissenschaftlichen hineinragen. Gedanken und Strategien des Neuen Testaments (Code 3) lassen sich auch in der Sprache von Code 5 formulieren, da dieser bei den griechischen Philosophen seinen Anfang nimmt und das Neue Testament von griechischer Denkweise nicht unberührt blieb. Bereits Albert der Große (13. Jahrhundert), und in seinem Gefolge Thomas von Aquin, nennt zwei in unterschiedlichen Codes beheimatete Zugangsweisen zur Wahrheitsfindung: »In den Naturwissenschaften ist es nicht unsere Aufgabe, danach zu forschen, wie der Schöpfergott die Welt, die er aus völlig freiem Willen erschaffen hat, dazu nutzen könnte, Wunder zu vollbringen, um so seine Allmacht zu offenbaren, vielmehr

sollten wir zu erforschen suchen, was in den Naturwissenschaften auf Grund der natürlich wirkenden Kräfte ohne Eingriff möglich ist« (De caelo et mundo, liber 1, tract. 4, cap. 10). Wichtige Vertreter des Offenbarungscodes kannten schon Begriffe, die wir heute (noch) verwenden, und wendeten sie auch an. So schreibt Nikolaus von Kues (1401–1464): »Näherhin werde ich versuchen, euch auf die einfachste und allgemein verständlichste Weise auf dem Wege der *Erfahrung* [*experimentaliter!*] in die allerheiligste Dunkelheit hineinzugeleiten.«[148] – *Innerhalb des Offenbarungscodes* sind mannigfache Beeinflussungen festzustellen, wenn man die gleichzeitig im vorderorientalischen Raum existierenden Religionen betrachtet. Der Theologe Klaus Berger schreibt in einer Besprechung des Buches des Franziskaners Hans-Josef Klauck u. a.: »Nun lebt das Christentum wie seine Mutter, das Judentum, und sein jüngerer Stiefbruder, der Islam, wesentlich vom Anspruch, unvergleichlich zu sein. Das ist tief im biblischen Gottesbild begründet. Doch andererseits drängen sich zum Beispiel für das Neue Testament Vergleiche mit den hellenistischen Religionen seiner Umwelt geradezu auf, sie sind ebenso nützlich wie legitim und sollten ohne falsche Apologetik betrieben werden« (FAZ 12.9.96).
– *Innerhalb des westlich-wissenschaftlichen Codes* sind eine Reihe von Paradigmen-Wechseln zu beobachten. So lassen sich psychologische und psychotherapeutische Modelle unschwer auf ihre wechselnden philosophischen und weltanschaulichen Voraussetzungen überprüfen. Die Gestaltpsychologie der Wiener Schule (Wolfgang Köhler, Wertheimer, Metzger), eine Basis von Gestalttherapie, übernimmt Thesen der ›Einheits-Wissenschaft‹ (Wiener Kreis: Schlick, Carnap, Neurath: vgl. van Lamoen, S. 16), deren Wurzeln wiederum bis in das monistische System Spinozas zurückreichen, »der betont, daß die Existenz der beiden geschaffenen Substanzen erst durch die Gottesidee vermittelt wird, und so Körper und Seele des eigentlichen Wesens der Substanz, der Selbständigkeit, entbehren« (Schützeichel, S. 217). Die Ganzheitspsychologie der Leipziger Schule wiederum (Krueger, Sander, Volkelt, Wellek) knüpft an Leibniz an. Dessen Monadenlehre ist der Versuch, den Substanzbegriff eines Descartes und eines Spinoza, also den Begriff des allein Seienden und die Existenz selbstbewußter, in Freiheit sich selbst bestimmender Einzelwesen, zu vereinen. Mit dem Rückgriff auf Descartes bahnt sich ein Paradigmenwechsel an. Ein weiterer beginnt mit der Assoziationspsychologie, die ihr ideologisches Rückgrat aus dem englischen Empirismus

nimmt (Hobbes, Locke, Hume, Bacon). Heutige akademische Psychologie bezeichnet sich im Kontext des westlich-wissenschaftlichen Codes gerne als *empirische* Wissenschaft, die als einzige Quelle des Wissens die Erfahrung und als wissenschaftliche Methode allein das Ausgehen von der Beobachtung und vom Experiment gelten läßt. In diesem Sinne datiert Psychologie erst seit der zweiten Hälfte des neunzehnten Jahrhunderts. Nach Kant ist Wesenserkenntnis der Erfahrungsdinge unmöglich: Erfahrung »kann die Natur der Dinge an sich selbst niemals lehren«.[149] Erst auf diesem Hintergrund wird die Grundüberzeugung des strengen Behaviourismus (Watson, 1878–1950) verständlich, der »das physikalistische Hauptkriterium aufweist: Er bestimmt sich als ›psychology of the other one‹ und lehnt die Introspektion als legitime Methode wissenschaftlicher Erkenntnisgewinnung ab« (Gottschald, S. 58). O. Neurath aus dem Wiener Kreis schlägt denn auch eine Umbenennung der Psychologie in ›Behavioristik‹ vor. Hofstätter (S. 363) meint, daß »in der Wahl der Ratte als schlechthin des Versuchstieres eine Aussage über den Menschen« liege, »des in seiner Gesamtheit verworfenen und nur in wenigen Einzelfällen begnadigten Wesens der reformierten Theologie«. Albert Wellek schreibt ([2]1970, S. 18): »Die Meinung ist vielmehr natürlich die: daß die Gottesebenbildlichkeit eine theologische, die Rattenebenbildlichkeit aber eine wissenschaftliche Aussage sei. Daß die letztere zwar gewiß nicht theologisch ist, aber ganz genau so eine metaphysische Setzung bedeutet – dies einzusehen fehlen die (gerade nach materialistischer Annahme zu fordernden) ›Gehirnwindungen‹.« Nimmt man die beiden letzten Zitate zum Nennwert, wird wiederum deutlich, wie einzelne Grundüberzeugungen aus Code 3 noch in Code 5 wirksam sind. Kurz: Jede psychologische Strömung auch innerhalb des westlich-wissenschaftlichen Codes setzt, wie jede Wissenschaft, ein bestimmtes Paradigma (Kap. 43) voraus, das in einer Weltanschauung beheimatet ist, die, da es sich um eine ›metaphysische Setzung‹ handelt, geglaubt werden muß.
– Ein Beispiel für die Parallelität von Aussagen in unterschiedlichen Codes finden wir im chinesischen Begriff des ›Qi‹ und im Begriff ›Aura‹. »Qi ist ein zentraler Begriff der chinesischen Philosophie und bezeichnet eine sehr feine und wichtige Substanz. In der chinesischen Medizin [z. B. in der Akupunktur] steht Qi für die physiologische Aktivität und funktionelle Vitalität des Organismus, also für Lebenskraft und Lebensenergie. (…) Wir verstehen darunter die Grund-

substanz oder das Grundmaterial des menschlichen Körpers, aller Lebewesen und allen Lebens« (Liu, S. 14–16). Hier wäre das elektromagnetische Feld um den Körper jedes Menschen zu nennen, das mittels einer Kirlian-Photographie sichtbar gemacht werden kann, früher auch ›Aura‹ genannt (nicht im pathologischen Sinne wie z. B. bei Migräneanfällen!), in der christlichen Kunst als Heiligenschein dargestellt. Die von Dr. Franz Alt (1996) initiierte und moderierte Sendung ›Aura – Heilkraft oder Schwindel?‹ zeigt dieses Phänomen sehr anschaulich. An der kontrovers geführten Diskussion, in der auch der Glauben (Kap. 34 + 44) eine wichtige Rolle spielt, beteiligten sich der Physiker Fritz Popp, Kaiserslautern, der Direktor des Max-Planck-Instituts München, Professor Hans-Peter Dürr, und die österreichische Autorin Dr. Christa Federspiel. »Im indisch-tibetanischen Code finden wir die Vorstellung des *Prana*. Bei gründlicher Suche stoßen wir in den Heiligen Büchern Indiens auf eine Definition, die Prana als *Sonnenenergie plus Gedankenkraft* beschreibt« (van Lamoen, S. 26). Nehmen wir dann noch Erkenntnisse neuerer Physik hinzu, die u. a. aussagt, daß »Energie (Materie) Träger der Information« ist (van Lamoen, S. 24), so wird deutlich, daß zwischen biblischer Aussage und westlich-wissenschaftlicher Sicht kein kontradiktorischer Widerspruch besteht (F 3.3).

– »Kohnstamm verkündigte (…) die Pluriformität der Wahrheit. (…) Auf dem Gebiet der Kulturwissenschaften inkl. der medizinischen Wissenschaften muß nun ebenfalls ein pluriformes Wahrheitsbild bestehen« (van Lamoen, S. 20f.). Ich rede keinem theologischen Relativismus und keinem absoluten Konstruktivismus das Wort, wohl aber einer ›Pluriformität der Wahrheit‹ bei der Auslegung biblischer Texte sowie in pädagogischer und klinischer Psychologie / Psychotherapie. Für mich gilt die Aussage des Johannesevangeliums (Jh. 8,32): »Ihr werdet die Wahrheit erkennen, und die Wahrheit wird euch frei machen.« Läßt sich doch auch beobachten, daß Mystiker in allen großen Religionen ähnliche Erfahrungen machen und machten (vgl. Sudbrack 1992, S. 113–132). Steht dahinter eine absolute Wirklichkeit? »Die historische Relativität der Wahrheit läßt sich behaupten *und* überwinden, wenn man, wie die Philosophie G. F. W. Hegels es vorbildlich gezeigt hat, die Relativität des Historischen als *Erscheinungsform*, als Phänomenologie einer an sich seienden Wahrheit versteht« (Drewermann I, 1991, S. 38). Der in diesem Buch in den Vordergrund gerückte intrapsychische und interpersonale Aspekt schließt nicht aus, daß innerseelisches Geschehen einen Bezug zu einer die menschliche ›Wahr-Nehmung‹ überschreitenden, transzendenten Ebene, zu einem personalen Gott und / oder zu einer Gottheit hat (vgl. den Abschnitt ›Subjekt-Ebene‹ in den Kapiteln 1–7).

Anhang

A Frageschema

1. Ursachen-Ebene

1.1. *Wirk-Ursache*: Nach ihr wird meist in naturwissenschaftlicher Forschung gefragt (Code 5: vgl. Kap. 53). Es geht um jenes Prinzip, von dem das Werden oder eine Veränderung ihren Ausgang nimmt. Gefragt werden kann nach bewirkenden Umständen, Beeinflussungs- und Bedingungsmöglichkeiten wie physikalischen Faktoren, Erbanlagen, Erziehung, Milieu, öffentliche Meinung (»man«, Reklame ...) usw. »Wenn-dann-Denken« spielt die Hauptrolle; die Ergebnisse werden streng methodisch in experimentellem Vorgehen abgesichert. Das Fragen nach der Wirk-Ursache hat seine Berechtigung (vgl. 4. *Logische Beziehungen* und 5. *Logische Ebenen*). Analoges Denken, wie es in den Prinzipien »Wie innen – so außen« oder »Wie oben – so unten« zum Ausdruck kommt, oder *paradoxe Logik*, wie sie in anderen Kulturen und auch in der Bergpredigt anzutreffen ist (Code 1–4), sind dieser Form von Ursache-Denken fremd.

1.2. *Ziel-Ursache*: Worauf zielt etwas (beabsichtigt)? Worauf läuft es hinaus (unbeabsichtigt)? Was fordert es heraus? Worauf weist es hin? Wozu ist es notwendig, nützlich, angenehm? Welchen Sinn hat es?

1.3. *Innere Ursache* (Formalursache): Was macht etwas zu dem, was es ist? Was ist typisch dafür: Verhaltensweisen, Denkweisen, Schrift, Sprache, Gang ... ? Wie war die ursprüngliche Idee (erkennbar manchmal an der ursprünglichen Bedeutung eines Wortes, oder wenn ein Wort in seine Bestandteile zerlegt oder ein Fremdwort aus der Ursprungssprache wörtlich übersetzt wird)?

1.4. *Material-Ursache*: »Rohstoff« des Subjekts, des Objekts? Verlockender Gestaltgrund (Figur-Grund)? Fordernde Umstände? Teile, Eigenschaften, Gattung, Art? Worum handelt es sich? Was bedeutet es?

2. Aspekte / Relationen

2.1. *theologisch*: transzendenter (Hinter-) Grund: Was ist über unsere vierdimensionale Raum-Zeit hinaus möglich und wirklich? Was sagen die Bibel oder andere heilige Schriften der Menschheit zu dieser Frage?

2.2. *ontologisch*: seinsmäßige Anlage: Worauf ist der Mensch »seinsmäßig« angelegt?

2.3. *psychologisch:* bewußt, un(ter-)bewußt, emotional: Was fesselt die Aufmerksamkeit? Welche Gefühle kommen hoch? Wie reagiert der Körper darauf?

2.4. *soziologisch:* gesellschaftliche Strukturen: Klasse, Stand, Alter, Beruf, Geschlecht, Volk, Bildung; transkulturelle Aspekte: Wie denken und verhalten sich Menschen aus anderen Kulturen? »Andere Völker, andere Sitten.«

2.5. *kulturell:* hat etwas einen »Sinn« (zum Beispiel unter ästhetischen Gesichtspunkten), auch wenn es »Zweck-los« ist, ohne »praktischen Nutzen«?

2.6. *zivilisatorisch:* nutzgebunden: Welchen Nutzen bringt etwas? Was sind die Konsequenzen?

2.7. *logisch:* etwas kann, logisch gesehen, »Unsinn« sein, aber unter einem anderen Aspekt, z. B. dem *paradoxer Logik*, sehr sinnvoll (vgl. 5: Logische Ebenen). Welche (stillschweigenden) Voraussetzungen werden gemacht? Sind sie auffindbar? Sind sie überprüfbar? Zu welchen Schlußfolgerungen könnten wir gelangen, wenn wir von anderen philosophischen, theologischen, psychologischen Voraussetzungen, Menschenbildern oder Codices (vgl. Kap. 53) ausgehen würden? Was spricht gegen die vorgebrachte These (vgl. das *Sed contra* bei Thomas von Aquin!)? Handelt es sich um andere Ansichten ergänzende oder ausschließende Voraussetzungen?

2.8. *moralisch:* praktisch-moralischer Aspekt: was »Not-wendig« zu bewältigen ist; Unterscheidung von Sitte – Sittlichkeit – Moral.

2.9. *ästhetisch*

2.10. *Konvention / Tradition:* »Sinn-voll« oder erstarrt?

2.11. *objektiv – subjektiv*

3. Sed Contra: Das Gegenbild

3.1. *Die Kontrastwirklichkeit:* einerseits – andererseits, teils – teils, vorher – nachher, das inwendige Gegenteil.

3.2. *konträr:* entgegengesetzt derart, daß die innerhalb einer Gattung am weitesten auseinanderliegenden Begriffe gegenübergestellt werden (weiß – schwarz).

3.3. *kontradiktorisch:* entgegengesetzt derart, daß die eine Behauptung über einen Gegenstand die Verneinung des anderen ist (schwarz – nicht schwarz).

4. Logische Beziehungen

4.1. *Implikation:* »Für alle z gilt: Wenn x, dann y«: Der Glaube (x) der Person (z) ist eine *zureichende Bedingung* für das Gesundwerden (y). Damit vereinbar ist durchaus, daß das Gesundwerden auch auf ganz anderem Wege erfolgen kann, z. B. durch Medikamente.

4.2. *Implikation mit gegenüber 4.1. vertauschten Gliedern*: »Für alle z gilt: Wenn y, dann x«: Der Glaube (x) an das Gesundwerden ist eine *notwendige Bedingung* für das Gesundwerden (y). Diese Aussage verträgt sich mit der Behauptung, daß eine Reihe von anderen Bedingungen zusätzlich gegeben sein können oder müssen, damit z gesund wird. Zum Beispiel: Es müssen zusätzlich bestimmte »Techniken« (Gebet, Meditation, Kontemplation, Schöpferische Vorstellung, Psychotherapie ...) angewandt oder un(ter-)bewußte Inhalte bewußt gemacht werden.

4.3. *Äquivalenzbeziehung*: »Für alle z gilt: y genau dann, wenn x«: Der Glaube (x) an das Gesundwerden ist *sowohl die notwendige als auch die hinreichende Bedingung* für das Gesundwerden; anders formuliert:

4.3.1. ein Gesundwerden (y) ohne den Glauben (x) an das Gesundwerden ist nicht möglich (notwendige Bedingung)

4.3.2. der Glaube (x) an das Gesundwerden ist hinreichende Bedingung für das Gesundwerden, es bedarf keiner anderen zusätzlichen Bedingungen.

4.3.3. Wenn sich stichhaltig nachweisen läßt, daß Gesundwerden auch ohne den Glauben daran möglich ist, der Glaube also keine notwendige Bedingung ist, oder daß zum Gesundwerden außer dem Glauben daran noch eine oder mehrere andere Bedingungen dazukommen müssen (keine hinreichende Bedingung!), ist Satz 4.3. falsifiziert.

5. Logische Ebenen

5.1. *Aristotelische Logik:* Sie gilt in uns vertrauten westlichen-wissenschaftlichen Code 5 (vgl. Kap. 53) als allein gültig, auch in der experimentellen Psychologie:

5.1.1. Satz der Identität: A ist gleich A

5.1.2. Satz vom Widerspruch: A ist nicht Nicht-A

5.1.3. Satz vom ausgeschlossenen Dritten: A kann nicht A *und* Nicht-A sein.

5.2. *Paradoxe Logik:* Sie gilt in erster Linie in den Codices 1–4 und geht von der Annahme aus, daß A und Nicht-A als Aussagen von X sich nicht gegenseitig ausschließen:

5.2.1. *positiv*: »Es ist und es ist nicht!« (Taoismus, Heraklit, Hegel u. a.); Beispiel: »Besteht ein Unterschied zwischen ja und nein? Wie weit sind denn das Gute und das Böse voneinander entfernt«? (Lao Tse, Nr. 20). Die Parallele zur Bergpredigt (Mt 5,45) ist eindeutig: »Der Vater im Himmel läßt seine Sonne aufgehen über Böse und Gute und läßt regnen über Gerechte und Ungerechte.«

5.2.2. *negativ*: »Es ist weder dies noch das!« (Indien, Mystiker aller Religionen, Nikolaus von Kues ...)

6. Zusätzliche Aspekte

6.1. *Beispielsuche* in Schrift, Liturgie, Kirchenjahr, Brauchtum, Redensarten, Literatur, Film, Malerei, Plastik, Baukunst, Musik, Symbol, Natur, geschichtl. Personen und Ereignissen

6.2. *Das Wort*: Etymologie, Bestandteile

6.3. *Parallelen / Quellen*: in der Literatur

6.4. *Abstrakte Gedanken* bildhaft ausdrücken (Parabeln, Geschichten, Sprüche, Graphiken), Assoziationen kommen lassen.

6.5. *Das Phänomen*

6.5.1. auf sich wirken lassen unter Absehung von dem, was man bisher gelernt hat

6.5.2. die abstrakte Essenz daraus

6.5.3. dazu das moderne Phänomen

B Abkürzungen

BP   = H. Deidenbach, Zur Psychologie der Bergpredigt
F   = Frageschema im Anhang
Psh = Psychologie heute
par. = Parallele Texte

Altes Testament
1 M. = 1. Buch Moses (Genesis)
2 M. = 2. Buch Moses (Exodus)
3 M. = 3. Buch Moses (Leviticus)
4 M. = 4. Buch Moses (Numeri)
5 M. = 5. Buch Moses (Deuteronomium)
Ez.   = Buch Ezechiel
Hi.   = Buch Hiob
Ps.   = Buch der Psalmen
Sa.   = Buch Sacharja (Zacharias)
Sp.   = Buch der Sprüche
Is.   = Buch Isaias (Jesaja)
W.   = Buch der Weisheit
Joe. = Buch Joel

Neues Testament
Mt.   = Evangelium nach Matthäus
Mk.   = Evangelium nach Markus
Lk.   = Evangelium nach Lukas
Jh.   = Evangelium nach Johannes
A.   = Apostelgeschichte
R.   = Brief an die Römer
1 K. = 1. Brief an die Korinther
2 K. = 2. Brief an die Korinther
G.   = Brief an die Galater
P.   = Brief an die Philipper
J.   = Jakobusbrief
1 Tm. = 1. Brief an Timotheus
Tt.   = Brief an Titus
H.   = Brief an die Hebräer
O.   = Geheime Offenbarung / Apokalypse

C Danksagung

Vier Gesprächsforen, aus denen nur wenige Teilnehmer namentlich genannt werden sollen, gaben mir wichtige Anregungen:

- der Arbeitskreis für neue / alte Medizin der Deutschen Ärztegesellschaft für Akupunktur (DÄGfA) in Bad Homburg,
- die Interessengemeinschaft für transzendenzoffene Wissenschaft und christliche Spiritualität ›VIA MUNDI‹,
- die katholische akademie rabanus maurus in Wiesbaden-Naurod,
- der Lions-Club Rheingau durch den Gedankenaustausch mit Freunden aus unterschiedlichen Berufsgruppen.

Viele Seminarteilnehmer, Patienten und Fachleute erprobten meine Anregungen in der Praxis, berichteten über ihre Erfahrungen, brachten kreative Vorschläge und Kritik ein und zeigten Parallelen und Unterschiede auf. Hier sind besonders Dr. med. Helmut Orth und Peter Wenzel zu nennen. Dr. Franz Alt hat meinen Blickpunkt in mehreren Begegnungen und durch seine Bücher erweitert; er und Dr. Norbert Copray in Oberursel machten mir durch Rezensionen meines Bergpredigt-Taschenbuchs Mut, biblische Texte auch weiter unter psychologischer Perspektive zu sehen. Gedankenaustausch mit Freunden und Kollegen haben meine Konzepte um neue Aspekte bereichert, so Pfr. Joachim Bieß, Sr. Justina Bönsch OP, Dipl.-Psych. Gila Eikelmann, Dr. Günter Emde, Dr. Gotthard Fuchs, Dr. med. Anneliese Gleditsch, Prof. Dr. med. Jochen Gleditsch, Dr. med. Michael Golenhofen, Dr. med. vet. Walter Greiff, Prof. Dr. med. Klaus Jork (vgl. Vorwort), Dr. Bert van Lamoen, Maria-Theresia Loch, Dr. med. Walburg Maríc-Oehler, Dr. Erwin Nickel, Dr. med. Nossrat Peseschkian, Pfr. Josef Schmidt, Dr. Wolf Specht, Prof. Dr. Reinhard Tausch, Dr. med. Antje Visbeck, Hartmut Visbeck und Brigitte Woltmann-Tetzner. Große Teile dieses wie des vorhergehenden Buches sind bei Aufenthalten im gastfreundlichen Haus von Ilse Blumer in Waltensburg / GR entstanden. Willi Köhler, der 1996 verstorbene Lektor des S. Fischer Verlages, regte an, meine Erfahrungen in einem weiteren Buch zu veröffentlichen. Meine Frau Karin hat mich durch konstruktive Kritik und Geduld ermutigt; ihr ist dieses Buch gewidmet.

D Literatur

Achterberg, J.: Rituale sind die Wegweiser der Heilung, in: Psh. Sept. 93

Alt, F.: Jesus – Der erste neue Mann. Piper, München Zürich [8]1991, S. 35 ff.

Alt, F.: Aura – Heilkraft oder Schwindel? Aus der Reihe ›Zeitsprung‹, Südwestfunk 11.8.1996

Assagioli, R.: Psychosynthese. Zürich 1988

Ausserer, O. & Paris, W. (Hrsg.): Glaube und Medizin. Alfred & Söhne, Meran 1993

Bäumer, B.: Abhinavagupta: Wege ins Licht. Texte des tantrischen Sivaismus aus Kaschmir. Benziger, Zürich 1992

Ben-Chorin, S.: Jesus-Bruder Jesus. List, München [2]1969

Berger, K.: Historische Psychologie des Neuen Testaments. Kath. Bibelwerk, Stuttgart [3]1995

Berne, E.: Spiele der Erwachsenen. Rowohlt, Hamburg o. J.

Bibelkommission, päpstliche: Die Interpretation der Bibel in der Kirche. Sekretariat der Deutschen Bischofskonferenz (Hrsg.), Kaiserstraße 163, 53113 Bonn, 1993

Bieß, J.: Geistige Phänomene in psychologischer Sicht als Ausdruck und Spiegel der Wirklichkeit. Vortrag auf der VIA MUNDI-Tagung am 25.5.95 in Freising

Böhme, W. / Sudbrack, J. (Hrsg.): Der Christ von morgen ein Mystiker? Echter, Würzburg / Steinkopf, Stuttgart 1989

Brück, M. von u. a. (Hrsg.): Dialog der Religionen, 6. Jhg., 1, 1996, Chr. Kaiser / Gütersloher Verlagshaus

Buber, M.: Die Schriften über das dialogische Prinzip. Lambert Schneider, Heidelberg 1954

Bucher, A.: Bibel-Psychologie. Kohlhammer, Stuttgart 1992

Byrd, R.: Positive therapeutic Effects of intercessory Prayer in an Coronary Care Unit Population, in: Southern Medical Journal, Vol. 81, No. 7 (July 1988), S. 826–829

Christmann, H. M.: Kommentar zu Band 17A ›Die Liebe‹ der deutsch-lateinischen Ausgabe der Summa theologica. Kerle, Heidelberg und Styria, Graz 1959

Davis, R. E.: Wie wir richtig und mit Erfolg beten. CSA – Rosemarie Schneider, Bad Homburg 1986

Deidenbach, H.: Die Ethik der Bergpredigt im Alltag. Tonkassette. G. Emde, Pittenhart 1992a

ders.: Zur Psychologie der Bergpredigt, Fischer Taschenbuch Nr. 10259, Frankfurt am Main 1990

Ders.: Sich verwirklichen statt durchsetzen? Wege zur Identitätsfindung in der Bergpredigt. Tonkassette: TELOS Gesellschaft für Psychotherapie, Beratung und Weiterbildung, München 1993

Dibelius, M.: Die Formgeschichte des Evangeliums. Tübingen ^{4}1961

Döring, H.: Eros – Urquell religiöser Erfahrung? Una Sancta 1 / 1996, S. 26–38

Drewermann, E.: Tiefenpsychologie und Exegese, Band 1. Walter, Olten und Freiburg ^{2}1991 (Sonderausgabe)

Eersel, P. van: Sterben – Der Weg in ein neues Leben. Scherz, Bern München Wien 1986

Einheitsübersetzung der Heiligen Schrift, Das Neue Testament. Kathol. Bibelwerk, Stuttgart 1994

Emde, G.: Transzendenzoffene Wissenschaft. Emde, Pittenhart 1995

Ernst, H.: Wer nachtragend ist, muß viel schleppen, in: PsH April 1993, S. 27–29

Evans-Wenz, W. Y. (Hrsg.): Das Tibetanische Totenbuch. Walter, Freiburg ^{14}1991

Feid, A.: Nacht eines Priesters. Protokoll eines Doppellebens. Patmos, Düsseldorf 1996

Frankl, V.: Leiden am sinnlosen Leben. Freiburg 1980

Freud, S.: Selbstdarstellung, in: Gesammelte Werke XIV. S. Fischer, Frankfurt / M. 1955

Freud, S.: Die Zukunft einer Illusion, in: Studienausgabe IX. S. Fischer, Frankfurt / M. 1974

Fuchs, G. (Hrsg.): Die dunkle Nacht der Sinne. Leiderfahrung und christliche Mystik. Patmos, Düsseldorf 1989

Fuchs, G., Wacker, B. (Hrsg): katholische akademie rabanus maurus, Schriften 2. Schulz-Kirchner, Idstein 1994

Geshe Thubten Ngawang: Powa – vom bewußten Sterben zur guten Wiedergeburt, in: Tibet und Buddhismus, Vierteljahresschrift des Tibetischen Zentrums Hamburg e. V., X. Jhg., Nr. 37, S. 3 f.

Giani, L. M.: Heilige Leidenschaften. Kösel, München 1994

Gleditsch, A.: Vom Bewußtsein zum Gewißsein. Opal, Augsburg 1991

Gleditsch, J.: Heil und Heilwerden, in: Ausserer, O. & Paris, W. (Hrsg.), Glaube und Medizin, 129–135. Alfred & Söhne, Meran 1993

Görg, M.: Mythos, Glaube und Geschichte. Patmos, Düsseldorf 1992

Gottschald, H.: Handbuch der Psychologie, 1. Band, 1. Halbband, Hogrefe, Göttingen 1966

Griffith, B.: Rückkehr zur Mitte. Kösel, München 1987

Grom, B.: Religionspsychologie, Kösel – Vandenhoeck & Ruprecht, München und Göttingen 1992

Grün, A.: Dimensionen des Glaubens. Vier-Türme-Verlag, Münsterschwarzach 1987

Ders.: Einswerden. Vier-Türme-Verlag, Münsterschwarzach 1986b

Ders.: Einreden. Der Umgang mit den Gedanken. Vier-Türme-Verlag, Münsterschwarzach 1983

Ders.: Gesundheit als geistliche Aufgabe. Vier-Türme-Verlag, Münsterschwarzach 1989

Ders.: Glauben als Umdeuten. Vier-Türme-Verlag, Münsterschwarzach 1986a

Ders.: Tiefenpsychologische Schriftauslegung. Vier-Türme-Verlag, Münsterschwarzach 1992

Guyon, J.-M.: Moyen court et très-facile de faire oraison, Paris 1683; zitiert in: Jungclaussen 1986, S. 48

Hahn, R. A.: Nocebo: Der Glaube, der krank macht, in: Psh April 1996, S. 64 ff.

Hirshberg, C. / Barasch, M. J.: Unerwartete Genesung. Droemer Knaur, München 1995

Hofstätter, P.: Behaviorismus als Anthropologie, in: Jahrb. f. Psychol. und Psychother. 4, 1957, S. 56

Huck, A. / Lietzmann, H.: Synopse der ersten drei Evangelien. J. C. B. Mohr, Tübingen 1950

Irigaray, L.: Die Zeit der Differenz. Für eine friedliche Revolution. Campus, Frankfurt am Main 1991

Jäger, W.: Suche nach dem Sinn des Lebens. Via Nova, Petersberg 1991

Jacobs, L.: Entwicklungen jüdischer Mystik mit besonderer Berücksichtigung der Chassidim. In: Brück u. a. (Hrsg.), S. 38–52

Jans, F. X.: Das Herzensgebet in der Sicht des Psychotherapeuten, in: Massa 1982, S. 93–113

Jork, K.: Geistesumwandlung in sieben Abschnitten: eine traditionelle Lehre Tibets zur Veränderung des Bewußtseins. In: curare 18 (1995) 2: S. 457 bis 466

Josuttis, M.: Gottesliebe und Lebenslust. Gütersloh 1994

Jungclaussen, E. (Hrsg.): Das Jesusgebet. Pustet, Regensburg ⁶1994

Ders.: Aufrichtige Erzählungen eines russischen Pilgers. Vollständige Ausgabe, Herder, Freiburg ⁴1996

Kabat-Zinn, J.: Gesund und streßfrei durch Meditation. Barth / Scherz, Bern München Wien 1991

Kassel, M.: Biblische Urbilder. Herder, Freiburg 1992

Keel, O.: Die Welt der altorientalischen Bildsymbolik und das Alte Testament. Benziger / Neukirchener, Neukirchen-Vluyn ⁴1984

Kissener, H.: Wer war Jesus? Der Essäer-Brief. Drei Eichen, Engelberg / München ⁹1980

Klauck, H.-J.: Die religiöse Umwelt des Urchristentums. Kohlhammer, Stuttgart 1995

Klessmann, M.: Liebe Sünde, in: Una Sancta 1 / 1996, S. 3–16

Klima, H.: Elektromagnetische Bioinformation. Atominstitut der Österr. Universitäten, Wien 1994

Kluge, F.: Etymologisches Wörterbuch der deutschen Sprache. Walter de Gruyter, Berlin New York ²²1989

Kohnstamm, Ph. A.: Mens en Wereld. Scheltema en Holkema, Amsterdam 1947

Kolta, K. S.: Von Echnaton zu Jesus. Wewel, München 1993

Kossak, H.-C.: Hypnose. Psychologie Verlags Union, München 1989

Kreppold, G.: Die Bibel als Heilungsbuch. Vier-Türme-Verlag, Münsterschwarzach 1985

Kübler-Ross, Elisabeth: Interviews mit Sterbenden. Kreuz, Stuttgart o. J.

Küng, H.: Freud und die Zukunft der Religion. Piper, München 1987

Küpper, M.: Die Praxis des Herzensgebetes in der Ostkirche, in: Massa 1982, S. 79–92

Kuhn, T.: Die Struktur wissenschaftlicher Revolutionen. Frankfurt/M. ^{5}1981

Lamoen, G. J. van: Von der Bio-Medizin zur Info-Medizin; in: Lamoen, G. J. van (Hrsg.): Biologische Information und Regulation. Haug, Heidelberg 1993

Lamsa, G. M.: Die Evangelien in aramäischer Sicht. Neuer Johannes Verlag, Lugano 1963

Lao Tse: Tao-Te-King. Mit einem Nachwort von Knut Walf. Diogenes, Zürich 1996

Lapide, P.: Ist die Bibel richtig übersetzt? GTB Nr. 1415, Gütersloh, ^{2}1986

Leloup, J.-Y.: Das Herzensgebet nach Starez Séraphim vom Berge Athos. Neumühle-Verlag, Mettlach o. J.

Le Saux; H.: Über das Gebet. Die Gegenwart Gottes erfahren. Matthias Grünewald, Mainz 1980

Liu, Q.: Qi Gong. Heinrich Hugendubel, München ^{2}1995

Lucadou, W. v.: Psyche und Chaos. Aurum, Freiburg 1989

Marsch, M.: Heilen. Aktuelle Texte, Heiligenkreuztal 1987

Massa, W. (Hrsg.): Kontemplative Meditation. Gruenewald, Mainz 1980

Ders.: Die Höhle des Herzens. Butzon & Bercker, Kevelaer 1982

Medical Tribune, Jhg. 21, Nr. 8, S. 1, Wiesbaden 21.2.1986: Doppelblindstudie: Beten lassen hilft! Vgl. Byrd, R.

Meister Eckehart vgl. Pfeiffer, E.; Quint, J.

Mello, A. de: Meditieren mit Leib und Seele. Butzon & Bercker, Kevelaer ^{5}1991.

Ders.: Eine Minute Weisheit. Herder, Freiburg 1991

Merton, R.: The self-fullfilling prophecy, in: Merton, Social theory and social structure, Glencoe 1957

Meuser, B.: Gottestherapie. Schwabenverlag, Ostfildern 1993

Middendorf, I.: Der erfahrbare Atem. Eine Atemlehre. Junfermann, Paderborn 1984

Moody, R. A.: Nachgedanken über das Leben nach dem Tod. Rowohlt, Reinbek 1978

Morse, M./Perry, P.: Zum Licht. Zweitausendeins, Frankfurt/M. 1992

Mulack, C.: Und wieder fühlte ich mich schuldig. Ursachen und Lösungen eines weiblichen Problems, Kreuz, Stuttgart 1993

Müller, J.: Und heilt alle deine Gebrechen. Steinkopf, Stuttgart 1989

Müller, W.: Meine Seele weint. Vier-Türme-Verlag, Münsterschwarzach 1993

Nestle, E.: Novum Testamentum Graece et Latine, Stuttgart [60]1954

Nickel, E.: Weltbild-Denken zwischen Gewißheit und Illusion. Sonderdruck aus: Resch, A.: Die Welt der Weltbilder. Resch, Innsbruck 1994

Niewöhner, F. (Hrsg.): Klassiker der Religionsphilosophie. Von Platon bis Kierkegaard. Beck, München 1995

Nigg, W.: Des Pilgers Wiederkehr, Fischer Bücherei, Bd. 202, Frankfurt am Main 1954

Nuber, Ursula: Die Wiederentdeckung der Geborgenheit; in: Psh, Dezember 1995, S. 4 + 20 ff.

Oancea, D.: Eros und Gemeinschaft, in: Una Sancta 1 / 1996, S. 39–46

Ousely, G. J. (Hrsg.): Das Evangelium des vollkommenen Lebens. Humata, Bern [6]1988

Pagels, E: Adam, Eva und die Schlange. Die Geschichte der Sünde. Rowohlt, Reinbek 1994

Peseschkian, N.: Der Kaufmann und der Papagei. Fischer Taschenbuch Nr. 3300, Frankfurt / M. 1979

Pfeiffer, F. (Hrsg.): Deutsche Mystiker. Meister Eckhart, Göttingen [3]1914

Pfürtner, S.: Triebleben und sittliche Vollendung. Universitätsverlag, Freiburg / Schweiz 1958

Pohlen, M. / Bautz-Holzherr, M.: Die endlose Suche nach dem grandiosen Selbst, in: Psh Nov. 1996, S. 36 ff.

Pryse, J. M.: Reinkarnation im Neuen Testament. Ansata, Interlaken [3]1984

Quint, J. (Hrsg.): Meister Eckhart. Diogenes, Zürich 1979

Rahner, H.: Griechische Mythen in christlicher Deutung. Herder, Freiburg und Basel Wien 1992

Rauch, E.: Auto-Suggestion und Heilung. PAL, Mannheim [5]1992

Reintjens-Anwari, H.: Die Liebesleiter in der islamischen Spiritualität, in: Una Sancta 1 / 1996, S. 78–87

Ressel, H.: Das Ritual der Gastfreundschaft, in: Psh Nov. 1996, S. 26 f.

Rienecker, F.: Sprachlicher Schlüssel zum Griechischen Neuen Testament. Brunnen-Verlag, Gießen [11]1963

Riesch, A.: Lebendige Stimme. Schott, Mainz 1972

Rinpoche, G. T.: Ist Mystik Weltflucht? Eine buddhistische Perspektive. In: Brück, S. 92

Rölfing, R. & M.: Boten des Lichts. Edition Sananda, 1992

Scharf, S.: Das Herzensgebet der Ostkirche, in: Massa 1982, S. 35–56

Ders.: Vom Herzensgebet zur Herzensmeditation, in: Massa 1982, S. 57–78

Schelp, H.: Meister Eckhart, Stille und Ewigkeit. Eine Anthologie. Felder, Innsbruck 1985

Schibler, G.: Sexualität, Religion und Frau, in: Una Sancta 1 / 1996, S. 47–54

Schmidt, K. O. (Hrsg.): Das Thomas-Evangelium. Drei-Eichen-Verlag, München und Engelberg / Schweiz [3]1984

Ders.: Die Goldene Regel, München und Engelberg / Schweiz [3]1985

Schneider, R.: Wochenendseminar München 1986. CSA Rosemarie Schneider, Bad Homburg 1986

Schuler, W: Das Geheimnis des Heilens aus der Sicht des Neuen Testaments, in: Ausserer, O. & Paris, W. (Hrsg.), S. 106–128

Schützeichel, H.: Die Vielheit in der Einheit, in: Renovatio 4, 44. Jhg., Dez. 1988

Shapiro, D. H.: Meditationstechniken in der Klinischen Psychologie. Eschborn 1987

Sheldrake, R.: Das schöpferische Universum. Meyster, München 1983

Shuttle, Penelope / Redgrove, P.: Die weise Wunde Menstruation. Fischer Taschenbuch 3728, Frankfurt / M. 1995

Splett, J. (Hrsg.): Höllenkreise – Himmelsrose. Dimensionen der Welt bei Dante, in: Fuchs, G. / Wacker, B. Schulz-Kirchner, Idstein 1994

Staehelin, B., Schmucker-von Koch, J.: Heilwerden von Grund auf. Herder, Freiburg 1990

Stauffer, E.: Jesus, Gestalt und Geschichte. DALP Taschenbuch 332, Bern 1957

Sudbrack, J.: Mystik. Grünewald, Mainz [3]1992

Ders.: Meditative Erfahrung. Grünewald, Mainz 1994

Svoboda, T.: Das Hypnose-Buch. Kösel, München 1984

Székely, E. B.: Die Lehren der Essener. Essener-Meditationen. Bruno Martin, Süder-Gellersen [6]1984

Tart, C.: Transpersonale Psychologie. Walter, Olten 1978

Tausch, R.: Vergeben: ein bedeutsamer seelischer Vorgang. Manuskript, in: Zs. f. Sozialpsych. und Gruppendynamik, 1992, 3, S. 3–29

Ders.: Verzeihen: Die doppelte Wohltat, in: Psh April 1993 (a), S. 20–26

Thich Nhat Hanh: Lebendiger Buddha, lebendiger Christus. Verbindende Elemente der christlichen und buddhistischen Lehren. Goldmann, München 1995

Thomassen, Ch.: Suchen wir einen Brunnen. Antoine de Saint-Exupérys »Der Kleine Prinz«. Münsterschwarzacher Vortragskassetten 201, Vier-Türme-Verlag, Münsterschwarzach o. J.

Thyen, J.-D.: Bibel und Koran. Böhlau, Köln Wien 1989

Tibetanisches Totenbuch vgl. Evans-Wenz

Una Sancta, Zs. für ökumenische Begegnung. Kyrios, Meitingen / Freising

Wachinger, L.: Das »tiefe Übersteigen« (Inf. II, 12). Die Übergänge von Kreis zu Kreis in Dantes Inferno – tiefenpsychologisch gelesen, in: Fuchs, G., Wacker, B. (1994), S. 61–74

Walf, K. vgl. Lao Tse

Walker, Barbara: Das geheime Wissen der Frauen. dtv-Lexikon, München 1995

Walsh, R. N. / Vaughan, F. (Hrsg.): Psychologie in der Wende. Scherz, Bern München Wien [2]1985

Ware, K. / Jungclaussen, E.: Hinführung zum Herzensgebet. Herder, Freiburg [3]1982

Warnke, U.: Gehirn-Magie. Der Zauber unserer Gefühlswelt. Popular Academic Verlags-Gesellschaft, Saarbrücken 1997

Weidenbach, J.: Gesunde Berührung, in: Psh Juni 1996, S. 44

Weinreb, F.: Die jüdischen Wurzeln des Matthäus Evangeliums I. Weiler im Allgäu 1994

Ders.: Zahl Zeichen Wort. Das symbolische Universum der Bibelsprache. Weiler im Allgäu ³1986

Wellek, A.: Der Rückfall in die Methodenkrise der Psychologie und ihre Überwindung. Hogrefe, Göttingen ²1970

Wolf, Axel: Ärger. Was tun gegen das Killer-Gefühl? In: Psh April 1996, S. 20

Wolff, H.: Jesus als Psychotherapeut. Jesu Menschenbehandlung als Modell moderner Psychotherapie, Stuttgart ⁹1990

Dies.: Der universale Jesus. Die Gestalt Jesu im kulturell-religiösen Umfeld Indien, Stuttgart 1993

Zimmer, D. E.: Tiefenschwindel. Die endlose und die beendbare Psychoanalyse. Rowohlt, Reinbek 1990

E Anmerkungen

1   Den beschwerlichen Weg wagen. Therapiewoche 46, 28 (1996) 1546 – 1547

2   Umarme deine Wut. Theseus, Zürich 1993

3   »Das Königreich Gottes ist nicht etwas von Gott Unterschiedenes, den er
    Abba, ›Vater‹, nannte. So wie der Begriff des ›anderen Ufers‹ das Mißverständ-
    nis erzeugen kann, daß das andere Ufer nicht dieses Ufer ist, so kann auch der
    Begriff ›Vater‹ irreführend sein. So fragen etwa Feministinnen unserer Zeit,
    warum es ›Vater‹ heißt und nicht ›Mutter‹.« (Thich Nhat Hanh).

4   Feministische Theologie hat eine völlig andere Sichtweise erarbeitet, referiert
    z. B. durch Gina Schibler (S. 47 ff.), Hortense Reintjens-Anwari (S. 77–87) und
    H. Döring (S. 26–38). Vgl. P. Shuttle/P. Redgrove, Christa Mulack, Elaine
    Pagels und Barbara Walker.

5   »Charakteristisch für Information ist, daß sie von einer Quelle zur anderen ge-
    sandt werden kann, in der Weise, daß sie an der Empfangsstelle zunimmt, ohne
    an der Senderstelle abzunehmen – das Informationserhaltungsgesetz.« (van
    Lamoen, S. 23)

6   Vgl. P. Wenzel: Was ist echte Geistheilung? Audio-Kassette LQ 140. Edition
    Lichtquell, 79682 Todtmoos

7   »Die Ausstrahlungen, die den Raum verändern, korrelieren mit unseren jewei-
    ligen physischen und psychischen Zuständen« (Warnke, S. 19).

8   Noch deutlicher wird Matthäus (Mt. 9,8), der die Volksmassen – fast ist man
    geneigt zu sagen: unverbildete, noch nicht festgefahrene Nicht-Fachleute – er-
    kennen läßt, daß »Gott ... *den Menschen* derartige Macht gibt«.

9   Meister Eckhart sagt: »Er (der Herr) wurde nie gefunden unter Freunden,
    noch unter Verwandten, noch bei Bekannten, vielmehr: stets verliert man ihn
    dort« (Predigt IV zu Lk. 2,42: Pfeiffer 25,2 f.).

10 Letztere waren durchaus Menschen, die mit großem Ernst bestrebt waren, die
    Gesetze Gottes zu erfüllen, vor allem, wenn man um die ursprünglichen Ideale
    dieses Ordens und ihren Einsatz für die jüdische Sache unter der Fremdherr-
    schaft weiß.

11 Wer die von Dr. Franz Alt (1996) moderierte Zeitsprung-Sendung »Aura –
    Heilkraft oder Schwindel« gesehen hat, wird diesen Satz eher nachvollziehen
    können. In diesem Film wird auch gezeigt, wie ein chinesischer Heiler einer
    Frau, die seit Jahren bettlägerig ist, in kurzer Zeit hilft, aufstehen und gehen zu
    können, ein Erleben, das an unsere Geschichte vom Gelähmten erinnert.

12 Der Buddhist Thich Nhat Hanh schreibt (S. 92 f.): »Die Kirche ist der Träger,
    der es uns erlaubt, diese Lehren zu verwirklichen. Die Kirche ist die Hoffnung
    Jesu, wie der Sangha die Hoffnung des Buddhas ist. Durch die Praxis der Kir-
    che und des Sangha werden die Lehren lebendig. Übungsgemeinschaften – mit

allen ihren Mängeln – sind die beste Möglichkeit, um den Menschen die Lehren nahezubringen. Vater, Sohn und Heiliger Geist brauchen die Kirche, um sich manifestieren zu können. (›Wo zwei oder drei in meinem Namen versammelt sind, da bin ich mitten unter ihnen‹: Mt. 18,20).«

13 Vgl. Jörg Müller, S. 102 ff. »Die Praxis des handauflegenden Gebetes«, und Meuser, S. 58 ff. »Zweifel an der heilenden Kompetenz der Christen«.

14 Der Kreis der Heiler wurde auf die Apostel Jesu, bestenfalls noch auf deren Schüler in apostolischer Zeit (gemeint ist die Zeit bis zur Abfassung der letzten Schriften des Neuen Testaments), eingeengt.

15 Eine sehr anschauliche und kontrovers diskutierte Dokumentation zum Thema ›Handauflegen‹ bietet die Zeitsprungsendung »Aura – Heilkraft oder Schwindel?« von Franz Alt.

16 Julia Weidenbach, S. 44

17 A. 6,6; A. 8,17,19; A. 13,3; A. 19,6; 1 Ti. 5,22; 2 Ti. 1,6

18 Vgl. in: Walsh & Vaughan: Tart (S. 227–243), Globus (S. 244–246), Wilber (S. 247–253) und BP, S. 104.

19 »Spontanremissionen« nach Hans Jürgen Eysenck; zitiert in: Zimmer, S. 384

20 »Alle Befehle, Energie- oder Willensanspannung, die vom Bewußten in die Bezirke des unbewußten und autonomen (unabhängigen) Geschehens einzugreifen trachten, werden vom Unbewußten abgelehnt und stets zum Mißerfolg gebracht. (…) Je mehr wir uns befehlen, desto heftiger schlägt unser Unbewußtes zurück. (…) Jede Willens-Anstrengung, die man gegen ein Übel, gegen ein Leiden, gegen eine Sucht oder gegen Zwangsgedanken ankämpfen läßt, verstärkt das Übel« (Rauch, S. 22 f.).

21 »Es gibt auch im emotionalen Bereich keinen geistigen Akt, der jenseits aller sinnlichen Affektivität vollzogen werden könnte« (Pfürtner, S. 132). Schon bei Thomas von Aquin »bildet der Irascibilis [unsere instinkthaft-aggressive Kraft] eine dynamische Anlage, die im Dienste der Lebensinteressen des Individuums steht. Er hat bei allem kämpferischen Einsatz (…) für das Lebewesen einen grundsätzlich konstruktiven Charakter. (…) Thomas versteht die concupiscible Affektanlage [die Eros-Libido] viel weiter [als S. Freud]. Sie ist eine dynamische Potenz, die sich auf alles Lebenserhaltende und -beglückende richtet. Sie ist universales sinnliches ›Lustprinzip‹« (Pfürtner, S. 220).

22 Buddhisten sprechen vergleichbar vom »Buddha-Bewußtsein«, Hinduisten vom »Krishna-Bewußtsein«; man beachte das sprachliche Anklingen an »Christus« (Kap. 49).

23 Frankl 1980, S. 11; zit. bei Grün 1989, S. 67

24 Siehe Textvergleich zu Vers 2: »der Mann *in* einem unreinen Geist.«

25 Ursula Nuber, S. 4+20 ff.

26 Liest man die Fortsetzung unserer Heilungsgeschichte (Mk. 5,21–43), so fällt auf, daß es sich in dieser Schachtelperikope einmal um ein Mädchen von 12 Jahren am Beginn der Pubertät und zum anderen um eine Frau handelt, die

Probleme mit ihrer Monatsblutung hat (Kap. 1). Bei dem Mädchen geht es möglicherweise um das Erwachen von Sexualität, die abgewehrt werden kann, bei der Frau um das Tabu der ›Unreinheit‹ (vgl. auch Drewermann 1991, II, S. 277–309). Ist es zu weit hergeholt, im von einem ›unreinen‹ Geist heimgesuchten Mann ähnliche Unterdrückungsmechanismen zu ahnen?

27 Zur Bedeutung des Schattens als Projektion nach außen vgl. Jäger, S. 151 ff.

28 Jeanne Achterberg, S. 35

29 Man schaue sich beispielsweise ein Fußballspiel unter diesem Gesichtspunkt an; von Ritualen wie der Jugendweihe auch auf atheistischem Hintergrund ganz zu schweigen. Hildegard Ressel schreibt vom Ritual der Gastfreundschaft. »Ohne jede Ironie lassen sich die Auseinandersetzungen rund um Gorleben als rituelles Theater begreifen – mit vorhersehbaren Eskalationen, Maskeraden, Parolen, Provokationen.« (Dirk Schümer: Chaostage. In: FAZ, 10. Mai 1996, Nr. 109, S. 39)

30 Grün (1992, S. 38–41) bringt eine tiefenpsychologische Auslegung dieser Heilungsgeschichte.

31 Es lohnt sich, die Vorgeschichte unserer Heilungserzählung (Mk. 9, 2–10: BP, S. 105 f.), nachzulesen, um notwendige Bedingungen von Heilung (F 4.2), wie sie in Vers 29 genannt werden, zu verstehen.

32 Verse 20 und 26: »Sobald der unreine Geist Jesus sah, zerrte er den Jungen hin und her (…)«

33 Mk. 7,1–8.14–23; vgl. auch die Anmerkung zu Mt. 15,11

34 Vgl. BP, Kap. 12, S. 56 ff.

35 Kap. 21: Studie aus Medical Tribune

36 R. E. Davis 1986; vgl. Müller, S. 102–109

37 Detaillierte Vorschläge und Literaturhinweise in BP, Kap. 33–36

38 In der älteren Fassung im Buch Exodus (2 M. 20,12–16), in der neueren Fassung im Buch Deuteronomium (5 M. 5,16–20)

39 Der griechische Text (16) lautet *didaskale* (*agathe*), der lateinische *magister bone* – guter Meister.

40 Lateinisch (17): *Quid me interrogas de bono? Unus est bonus, Deus.*

41 Mt. 5,44–48: BP, S. 43–47

42 Aphorismen zur Lebensweisheit

43 Frankfurter Allgemeine Magazin, 23. Woche, 7. Juni 1996, Heft 849, S. 27

44 Grün beruft sich hier auf C. G. Jung.

45 Mt. 5,43–48, vgl. BP, S. 43–47

46 »Der Einfluß der kantianischen Ethik gestattete nurmehr ein Tun des Guten um seiner selbst willen. Der Idealismus ist in diesem Punkt durch Ich-Verzicht geprägt. (…) Das Ausgehen von der Selbstliebe setzt eine grundsätzliche Bejahung des individuellen Lebenswillens voraus. Denn in der angestrebten Gemeinschaft kommt der Täter wirklich vor« (Berger, S. 277 f.). Walter Nigg schreibt (S. 74): »Die Verwechslung von Christentum mit Moral bildet eines

der stärksten Hindernisse, die dem modernen Menschen den Zugang zum Neuen Testament verbauen.«

47 Im lateinischen Text werden zwei Formen von ›lieben‹ genannt: amare und diligere (Kap. 38).

48 Eine Parallele findet sich im Koran in Sure 57,12–15; vgl. Thyen, S. 241 f.

49 Chinesische Philosophie spricht analog von Yin und Yang, C. G. Jung von *anima* und *animus*, vgl. Kap. 27.

50 Die christliche Gemeinde setzte das Geburtsfest Jesu, für das es keine exakten Berechnungen geben kann, bewußt auf den 25. Dezember, vier Tage nach dem ›heidnischen‹ Fest der Wintersonnenwende.

51 Eine Deutung des Gleichnisses in dieser Richtung bringt Grün 1992, S. 48 ff.

52 »Das Reich Gottes ist inwendig in euch!« (Lk. 17,21)

53 Zur Symbolik vgl. Kap. 8

54 Ob und inwieweit ein Gedanke und die damit verbundenen Gefühle und Vorstellungen ›negativ‹, d. h. ein ›Nocebo‹ ist, läßt sich an seinen Auswirkungen auf unseren Körper, unsere Beziehungen und unsere Leistungsfähigkeit abschätzen. Es wird hier nicht der Verdrängung von Gedanken und Gefühlen das Wort geredet, sondern auf dem Hintergrund neuerer psychologischer Erkenntnisse für die Überlegung plädiert, wie mit ihnen sinnvoll – mit vollen Sinnen! – *und* vernünftig umgegangen werden kann; vgl. Kap. 44

55 Robert A. Hahn, in: Psh April 1996, S. 64 ff. Diese Nummer bringt weitere Artikel zu diesem Thema: »Das Voodoo-Nocebo: Wenn der Glaube tötet« (S. 66); »Von ›Öko-Heuchlern‹ und ›AIDS-Phobien‹: Belege für die Nocebo-Wirkungen finden sich vor allem in der Umweltmedizin« (S. 67); vgl. auch »Schicksals-Macht: negatives Denken kann tödlich sein«, in: Psh Nov. 1994, S. 53.

56 Axel Wolf, Psh April 1996, S. 20

57 ›Speisung der Fünftausend‹: Mk. 6,30–44 par.

58 Vgl. Peter Wenzel, Kassetten K 95 und LQ 210

59 Jeanne-Marie Guyon, in: Jungclaussen 1986, S. 48

60 Die Notwendigkeit dieser Ergänzung ergibt sich aus Vers 11.

61 Vgl. z. B. Tart, S. 99–178

62 Vgl. 1 K. 15,45

63 Analog: das ›Buddha-Bewußtsein‹, das ›Krishna-Bewußtsein‹

64 In: Michael von Brück u. a. (Hrsg.): Dialog der Religionen, 7. Jhg., Heft 1 (1997), S. 31.

65 Das griechische *straete*, Konjunktiv Passiv von *strepho*, bedeutet auch *sich umwenden*, das heißt, eine andere, neue Blickrichtung einnehmen.

66 Josef Koch in der Einladung zu einer Tagung »Prophetische Themen im Religionsunterricht an Realschulen« am 26./27.9.96 in Waldfischbach.

67 Zitiert bei Rinpoche, S. 72

68 Sakrament = ein ›äußeres Zeichen innerer Gnade‹

69 In einem Artikel in der FAZ vom 18. Juli 1966 (Nr. 165, S. 9 f.) schreibt Heike

Schmoll: »(…) Viele Eltern jedenfalls wundern sich, wie wenig der Pfarrer bei ihrem ersten und oftmals einzigen Gespräch vor der Beerdigung über den Glauben gesprochen hat. Das hatten sie von ihm nicht erwartet, liegt doch darin seine besondere Kompetenz. Er scheint sich jedoch zu scheuen, diese Aufgabe wahrzunehmen. (…) Nicht wenige Pfarrer wollten die Begleitung der Familie bereitwillig einem Psychologen oder anderen Helfern überlassen.«

70 Vgl. Mt. 26,6–13; Mk. 14,3–9; Jh. 12,3–8

71 Mt. 5,27–32; BP, S. 33–37

72 Unter dem Titel ›Bestimmungen zum Leben der Frau‹ gibt Thyen in seiner Synopse (S. 268–275) einen Überblick über Texte im Alten und Neuen Testament und im Koran: Es zeigt sich in diesen Quellen ein sehr differenziertes Bild.

73 Vgl. Bibelkommission, 1993 S. 246

74 Kap. 25, 33+42; BP, S. 208–214 ›Ebenen der Schriftauslegung‹

75 E. Nestle (1954); Rienecker, F. (1963); griechisch-deutsche und lateinisch-deutsche Wörterbücher

76 Prof. Dr. med. Walter M. Gallmeier, Leiter der 5. Medizinischen Klinik und des Instituts für Medizinische Onkologie und Hämatologie am Klinikum Nürnberg; in: Hirshberg/Barasch, S. I

77 Christian Morgenstern: Galgenlieder: ›Die unmögliche Tatsache‹

78 Siehe Kap. 40

79 S. 24–27

80 Zitiert in Ousely 1974, S. 5

81 BP, S. 29 ff., S. 40 ff., S. 43 ff.

82 Randy Byrd 1988; Schuler 1993, J. Gleditsch 1993; Kap. 11: Struktur

83 Eine nichtlokale Korrelation bezeichnet einen nicht vom Raum (Entfernung) abhängigen Zusammenhang. Es gilt die Regel ›Post hoc, non propter hoc!‹: Ein Ereignis B findet, zeitlich oder logisch, *nach* einem Ereignis A statt, nicht *wegen* des Ereignisses A (als der angenommenen Ursache von B).

84 Vgl. Kap. 39

85 Vgl. John Kabat-Zinn, S. 121 ff.: Ein Tag voller Achtsamkeit – Achtsamkeit im Alltag.

86 Vgl. Jäger, S. 80 ff., 123 ff.; de Mello 1980+1991

87 Angelehnt an Assagioli 1988; vgl. Jäger S. 123–128 und Anthony de Mello ⁵1991

88 Menschen, die mit Herzrhythmusstörungen oder Atmungsproblemen zu tun haben, sollten diese Übung auslassen oder vorher ihren Arzt fragen.

89 Nach: Peter Wenzel: Wirksames Beten. Kassette LQ 340. Edition Lichtquell, Hochkopfstraße 2, 79682 Todtmoos

90 ›So ist es!‹, verwandt mit ›A-um – Om‹!

91 Einige griechische Handschriften fügen Vers 6 hinzu: *en to phanero* = sichtbar, vor aller Augen, offen, offenbar, öffentlich.

92 *Apodidomi* (gr.) meint: etwas Empfangenes oder Schuldiges zurückgeben.
93 Im Text finden sich keine näheren Literaturangaben.
94 Im Text finden sich keine näheren Literaturangaben.
95 Vgl. auch Ilse Middendorf, S. 60–77
96 Diese Information verdanke ich Frau Dr. med. Walburg Maríc-Oehler in Bad Homburg, 1. Vorsitzende der Deutschen Ärztegesellschaft für Akupunktur (DÄGfA).
97 Hier auszugsweise wiedergegeben in der Zusammenfassung von Grün 1992, S. 20f.
98 Hier wie im folgenden im Sinne des ›Nicht-Bewußten‹, vgl. Kap. 32
99 Zur individualpsychologischen Analyse von Träumen vgl. Rainer Schmidt, 1991. Zur Beziehung Freuds und Jungs zur Religion vgl. Küng (1987) und Meuser, S. 103 ff.
100 Vgl. Kossak, S. 338–341: »Ethische und religiöse Aspekte der Hypnose«
101 Vgl. bei Kossak in Kapitel 16 »Imaginative Verfahren – Anwendungen« die Abschnitte »Probehandeln« (S. 288), »Emotive Vorstellungsbilder« (S. 289) und »Heilende Bilder« (S. 291).
102 Patrice van Eersel, Willigis Jäger, Elisabeth Kübler-Ross, Raymond A. Moody, W. Müller (1993), Peter Wenzel u. a.
103 Shalom Ben-Chorin, Friedrich Niewöhner, Kamal Sabri Kolta, Othmar Keel, Hans Küng 1984, Hugo Rahner, Johann-Dietrich Thyen
104 Zur Kritik am Jungschen Anima-Animus-Konzept vgl. Maria Kassel, S. 281 ff.
105 Vgl. Hans Jellouschek, in: Psh Oktober 1996, S. 20–31
106 Hortense Reintjens-Anwari, S. 84 f.
107 Bäumer, S. 20 f. und S. 21, Anmerkung 13; Thich Nhat Hanh, S. 9
108 Nach C.G. Jung, entnommen aus: Grün 1992, S. 19
109 Entnommen aus einer Einladung der katholischen akademie rabanus maurus in Wiesbaden-Naurod zu einer Tagung zum Thema ›Gewinn durch Verzicht? Begrenzungen in entgrenzter Welt‹, 18./19.10.1996
110 »Der [hinduistische] Saktismus kulminiert in der Verehrung der Göttlichen Mutter. (…) das absolute und in sich unveränderliche Geistprinzip bedarf eines energetischen Gegenpols, und der ist in den indischen Religionen fast immer weiblich.« (Brück 1996, S. 19)
111 Vgl. Kap. 31
112 Vgl. Kap. 24 + 39 und Kap. 25 in BP, S. 100–107
113 Vgl. Kap. 36 + BP, S. 203 – 208
114 »Das Gegenteil ist Bewußtlosigkeit« (Warnke, S. 100)
115 »Die Bewußtseins- und Gedächtnisforschung zeigt heute immer deutlicher, daß es so etwas wie Verdrängung und Unbewußtes im analytischen Sinne gar nicht gibt.« (Pohlen / Bautz-Holzherr, S. 41; vgl. D. Zimmer)
116 Vgl. Kübler-Ross, Moody, Evans-Wenz

117 Das Jenseits in uns; in: Psh Juni 1993, S. 64–69. Vgl. Morse/Perry 1992

118 Jork belegt dies in der genannten Arbeit an drei Textbeispielen (S. 459–463) aus dem buddhistischen Geistesgut; vgl. auch das Vorwort zu diesem Buch.

119 Vgl. Sudbrack 1994, S. 154 ff.

120 Vgl. Kap. 44 und BP, S. 214–216

121 Vgl. Psh Nov. 1994, S. 53 und Psh April 1996, S. 66

122 K.O. Schmidt ³1985

123 A. Gleditsch, S. 12

124 Vgl. auch Meuser, S. 41–79, Müller, S. 102

125 Vgl. BP, S. 18 zu Mt. 5,4 und S. 22 f. zu Mt. 5,10–12

126 Vgl. Shapiro, S. 355 ff.: Komponenten der Meditation

127 Vgl. BP, S. 138 – 157 und Psh, Juli 1995: »Renaissance des Betens?« (S. 22) und »Kein Verstand kann Gottes Wesen schauen. Ein fiktiver Dialog mit Thomas von Aquin« (S. 31)

128 Vgl. Sudbrack 1994, S. 110 f.: »Vom ›Außen‹ (extra) nach ›Innen‹ (intra) zum ›Über‹ (supra).«

129 Vgl. Sudbrack (1992, S. 94 f.): »Kosmische Mystik«

130 Vgl. Sudbrack 1992, S. 133–140

131 Über Texte aus Bibel und Koran: Thyen, S. 260–267

132 Brück, S. 24; vgl. Kap. 49. Brück schreibt bei einer Besprechung vishnuitischer Mystik von einer »gegenseitigen Partizipation oder Teilhabe von Gott und Mensch« und führt weiter aus: »Alle Wesen sind in ihrer ursprünglichen Natur Ausprägungen des Einen« (S. 16). Analog (?) heißt es im Römerbrief: »Denn aus ihm und durch ihn und auf ihn hin [lat.: in ipso sunt omnia – in ihm ist alles; griech.: eis auton ta panta – in ihn hinein ist alles] ist die ganze Schöpfung« (R. 11,36). Im Buch der Weisheit (W. 1,7) ist der »Geist des Herrn« in der lateinischen Fassung neutrum: »(…) et hoc, quod continet omnia (…) – und das, was alles enthält (…)«. Die Einheitsübersetzung »(…) und er, der alles zusammenfaßt (…)« unterschlägt nicht nur diesen Aspekt, sondern auch das »enthält«. Geschieht dies aus dogmatischen Gründen, um einen ›pantheistischen Verdacht‹ zu vermeiden? Eine ähnliche Tendenz ist bei der Übersetzung von 1 K. 15,28 zu beobachten: »(…) damit Gott herrscht über alles und in allem.« Der lateinische Text lautet »(…) ut sit Deus omnia [neutrum!] in omnibus«, der griechische »(…) ina e ho theos [ta] panta en pasin – damit Gott alles in allem [allen?] sei«.

133 Robert A. Hahn: Nocebo: Der Glaube, der krank macht, in: Psh April 1996, S. 64 ff.

134 Zitiert in: Hirshberg/Barasch, S. 134

135 Vgl. Jäger, S. 151–156. Christa Thomassen deutet die Symbole ›Wüste‹ und ›Wasser des Lebens‹ sehr anschaulich in einer Interpretation des ›Kleinen Prinzen‹.

136 Vgl. Mk. 10, 42–45; vgl. Mt. 20, 25–28; Lk. 22, 24–27

137 Es geht in den Heilungsgeschichten auch nicht um eine therapeutische ›Technik‹, es sei denn, man versteht sie im Sinne der griechischen *techne*, was in erster Linie ›Kunst, Geschicklichkeit‹ und erst in zweiter Linie ›Methode‹ bedeutet; dies alles auf dem Hintergrund einer Lebensordnung oder Lebensphilosophie im Sinn der griechischen *diaita*.

138 Hier gibt es sehr unterschiedliche Interpretationen der Lehre von der Wiedergeburt, vgl. Evans-Wenz, S. 117 ff.

139 Zur Rolle des Teufels in Bibel und Koran: Thyen, S. 258f.

140 *Selbst*-Verwirklichung im Sinne dieses Buches ist nicht zu verwechseln mit dem gängigen Begriff ›Selbstverwirklichung‹, der eher eine ›Ich-Verwirklichung‹ meint, manchmal auch einen ›Ego-Trip‹; vgl. Ursula Nuber, in: Psh Juni 1993, S. 20–24

141 »Dieses *Brahman*, diese Kraft, diese Urenergie ist nicht nur in jedem einzelnen Atom, sondern dieser innere Kern der Wirklichkeit ist auch der Kern, das innere Selbst jedes einzelnen Menschen. Der Begriff dafür ist *atman*, ein Selbst, das den verschiedenen individuellen Ausformungen, den verschiedenen Menschen, zugrunde liegt.« (Brück, S. 21)

142 Zitiert aus: Quint 1979, S. 451 f.

143 Glaube / Überzeugung (gr. *pistis*) bedeutet hier Glaubensstärke, Freiheitsbewußtsein (Rienecker, S. 346).

144 Vgl. Anatol Feid (1996)

145 1992, vgl. 1993, und Ernst 1993

146 Diesem Code würde ich auch die altorientalischen Kulturen, speziell die ägyptische, zurechnen; vgl. Keel 1984, Kolta 1993 und Kap. 42

147 Sudbrack (1994, S. 156 ff.) warnt vor einer vorschnellen Nivellierung.

148 De visione Dei – Das Sehen Gottes, Kap. 1. Institut für Cusanusforschung, Trier 1985

149 Prolegomena, I. Teil, § 13, Anm. III, Ed. Hamburg, S. 43 ff.

Namen- und Sachregister

Hans Deidenbach

Zur Psychologie der Bergpredigt

Band 10259

In der Bildersprache der christlichen Bergpredigt entdeckt der Autor psychologische Gesetzmäßigkeiten, die nach seiner Meinung eine von Zeit und Kultur, Alter und Geschlecht des Menschen unabhängige Gültigkeit haben. Die Psychologie der Bergpredigt kann unser Leben von innen her verändern, nicht im Sinne eines Rückzugs in die private Innerlichkeit, sondern konkreter Auswirkungen auch im sozialen Bereich. Dabei spielt es keine Rolle, ob der Mensch sich einer bestimmten Religion, Kirche oder Konfession verbunden fühlt. Auch der Atheist kann von der Psychologie der Bergpredigt profitieren. Der Autor zeigt praktische Wege, wie jeder mit Herz und Verstand die Voraussetzungen der Bergpredigt prüfen und ihre »Früchte« ernten kann. Nach seiner Ansicht ist die Psychologie der Bergpredigt von kosmopolitischer Bedeutung, insofern sie das Anlitz der Erde verändern kann.

Fischer Taschenbuch Verlag

Jacques Berna

Liebe zu Kindern

Aus der Praxis eines Analytikers

Band 12670

Die Psychoanalyse von Kindern ist nicht ohne weiteres mit der von Erwachsenen zu vergleichen. Kinder sind beispielsweise mit der bei Erwachsenen üblichen analytischen »Abstinenz« nicht zu erreichen. Kinder verlangen Empathie und emotionale Zuwendung. Freie Assoziation ist nicht ihre Sache, allenfalls freies Spiel. Die Analyse von Kindern ist schwieriger, aber auch erfolgreicher, wenn sie gelingt. Ihre Störungen, noch nicht so chronifiziert wie bei Erwachsenen, sind häufig schneller und dauerhafter zu beheben als die von älteren Menschen. Berna beschäftigt sich in diesem Buch mit zentralen Themen und Fragestellungen der Kinderanalyse und veranschaulicht Theorie und Praxis nicht nur auf verständliche und eingängige Weise, sondern auch mit vielen Falldarstellungen aus seiner Jahrzehnte umfassenden Praxis. Er behandelt Fragen der Indikation und Methodik, geht auf einzelne Störungsbilder ein und schildert exemplarische Behandlungsverläufe.

Fischer Taschenbuch Verlag

Ernest Borneman

Die Zukunft der Liebe

Band 13232

Ernest Borneman, der umstrittene Sexualwissenschaftler, 1995 freiwillig aus dem Leben geschieden, war sowohl Kenner und bis zuletzt Genießer menschlicher Liebe, aber auch ein fulminanter Kritiker heutigen Sexualverhaltens, der Vermarktung von Sexualität, der zunehmenden Vermengung von Sexual- und Warenverkehr. Borneman gab sich zwar in der Öffentlichkeit als Libertin und fand Vergnügen daran, der Gesellschaft durch provokante Äußerungen Empörung abzulocken, doch im Grunde war er ein höchst moralischer Mensch und ein sozialpolitischer Aufklärer aus Tradition und Passion. In seinem letzten Buch beschäftigt er sich noch einmal, aus der Sicht des universell Gebildeten, der sein Ende nahen fühlte, mit seinem Lebensthema, der Liebe, ihrem Ursprung und ihren Zukunftsaussichten. Die Liebe ist für ihn eine Utopie. Nach dem Scheitern vieler Utopien, vor allem der von ihm lange Zeit geschätzten sozialistischen, hing sein Herz zwar noch an der Liebe als der letzten und schönsten Utopie, doch sein scharfer, analytischer Verstand sagte ihm, daß auch sie ein Traum bleiben würde, angesichts der düsteren Zukunft ein um so tröstenderer.

Fischer Taschenbuch Verlag

fi 797 / 7

Piet C. Kuiper

Seelenfinsternis

Die Depression eines Psychiaters

Aus dem Niederländischen von Marlies Menges

Band 12764

In diesem vielbesprochenen Buch schildert der niederländische
Psychiater Piet C. Kuiper auf beklemmende Weise eine schwere
Depression, die ihn in eine tiefe Lebenskrise stürzte und seine
Einweisung in eine Klinik notwendig machte. All sein Wis-
sen über seelische Störungen versagte vor seiner eigenen Er-
krankung. Nach seiner Genesung schrieb er dieses einmalige
Dokument nieder, das zu einem Bestseller geworden ist.

»Seine größte Intensität gewinnt Kuipers Bericht bei der Schil-
derung jener Schuldhölle, in der er während seiner Krankheit
unterzugehen drohte. Das Zentralkapitel ›Im tiefen Abgrund‹
ist eine auch schriftstellerisch unerhörte Innenansicht der Hölle
aus der Sicht der Depression.« *Ludger Lütkehaus*

Fischer Taschenbuch Verlag

Abraham A. Maslow

Psychologie des Seins

Ein Entwurf

Aus dem Amerikanischen von Paul Kruntorad

Band 42195

Das Buch gehört zu den wichtigsten Beiträgen der »Humanistischen Psychologie«, die als »dritte Kraft« im Spannungsfeld zwischen Behaviorismus oder Verhaltenstheorie und orthodoxer Psychoanalyse gilt. Maslow gehört mit Carl R. Rogers zu den Begründern und bedeutendsten Vertretern dieser Psychologie, die sich als neue Lebensphilosophie und neue Konzeption des Menschenbildes versteht. Im Mittelpunkt der Vorstellungen Maslows steht die Selbstverwirklichung. Nach seiner Auffassung haben alle Menschen einen aktiven Willen zur Gesundheit; sie werden gelenkt von einer Hierarchie der Motivation, in der rein physiologische Bedürfnisse die am wenigsten wichtigen und rein psychische Bedürfnisse die wichtigsten sind. Maslows Ideen, die sich an Psychologen und Psychotherapeuten, an soziologisch und philosophisch Interessierte wenden, sind Bestandteil einer »ernstzunehmenden und rapide wachsenden Bewegung, die die wichtigsten Elemente der Grundlagen erschüttert, auf denen die Wissenschaft vom Menschen seit Jahrhunderten ruht« (New York Times).

Fischer Taschenbuch Verlag

Erwin Ringel

Selbstschädigung durch Neurose

Psychotherapeutische Wege zur
Selbstverwirklichung

Band 13499

Erwin Ringel zählt zu den bedeutendsten Psychotherapeuten
der Nachkriegszeit in Österreich. Bereits 1953 wurde er durch
die Entdeckung und Beschreibung des Präsuizidalen Syndroms
in Fachkreisen bekannt. Er gründete 1960 die »Internationale
Gesellschaft für Selbstmordverhütung«, der heute 58 Länder an-
gehören. Den gesamten Menschen in seiner Leib-Seele-Gestalt
erfassend, wandte er sich als Arzt wie Psychiater besonders der
Psychosomatik und der Neurosenlehre zu, und als langjähri-
ger Präsident der von Adler gegründeten »Individualpsychologischen Schule« war es sein besonderer Verdienst, die Lehren
der beiden großen Gegenspieler Freud und Adler miteinander
zu verbinden, was nicht ohne Widerspruch blieb. Dieses Buch
stellt, die Erkenntnisse von Freud und Adler integrierend, die
Neurosenlehre Erwin Ringels dar.

Fischer Taschenbuch Verlag

Erich Neumann

Die Psyche als Ort der Gestaltung

Drei Eranos-Vorträge

Herausgegeben von Gerhard M. Walch

Band 11094

Die drei in diesem Band versammelten »Eranos«-Vorträge versuchen das Archetypische als eine Wirklichkeit zu verdeutlichen, die nicht nur in einer tiefen Schicht unserer Seele liegt, sondern als »transgressive«, das heißt das Innen und Außen überschreitende Realität ständig gegenwärtig ist. Mit dieser Auffassung will Neumann auf die Einseitigkeit einer Sichtweise aufmerksam machen, die nur innerpsychische Prozesse berücksichtigt. Indem Neumann die äußere Wirklichkeit ernst nimmt und indem er nachweist, daß wir dieses Außen mit verändertem Bewußtsein in Beziehung und letztlich in Übereinstimmung mit dem Innen erleben können, bringt er dem Leser die Erfahrung einer einheitlichen Wirklichkeit nahe. Von dieser Erfahrung handeln alle Schriften Erich Neumanns.

Fischer Taschenbuch Verlag

fi 793 / 3

Gabriele Wasserziehr

Märchen für Erwachsene

Symbolische Lektüren

Band 13449

Das innere Wachstum des Menschen ist das zentrale Motiv fast aller Märchen. Dabei durchläuft der Märchenheld verschiedene Entwicklungsstufen, die ihn diesem Ziel näherbringen. Er muß sich nicht nur gegen die Anfechtungen des Bösen behaupten und Unrecht erleiden, sondern auch lernen, sich mit den eigenen, inneren Schattenseiten auseinanderzusetzen, bevor er in Glück und Frieden leben kann. Nur über Widerstände erreicht er die Ganzheit seiner Persönlichkeit. Diesen Vorgang schildern auch die Märchen der Brüder Grimm in ihrer symbolischen Bildsprache. Für den erwachsenen Leser kann die Märchenlektüre ein neues Licht auf die Probleme und Möglichkeiten des psychischen Reifungsvorgangs werfen. Wer ein lebendiges und versöhnendes Zusammenwirken der inneren Gegenpole mit ihren unterschiedlichen Eigenschaften anstrebt, wird ein erfüllteres Leben führen. So versteht sich dieses Buch als Anleitung zu einer symbolischen und zugleich persönlichen Lesart der Märchen.

Fischer Taschenbuch Verlag

fi 795 / 5